Frank Deppe
Zeitenwenden?
Der »neue« und der »alte« Kalte Krieg

Frank Deppe ist emeritierter Professor für Politikwissenschaft an der Philipps-Universität Marburg. Zuletzt erschien vom ihm im Jahr 2021 bei VSA: »SOZIALISMUS. Geburt und Aufschwung – Widersprüche und Niedergang – Perspektiven«. Gemeinsam mit Kim Lucht und Klaus Dörre gab er 2023 den Diskussionsband »Sozialismus im 21. Jahrhundert?« heraus.

Frank Deppe

Zeitenwenden?

Der »neue« und der »alte« Kalte Krieg

VSA: Verlag Hamburg

www.vsa-verlag.de

Umschlagfotos: Amerkanische und russische Panzer auf beiden Seiten der Sektorengrenze am Checkpoint Charly in Berlin im Oktober 1961; Bundeskanzler Olaf Scholz bei seiner »Zeitenwende«Rede am 27.2.2022 im Deutschen Bundestag.
Druck und Buchbindearbeiten: CPI books GmbH, Leck
ISBN 978-3-96488-197-7

Inhalt

Kapitel 1
Vom Geist der Zeit: Polykrise, Epochenbruch, Zeitenwende

Dass unsere »Zeit aus den Fugen«[1] geraten sei, gehört seit gut einem Jahrzehnt zum zeitdiagnostischen Vokabular führender Politiker*innen verschiedener Richtungen. Die *Frankfurter Allgemeine Zeitung* (im Folgenden: FAZ), Sprachrohr des konservativ-neoliberalen Flügels der deutschen Bourgeoisie, präsentierte im Sommer 2022 einen »Krisencocktail« von Inflation, Zinswende, Gasknappheit, Corona: »Die Lieferkettenprobleme und die extrem hohe Inflation, das allein sind Zutaten für einen Krisencocktail, der der Weltwirtschaft nicht gut bekommt. Leider gibt es noch ein paar giftige Zutaten mehr: Die Zentralbanken Federal Reserve und EZB leiten die Zinswende ein und stressen damit Finanzmärkte rund um den Globus. In mehreren Staaten, darunter Deutschland, rollt die nächste Corona-Welle an. Überall fehlen Fachkräfte. China sperrt seine Bürger ein und wird vom Sehnsuchtsort deutscher Industrieunternehmen zum Klumpenrisiko. Und über allem schwebt der russische Angriffskrieg in der Ukraine und die Gefahr, dass Wladimir Putin Deutschland das Gas ganz abdreht«. Die FAZ fragt Prof. Dr. Clemens Fuest vom ifo-Institut München als einen der führenden Vertreter der ökonomisch herrschenden Meinung: »Haben Sie eine solche Häufung von Krisenzutaten schon einmal erlebt?«. Dieser antwortet: »Ich glaube nicht, dass wir das schon einmal hatten. Die Gefahr einer Rezession ist sehr hoch.«[2] Im Jahr 2023 bestätigt sich diese Prognose.

Das vergangene Jahrzehnt stand bereits im Zeichen beständiger und thematisch ausgreifender Krisenprozesse: von der Finanzkrise der Jahre 2008/09 zur Eurokrise 2010/11 – von der Flüchtlingskrise 2015 zur Co-

---

[1] Das ursprüngliche Zitat findet sich in Shakespeares Drama »Hamlet« (1603/04), in der 5. Szene des 1. Aktes: »The time is out of joint: O cursed spite / That ever I was born to set it right!« (I. v. 189–190). Die Übersetzung von August Wilhelm von Schlegel lautet: »Die Zeit ist aus den Fugen; Fluch der Pein, muss ich sie herzustelln geboren sein!«. Hamlet beklagt dabei die Zustände im Staate Dänemark, der Vater ermordet, die Mutter mit dem Königsmörder liiert. Der Held soll handeln, hat aber keinen Plan. Orientierungslos spielt er den Verrückten und kommt dem Wahnsinn immer näher. Er neigt zu Ausbrüchen, reißt sich und andere ins Verderben.

[2] Winand von Petersdorff/Johannes Pennekamp: Kommt jetzt die große Krise? In: Frankfurter Allgemeine Zeitung vom 18.6.2022, S. 19. Zur Bestätigung der Prognose von Fuest vgl. Joachim Bischoff 2022.

rona-Krise ab 2019 und schließlich zur Katastrophe des Ukrainekrieges und seiner wirtschaftlichen wie politischen Folgen. Die Jahre 2022/23 stehen im Zeichen der Inflation, der Energiekrise und der Angst vor Stagnation und Rezession – gleichzeitig ist die Flüchtlingskrise erneut in den Vordergrund getreten.

Dabei wird mehr und mehr bewusst, dass in den entwickelten kapitalistischen Staaten des Westens nicht allein die Permanenz solcher Krisen (»Vielfachkrise«), sondern gerade die Verschränkung sozial-ökonomischer Prozesse mit der Klimakrise und den Folgen der Umweltzerstörung (»ökonomisch-ökologische Zangenkrise«), sowie mit Störungen der gesellschaftlichen Reproduktion durch weltweit wirkende Seuchen und Epidemien bestimmt wird, die die Mängel des öffentlichen Gesundheitssystems offenlegen. Die Krise der Reproduktion muss jedoch weiter gefasst werden.

In der Infrastruktur und im Verkehrswesen, bei Bildung und Wissenschaft, in der Pflege und der Alterssicherung, aber auch im Bereich der öffentlichen Sicherheit brechen jetzt die Widersprüche einer jahrzehntelangen neoliberalen Politik auf, mit der im Zeichen der Austeritätspolitik bzw. der »Schuldenbremse« privatisiert und Kosten »eingespart« wurden. Die Schwächung der Gewerkschaften hat dazu beigetragen, dass die Reallöhne über einen längeren Zeitraum in der Regel kaum angestiegen sind. Mit der Rückkehr der Inflation wird für die Mehrheit der Lohnabhängigen das Absinken des Lebensstandards zur Alltagserfahrung. Dies verbindet sich mit der Wahrnehmung zunehmender Ungleichheit in der Gesellschaft, der Kluft zwischen den oberen 10% der Einkommenspyramide und dem »Rest«, vor allem aber mit der Zunahme einer Unterschicht des Prekariats auf ca. 20% der Erwerbstätigen. Die Armut – bzw. das Armutsrisiko – hat zugenommen.

Seit Anfang des Jahres 2023 rollt eine Welle von Streiks und politischen Massendemonstrationen durch Westeuropa. Es handelt sich in einigen Ländern um die heftigsten Auseinandersetzungen der Gewerkschaften mit den Kapitalverbänden sowie mit den Regierungen ihrer Länder seit den 70er-Jahren des vergangenen Jahrhunderts. Optimistische Zukunftsprognosen, die noch auf die »Rettung« der Welt und des Klimas gerichtet sind, sind desavouiert. Bei weiten Teilen der Bevölkerung – vor allem auch bei Jugendlichen – verfestigen sich pessimistische Zukunftserwartungen.[3] Der

---

[3] Eine Umfrage von Infratest im Oktober 2022 bestätigte diese Tendenz: »Die sich aktuell überlappenden krisenhaften Entwicklungen sorgen für eine massive Verunsi-

Krisenbegriff wird zunehmend durch den der »Katastrophe« ersetzt. Die wirtschaftlichen Krisenprozesse, die Klimakrise und die globale Epidemie werden durch den Krieg in Europa und seine Folgen zu einem noch einmal zugespitzten Katastrophenszenario verbunden.

Die individuelle Angst um die Zukunft geht mit einem Vertrauensverlust gegenüber der »politischen Klasse« sowie den regierenden Parteien einher. Die Regierungen befinden sich im Modus einer permanenten Krisenbewältigung, die mit immer neuen Herausforderungen konfrontiert wird. Die Stabilität einer Regierungspolitik der (rechten oder linken) »Mitte«, die von klaren Mehrheiten im Ergebnis von allgemeinen Wahlen getragen wird, zerfällt. Die »Krise der Repräsentation«, die sich z.B. in sinkender Wahlbeteiligung oder im Niedergang von »Altparteien« manifestiert, stellt die Legitimation von knappen Mehrheiten in den Parlamenten (als Basis der Regierungen) zunehmend infrage. Rechtspopulistische – teils auch neofaschistische – Bewegungen und Parteien machen die »liberalen Eliten« und die Politik der »Globalisierung« für die Krisen unserer Zeit verantwortlich. Sie fordern eine Rückkehr zum Primat nationaler Politik (»America [oder ein anderes Land] first«) sowie die konsequente Abwehr der Migration aus dem »Süden«. Ihre Wahlerfolge signalisieren zunächst einen offensichtlichen Zusammenhang zwischen den pessimistischen Zukunftserwartungen in der Bevölkerung, dem Vertrauensverlust in die »politische Klasse«, samt ihrer Parteien, und dem Aufschwung rechter Bewegungen.

Auf der anderen Seite öffnet sich innerhalb des herrschenden Blocks die Bereitschaft, eine neue Mehrheit durch die Öffnung nach rechts zu sichern, die mit einer Aufwertung des Nationalstaats zur Bewältigung der Krisen verbunden ist. Dieser Nationalstaat soll Antworten finden auf die

---

cherung in der deutschen Bevölkerung. Nach 59% im Vorjahr sind aktuell nur noch 20% zufrieden mit der wirtschaftlichen Lage. Gut jeder Zweite rechnet zudem damit, dass sich die ökonomische Situation in der Bundesrepublik weiter verschlechtern wird. Knapp sechs von zehn fürchten, dass die rapide Inflation sie überfordern könnte. Zudem ist fast jeder fünfte Beschäftigte in Sorge um seinen Arbeitsplatz. In Summe liefern die aktuellen Verhältnisse für nur 11% Anlass zur Zuversicht, 85% sind beunruhigt. Ein neuer Tiefstand in der Geschichte des seit 1997 erhobenen ARD-DeutschlandTREND. Neben den energie- und wirtschaftspolitischen Folgen des Ukraine-Krieges sorgt der Kriegsverlauf im Osten Europas weiter für Verunsicherung. Mehr als die Hälfte fürchtet, die Bundesrepublik könnte direkt in den Krieg hineingezogen werden. Entsprechend plädiert fast jeder Zweite dafür, in Fragen der militärischen Unterstützung der Ukraine eher zurückhaltend zu agieren, um Russland nicht zu provozieren, während 43% eine größere Entschlossenheit und Härte einfordern.« (infratest dimap 2022).

neuen sicherheitspolitischen Herausforderungen, die im Gefolge der Zuspitzung globaler Konflikte zwischen der von den USA geführten »freien Welt« und den »autokratischen Regimen« um die Volksrepublik China und Russland, etwa dem Ukrainekrieg, erscheinen. Die Bewältigung nationaler Krisen ist zunehmend mit den Dynamiken der Veränderung der Weltordnung und den daraus resultierenden geopolitischen Krisen und Kriegen verknüpft. Dabei verstärkt das Versagen der Regierenden im Inneren die Tendenz, durch Kriege und militärische Operationen oder auch durch forcierte Aufrüstung und die materielle und ideologische Unterstützung von Kriegsparteien von dem systemischen Charakter der Poly-Krise (Adam Tooze) und der Krise der Politik im eigenen Lande abzulenken.

1. Der Angriffskrieg gegen die Ukraine und die globale Blockbildung

Vom 18. bis 20. Februar 2022 fand die 58. Münchner Sicherheitskonferenz statt, an der von russischer Seite erstmals kein Regierungsvertreter teilnahm. Die Konferenz stand ganz im Zeichen der Zuspitzung des Konfliktes zwischen der Ukraine und Russland. Die Mehrheit der westlich orientierten Teilnehmer warnte Russland vor einem militärischen Angriff und drohte mit massiven Sanktionen. US-Außenminister Antony Blinken wollte sich noch mit dem russischen Kollegen Sergej Lawrow treffen. Der chinesische Außenminister betonte die Souveränität der Ukraine, kritisierte jedoch die Osterweiterung der NATO. Der ukrainische Präsident Wolodymyr Selenskyj forderte mehr Unterstützung durch den »Westen« sowie die zeitnahe Aufnahme seines Landes in die NATO.

Zur gleichen Zeit wurde die russische Invasion vorbereitet: Die »Volksrepubliken« Donezk und Lugansk im Osten der Ukraine wurden am 21. Februar von Moskau – flankiert von einer extrem nationalistischen Rede von Putin, in der die Ostukraine als »historisch-russisches Gebiet« bezeichnet wurde – zum Teil Russlands erklärt. Unmittelbar danach gab Putin, unter Berufung auf das am selben Tag abgeschlossene »Freundschafts- und Hilfsabkommen« mit den Separatistenregionen, der russischen Armee den Befehl, nach Donezk und Lugansk und damit auf ukrainisches Territorium vorzurücken. Dem folgten schnell russische Truppen von Norden, die sich auf die Hauptstadt Kiew zubewegten. Der Ukrainekrieg war eröffnet. Das Ziel war offenbar, einen Sturz der Regierung in Kiew herbeizuführen, um einen Verzicht des Landes auf den Beitritt zur NATO und die Akzeptanz der russischen Annexionen von 2014 (Krim) und der Donbass-Republiken durchzusetzen.

Im Westen wurde das Vorgehen Russlands als eklatanter Verstoß gegen das Völkerrecht und die Souveränität der Ukraine, gegen das Abkommen von Minsk und gegen die territoriale Integrität des Landes verurteilt. Die Verteidiger der russischen Politik berufen sich hingegen darauf, dass die Angriffe der Ukraine auf Donezk und Lugansk, die permanenten Manöver mit NATO-Soldaten an der russischen Westgrenze, Vereinbarungen zwischen den USA und der Ukraine über strategische Partnerschaft, die Blockierung des Minsk-II-Abkommens durch die ukrainische Regierung sowie die Ankündigung, die Krim zurückerobern zu wollen, einen russischen Angriff provoziert hätten.[4]

Seit dem 21. Februar 2022 tobt der Krieg in der Ukraine – mit allen Verwüstungen, Menschenopfern, Massenexodus von Flüchtlingen nach Westen, Kriegsverbrechen an der Zivilbevölkerung etc. Die russischen Ziele eines »Blitzkrieges«, der zum Zusammenbruch des politischen Regimes in Kiew führen würde, wurden offensichtlich nicht erreicht. Der Krieg frisst sich in den Randgebieten im Osten und Süden des Landes fest. Die Ukraine wird vom Westen (von NATO- und EU-Mitgliedstaaten) – vor allem aber von den USA – massiv mit Waffen, militärischer Beratung und Ausbildung sowie durch finanzielle Hilfen unterstützt. Die Nachbarstaaten der Ukraine haben fast fünf Millionen Flüchtlinge aufgenommen. Die Führung des Landes proklamiert das Ziel, Russland zu besiegen und die Krim zurückzuerobern. Indem die USA und die NATO diese Position (materiell

---

[4] »Nüchtern betrachtet muss man sich wundern, dass die russische Regierung überhaupt so lange stillgehalten hat« (Guerot/Ritz 2022: 131). Ulrike Guerot, Professorin an der Universität Bonn, wurde von Kollegen mit massiven Vorwürfen konfrontiert »unwissenschaftlich, verschwörungstheoretisch, antiamerikanisch«, (es fehlt noch »antisemitisch«) zu sein; dazu kamen Vorwürfe des Plagiats in früheren Schriften zu Europa: »Nachdem die Universität Bonn es im Februar 2023 als erwiesen ansah, dass Guérot plagiiert hatte, und zwar in einem Text, der für ihre Berufung als Professorin von Belang gewesen sei, und sie sich auch ›während ihrer Dienstzeit an der Universität Bonn fremdes geistiges Eigentum angeeignet hätte, ohne dieses kenntlich gemacht zu haben‹, leitete die Universität arbeitsrechtliche Schritte ein. Nach Informationen der *Neuen Zürcher Zeitung* bezogen sich die Vorwürfe auf ihr 2016 erschienenes Buch *Warum Europa eine Republik werden soll*. Guérot wurde Ende Februar 2023 durch die Universität Bonn gekündigt. Guérot hat gegen die Kündigung geklagt. Ihre Kündigung wurde zum 31. März vorerst nicht wirksam« (Wikipedia).

und politisch-militärisch) unterstützen, befinden sie sich in einem »Stellvertreterkrieg mit Russland«.[5]

Der Ukrainekrieg ist längst über einen Krieg zwischen zwei Staaten hinausgewachsen und zum zentralen Thema der weltpolitischen Konfrontation zwischen dem »Westen« auf der einen sowie Russland und der Volksrepublik China auf der anderen Seite geworden. Dabei haben sich wichtige Länder des »Südens« – China, Indien, Brasilien, Südafrika und viele andere Staaten – bei Abstimmungen in der UNO nicht auf die Seite des Westens gestellt. Darüber hinaus ist der Krieg auch zentrales Thema der Innenpolitik, d.h. einer innenpolitisch-ideologischen Offensive geworden, die über die Kritik an der Politik von Putin und Russland hinausgeht.

Mehr noch: durch die Inszenierung einer moralisch hoch aufgeladenen »Russophobie« soll wieder jene – klassenübergreifende – Massenstimmung erzeugt werden, die in der Zeit des Kalten Krieges nach dem Zweiten Weltkrieg für stabile politische Herrschaftsverhältnisse im Zeichen des »Antikommunismus« und der US-amerikanischen Hegemonie gesorgt hatte. Die NATO scheint alle Krisen der letzten Jahrzehnte überwunden zu haben. Alle Regierungen der Mitgliedstaaten werden von Parteien getragen, die die russische Politik scharf verurteilen. Beim NATO-Gipfel im Juni 2022 in Madrid wurde nicht nur die Geschlossenheit der Allianz (um die USA und gegen Russland) demonstriert. Zugleich suchen skandinavische Länder wie Schweden und Finnland, die in der Periode des Kalten Krieges ihre Neutralität verteidigten, den Schutz der NATO – und das heißt immer auch der USA.[6]

Der Krieg spaltet und schwächt die politische Linke und die Friedensbewegungen im Westen. Vor allem die deutsche Sozialdemokratie soll (und will sich) von ihrer Programmatik einer europäischen Friedensordnung verabschieden, die die friedliche – vor allem auch ökonomische – Kooperation mit Russland ins Zentrum rückte und von Kanzlern wie Willy Brandt und Gerhard Schröder vertreten wurde. Die abrechnende Kritik trifft jedoch auch die Altkanzlerin Angelika Merkel von der CDU, der nunmehr Illusionen ihrer Ost- und Migrationspolitik vorgehalten werden. Die grüne Regierungspartei, die einst aus der neuen Friedensbewegung der späten

[5] So Katrina van den Heuvel im Vorwort zu Benjamin/Davies 2022: 5.; vgl. dazu: Solty, Ingar (2023 b).

[6] Dass das NATO-Land Türkei, das selbst im Inneren wie in Syrien Krieg führt, den Beitritt Schwedens zu blockieren sucht, deutet auf eigene Widerspruchskonstellationen im westlichen Militärbündnis hin

1970er-Jahre (mit Petra Kelly und dem ehemaligen General Gert Bastian) hervorgegangen ist, stellt mit der Außenministerin Annalena Baerbock und den Parlamentsabgeordneten Anton Hofreiter und Reinhard Bütikofer (EP) die radikalsten Wortführer jener Menschenrechtsbellizisten, die sich für die massive militärische Unterstützung der ukrainischen Regierung (einschließlich schwerer Waffen) sowie für einen Siegfrieden gegen Russland einsetzen. Die NATO wird nun – wie einst im Kalten Krieg – als militärischer Schutzschild der »freien Welt« gegen die bösen autokratischen Mächte im Osten gewürdigt. In der *Oberhessischen Presse* bekennt der »Politikwissenschaftler und Grünen-Promi Prof. Dr. Hubert Kleinert« – in der Gründungsphase der *Grünen* ein echter antiautoritärer Revoluzzer, langsam zum Lehrer an einer hessischen Polizeifachschule gereift: »Gut, dass es die NATO gibt!«

2. Der Bundeskanzler verkündet die »Zeitenwende«

Am 18. Juli 2022 publizierte die FAZ unter dem Titel »Nach der Zeitenwende« einen Beitrag des deutschen Bundeskanzlers Olaf Scholz (SPD).[7] Dessen zentrale These lautet: Mit dem »Krieg Putins« ist der »Imperialismus zurück in Europa«. Scholz fordert zumal für die deutsche Politik tiefgreifende Veränderungen. »Viele hatten die Hoffnung, enge wirtschaftliche Verflechtung und gegenseitige Abhängigkeiten würden zugleich für Stabilität und Sicherheit sorgen.« Diese Hoffnung wird durch den Krieg zerstört. Die russischen Raketen treffen nicht allein die Menschen in der Ukraine, sondern legen auch »die europäische internationale Friedensordnung der vergangenen Jahrzehnte in Schutt und Asche«.[8]

Die Zeitenwende – so der Kanzler – fordert von der deutschen Regierung eine Neubestimmung ihrer sicherheitspolitischen Doktrin. Die Bundeswehr soll durch ein Sofortprogramm von 100 Milliarden Euro – die »größte Wende in der Sicherheitspolitik der Bundesrepublik« – aufgerüstet werden; die Ukraine soll finanziell, politisch und militärisch massiv unterstützt werden. Die NATO rückt zusammen und stellt beim Treffen in Madrid fest: »Wir können einen Angriff auf die territoriale Integrität der Alli-

---

[7] www.bundesregierung.de/breg-de/aktuelles/faz-bk-ukraine-2063006.

[8] Ausführlicher wird diese Position des deutschen Kanzlers vom ehemaligen Botschafter der Bundesrepublik in Moskau vertreten: von Fritsch 2022.

ierten nicht ausschließen.« Das heißt, die Möglichkeit eines großen Krieges wird nicht ausgeschlossen.

Allerdings will Scholz dafür sorgen, dass die »NATO nicht zur Kriegspartei wird«. Dennoch unterstützt die Bundesrepublik die Ukraine finanziell sowie durch Waffenlieferungen und die Ausbildung von Soldaten. Die Leitmedien des Landes reihen sich unisono in die Front gegen Putin und Russland ein. Die Leitartikler der FAZ feiern den Krieg – im Geiste eines Carl Schmitt (vgl. Schmitt 1932) – als die Wiedergeburt eines Begriffs des Politischen, der die Sicherheit des Staates – in der Freund-Feind-Beziehung nach außen wie nach innen – als obersten Richtwert anerkennt.[9] Stimmen aus hohen Militärkreisen, die vor einer Eskalation des Konfliktes warnen, werden ebenso verschwiegen oder diskreditiert wie kritische Positionen von US-Experten für internationale Beziehungen (z.B. John Mearsheimer und Jeffrey Sachs), die die Rolle der USA bei der Entstehung des Konfliktes und seiner Eskalation hervorheben. Der einst (in der Zusammenarbeit mit Iring Fetscher in Frankfurt) kritische Politikwissenschaftler Herfried Münkler, an der Humboldt-Universität zum hyper-realistischen, bellizistischen Regierungsberater aufgestiegen, verurteilte einen Friedensaufruf von Sahra Wagenknecht und Alice Schwarzer, der inzwischen von fast einer Million Menschen unterschrieben wurde, als »gewissenloses Manifest«. Mit der Forderung an den Bundeskanzler, die »Eskalation der Waffenlieferungen« an die Ukraine zu stoppen und eine »starke Allianz für Friedensverhandlungen« zu unterstützen, »betreiben« die Unterstützer des Aufrufs – so Professor Münkler gegenüber dem »Kölner Stadt-Anzeiger« – ganz im Stile des Kalten Krieges – »mit kenntnislosem Dahergerede Putins Geschäft«. So ruft es aus dem »Vorhof der Macht«.

Der Kanzler verkündet gleichzeitig, dass wir »unsere energiepolitische Abhängigkeit von Russland beenden«. Russische Importe von Kohle und Öl werden gestoppt; die Gaslieferungen sollen deutlich reduziert werden. Damit kommen auf die Menschen in Deutschland schwere Belastungen – vor allem durch Preissteigerungen im Energiesektor – zu, die sich mit den weltwirtschaftlichen Krisenprozessen verbinden: »Unterbrochene Lieferketten, knappe Rohstoffe, die kriegsbedingte Unsicherheit an den Energiemärkten – all dies treibt weltweit die Preise«. Angesichts dieser Heraus-

[9] Vgl. die beiden Artikel von Ingar Solty über die Schrift von Carl Schmitt »Die geistesgeschichtliche Lage des heutigen Parlamentarismus« (1923) und ihre aktuelle Bedeutung für den Rechtspopulismus in der Tageszeitung Junge Welt vom 18. und 19.7.2023, jeweils S. 12/13.

forderungen beschwört der Kanzler die nationale Solidarität: »Wir müssen zusammenhalten und uns unterhaken, so wie wir es hierzulande im Rahmen der Konzertierten Aktion zwischen Arbeitgebern, Gewerkschaften, Wissenschaft und politischen Entscheidungsträgern verabredet haben«. Um die Abhängigkeit von Energieimporten zu verringern, müssen die »erneuerbaren Energien viel schneller« ausgebaut werden »als bisher«.

Darüber hinaus haben Deutschland und die EU-Staaten Sanktionspakete gegen Russland in Kraft gesetzt, die nicht nur die politische Administration, sondern vor allem die Wirtschaft treffen sollen. Dabei handelt es sich um Personen bzw. um Organisationen, deren Vermögen eingefroren werden und die nicht in die EU reisen dürfen. Dazu kommen Einfuhrverbote im Wert von sieben Milliarden Euro sowie Ausfuhrbeschränkungen, durch die der russischen Armee und ihren Zulieferern spezifische Güter und Ausrüstung entzogen werden. Durch diese Sanktionen soll die russische Wirtschaft als auch die Kampfkraft der Armee geschwächt werden.

Damit verbindet sich die Hoffnung, dass militärische Misserfolge und wirtschaftliche Krisenprozesse im eigenen Lande die Unzufriedenheit bei breiten Bevölkerungsgruppen steigern werden und schließlich einen »Regime-Change« herbeiführen könnten. Auf diesem Terrain bewegen sich – wie in der Zeit des Kalten Krieges zwischen Ost und West – die Geheimdienste der Staaten, deren Arbeit auf die Destabilisierung der inneren sozialen und politischen Verhältnisse in den »Feindstaaten« gerichtet ist. Der Ukrainekrieg ist also in einen »Wirtschaftskrieg« übergegangen, der vor allem von den USA und ihren europäischen Verbündeten geführt wird.

Die »Zeitenwende« erkennt den Primat der Sicherheitspolitik sowie die damit verbundene Steigerung der Rüstungsanstrengungen und der Modernisierung der Bundeswehr an. Dabei steht das von den USA geführte Militärbündnis der NATO an erster Stelle. In einer Rede an der Prager Karls-Universität am 29. August 2022 hat Kanzler Olaf Scholz von dem »Glück« gesprochen, dass »mit Präsident Biden ein überzeugter Transatlantiker im Weißen Haus sitzt« und dass deshalb »die NATO [...] heute geschlossener denn je« dasteht. Da den Europäern bekannt ist, »dass sich der Blick Washingtons stärker auch auf den Wettbewerb mit China und auf den asiatisch-pazifischen Raum richtet«, entstehen in Europa – in der Auseinandersetzung mit Russland – neue Aufgaben und Verantwortlichkeiten. Hier richtet der Kanzler seine Überlegungen auf die Entwicklung und Bedeutung der Europäischen Union (EU) in einer »multipolaren Welt«. Sie muss sich erweitern und nach innen die Entscheidungsprozesse optimieren. Er schlägt u.a. vor, angesichts der »Zeitenwende« »in der gemeinsamen Außenpolitik, aber auch in anderen Bereichen wie der Steuerpolitik, schrittweise zu Mehrheitsentscheidungen überzugehen«. Also: »Schluss mit den egoistischen Blockaden europäischer Beschlüsse durch einzelne Mitgliedsstaaten, mit nationalen Alleingängen, die Europa als Ganzem schaden. Nationale Vetos, etwa in der Außenpolitik, können wir uns schlicht nicht mehr leisten, wenn wir weitergehört werden wollen in einer Welt konkurrierender Großmächte«.[10]

Damit ist der entscheidende Punkt benannt: Die EU muss »zum geopolitischen Akteur werden« (FAZ). In der Prager Rede wird dieses Ziel noch sehr viel deutlicher herausgearbeitet: »Wir müssen das Gewicht des geeinten Europas viel stärker zur Geltung bringen. Zusammen haben wir allerbeste Chancen, das 21. Jahrhundert in unserem europäischen Sinn mitzuprägen und zu gestalten – als Europäischer Union aus 27, 30 oder 36 Staaten mit dann mehr als 500 Millionen freien und gleichberechtigten Bürgerinnen und Bürgern, mit dem größten Binnenmarkt der Welt, mit führenden Forschungseinrichtungen, Innovationen und innovativen Unternehmen, mit stabilen Demokratien, mit einer sozialen Versorgung und einer öffentlichen Infrastruktur, die auf der Welt ihresgleichen suchen. Das ist der Anspruch, den ich mit einem geopolitischen Europa verbinde.«

Damit erweitert sich der Imperialismus-Begriff. Er bezeichnet eben nicht allein eine Beziehung zwischen einer Großmacht und einem kleineren Anrainerstaat, der mit Gewalt gezwungen werden soll, die Sicherheitsinteressen seines großen Nachbarn anzuerkennen. Er bezeichnet auch die Beziehungen – die Konkurrenz- und Machtverhältnisse – zwischen den Großen Mächten und Machtblöcken auf der globalen Ebene der Weltwirtschaft und der Weltpolitik. Deren Interessen beziehen sich auf die Verteilung des Reichtums, aber auch auf die Verteilung der politischen und militärischen Macht.

Das geopolitische Gewicht der EU – so Olaf Scholz – muss nicht nur gegen Russland gerichtet sein, sondern auch in neue Kooperationsformen mit den Ländern des »Globalen Südens« eingebracht werden. Gerade hier entscheidet sich die Auseinandersetzung zwischen den »Autokraten« (angeführt von Russland und China) und denen, die sich »zur Demokratie bekennen«. Hier übernimmt er die Einteilung der Welt in Gut und Böse,

---

[10] www.bundesregierung.de/breg-de/aktuelles/rede-von-bundeskanzler-scholz-an-der-karls-universitaet-am-29-august-2022-in-prag-2079534.

in Demokratien und Autokratien, die Joe Biden schon vor dem Ukrainekrieg als Rahmen US-amerikanischer Hegemoniepolitik (»world leadership«) festgelegt hatte.

Der Westen muss sich aber bemühen, mit dem »Globalen Süden« zu kooperieren. Scholz denkt dabei nicht nur an die ärmsten Länder des Südens, sondern auch große und wirtschaftlich starke Staaten – er nennt Indien, Südafrika, Indonesien, Senegal und Argentinien. Er will mit dem »Süden« an der Lösung globaler Probleme – Nahrungsmittelkrise, Klimawandel, Pandemie – zusammenarbeiten, weiß zugleich natürlich, dass viele dieser Länder bereits enge Kooperationsbeziehungen mit der Volksrepublik China (zum Teil auch mit Russland) eingegangen sind und dass die sogenannten BRICS-Staaten (Brasilien, Russland, China, Indien und Südafrika) bereits seit mehr als einem Jahrzehnt erfolgreich zusammenarbeiten. Während des G-7-Gipfels in Ellmau (Österreich, Juni 2022) fand in Beijing ein Gipfeltreten der BRICS-Staaten statt, der nicht nur diese Kooperation bestätigte, sondern auch eine Erklärung zu den Prinzipien einer künftigen multilateralen Weltordnung – jenseits der Vorherrschaft des Westens – verabschiedete.[11]

Der Kanzler fragt sich nicht, warum diese Länder des »Südens« die Kooperation mit China und auch mit Russland suchen. Diese verstehen die »regelbasierte Ordnung«, auf die sich die führenden Politiker des Westens berufen, einerseits als eine Ordnung, in der völkerrechtswidrige militärische Interventionen der USA und ihrer Verbündeten noch nicht einmal lange zurückliegen. Andererseits dienen diese »Regeln« den wirtschaftlichen Interessen des Westens (»Globalisierung«, freie Märkte, »Washington Consensus«). Schließlich bildet – als Basis dieser Regeln – der poltisch-militärische Führungsanspruch der USA (mit den 800 US-Militärstützpunkten in der ganzen Welt) eine Voraussetzung für die Marginalität der postkolonialen Staaten des »Südens« auf der Bühne der Weltpolitik und der Weltwirtschaft sowie für deren innere Widersprüche.

Als Politiker*innen der *Grünen* um das Jahr 2000 noch zum Weltwirtschaftsforum nach Porto Alegre oder Genua pilgerten und der Losung »Die Welt ist keine Ware« applaudierten, war ihnen dieser Zusammenhang durchaus bewusst. Der Kanzler – als ehemals linker Sozialdemokrat – hat sicher inzwischen seine alten Schriften von Luxemburg und Lenin oder die

---

[11] Vgl. dazu weiter unten, S. 115ff.

der »Weltsystemtheorie« (Immanuel Wallerstein, Giovanni Arrighi, Samir Amin und André Gunther Frank) entsorgt.

Der Imperialismus-Begriff von Olaf Scholz ist relativ schlicht. Er bezeichnet die Politik von Großmächten (»Imperien«), die kleine Nachbarstaaten an ihren Grenzen (oder in ihrem »Hinterhof«, den sie selbst definieren) bedrohen oder militärisch angreifen, sofern diese eine konfliktreiche (und nicht kooperative) Politik mit ihrem großen Nachbarn betreiben und zugleich den (politisch-militärischen, wirtschaftlichen und ideologischen) Schutz von konkurrierenden Großmächten oder Staatenbündnissen suchen. Den Anhängern der realistischen Schule der internationalen Beziehungen gilt das Interesse einer Großmacht, an ihren Grenzen die Entstehung eines solchen sicherheitspolitischen Risikos bzw. Krisenherdes zu verhindern, als legitimes Staatsinteresse. Im Austausch für dieses Interesse gewährt die Großmacht dem kleineren Nachbarn Sicherheit und Schutz. Nach dem Ende der Sowjetunion haben die russischen Regierungen – vor allem unter Putin – immer wieder die Anerkennung dieses Interesses durch den Westen (u.a. im Deutschen Bundestag 2001 oder 2007 bei der Münchener Sicherheitskonferenz) gefordert und auch hinsichtlich der NATO-Mitgliedschaft (z.B. von Georgien und der Ukraine) »rote Linien« definiert.

Modernes Vorbild für dieses imperialistische Verhalten von Großmächten sind die USA selbst, die seit der Monroe-Doktrin des Jahres 1823 (gegen die alten europäischen Kolonialmächte) Mittel- und Südamerika zu ihrem »Hinterhof« (d.h. zu ihrer Einflusssphäre) erklärt haben. Daraus haben sie ihr Recht auf eine hohe Zahl von militärischen und politischen Interventionen in Lateinamerika abgeleitet, Regierungen zu stürzen oder zu verhindern, die sich von dieser Dominanz – und den damit verbundenen Formen der Ausbeutung, Abhängigkeit und Unterdrückung für die breiten Massen des Volkes – befreien wollten (vgl. dazu Galeano 1972).

Die Forderung nach der Stärkung der EU als »geopolitischen Akteur« in einer »Welt konkurrierender Großmächte« impliziert natürlich auch eine Erweiterung des Imperialismus-Begriffs, die über die Kritik an dem Verhalten einer Großmacht gegenüber einem »kleinen Nachbarn« hinausgeht. Scholz fordert eine Stärkung der EU, in der es keine »nationalen Alleingänge« mehr geben darf. »Das können wir uns schlicht nicht mehr leisten, wenn wir weiter gehört werden wollen in einer Welt konkurrierender Großmächte«, in der sich die EU als Großmacht behaupten muss. Dabei fällt Deutschland – aufgrund seiner wirtschaftlichen Macht sowie aufgrund der geopolitischen Herausforderungen, die mit seiner »Mittellage in Europa« verbunden sind – eine Führungsrolle zu. Nach Scholz kann die Lösung der Weltprobleme nur gelingen, »wenn Deutschland in dieser schwierigen Zeit Verantwortung für Europa und in der Welt übernimmt. Führen, das kann nur heißen, zusammenführen, und zwar im doppelten Wortsinn. Indem wir zusammen mit anderen Lösungen erarbeiten und auf Alleingänge verzichten. Und indem wir, als Land, das auf beiden Seiten des Eisernen Vorhanges lag, Ost und West, Nord und Süd in Europa zusammenführen« (siehe Anm. 7).

Nach den beiden Weltkriegen, nach dem Ende des »Zeitalters der Extreme« (Eric Hobsbawm), war diese Frage nach einer deutschen Führungsrolle in Europa und der Welt auch in den westlichen Bündnissystemen geklärt und für die Außenpolitik der BRD tabuisiert. Deutschland musste sich in der NATO den USA (und den anderen Atommächten) unterordnen. Lange Zeit galt als Basisprämisse amerikanischer Europapolitik im Kalten Krieg: »To keep communism out and Germany down!«. Noch in der großen Wendezeit der Jahre 1989 bis 1991 – nach dem Ende der Sowjetunion, des Kalten Krieges und der deutschen Einigung – fürchteten die großen Verbündeten im Westen die Macht und Rolle eines geeinten Deutschlands in einem nach Osten erweiterten Europa; denn die Nachkriegszeit war nun endgültig abgeschlossen.[12]

Zur gleichen Zeit hatte der amerikanische Präsident George W. Bush sr. im Jahre 1989 (in einer Rede in Mainz) im Beisein des deutschen Bundeskanzlers Helmut Kohl von den USA und der BRD als »Führer in Partnerschaft« (leaders in partnership) gesprochen und damit große Erwartungen geweckt. Er fügte hinzu: »Natürlich hat Führung einen ständigen Begleiter: Verantwortung.« Nunmehr wurde auch in der deutschen Debatte immer deutlicher gefordert, dass das Land mehr »Verantwortung« im Rahmen von militärischen Operationen des Westens übernehmen muss.[13] Im

---

[12] In der Zeitschrift »International Security« hatte im Jahre 1990 der US-amerikanische Politikwissenschaftler John Mearsheimer – einer der führenden Köpfe der sog. Realistischen Schule der internationalen Beziehungen – die (viel diskutierte) These vertreten, dass mit dem Ende der Systemkonkurrenz Europa zu den zwischenimperialistischen Spannungen der Periode vor 1914 zurückfallen könne und dass dabei die zukünftige Rolle Deutschlands im Zentrum stehe. Er empfahl sogar, Deutschland mit Atomwaffen auszustatten, um damit einen Beitrag zur Stabilität in Europa zu leisten (Mearsheimer 1990).

[13] Im Jahre 2013 wurde ein Papier mit dem Titel »Neue Macht – Neue Verantwortung. Elemente einer deutschen Außen- und Sicherheitspolitik für eine Welt im Umbruch« der Stiftung Wissenschaft und Politik (SWP) und des German Marshall Fund of the United States (GMF) veröffentlicht. Darin wurde eine Neuorientierung deutscher

Jugoslawienkrieg der NATO sprach der deutsche (sozialdemokratische) Bundeskanzler davon, dass Deutschland (jetzt auch militärisch) aus dem »Schatten der Geschichte« des »schrecklichen« 20. Jahrhunderts herausgetreten sei – und es war kurz danach ein Verteidigungsminister von der SPD davon überzeugt, dass mit dem Einsatz der Bundeswehr in Afghanistan »auch am Hindukusch die Sicherheit der Bundesrepublik Deutschland« verteidigt werde.

Jetzt verkündet der deutsche Bundeskanzler (wieder ein Sozialdemokrat) angesichts des Krieges in der Ukraine eine »Zeitenwende«,[14] in der Deutschland seine Sicherheitspolitik im Rahmen der NATO auf die Abwehr der »russischen Bedrohung« konzentrieren und verstärken muss. Dabei wird Deutschland eine Führungsrolle in einer erweiterten EU zu spielen haben, die im geopolitischen Kräftemessen innerhalb einer multipolaren Weltordnung (mit den Großmächten USA, China, Russland) auch strategisch eine eigenständige Rolle zu spielen hat. Aus der Sicht von George Friedman, einem US-amerikanischen Experten für globale Geopolitik (in der Tradition von Henry Kissinger und Zbigniew Brzezinski),[15] stellt sich schon 2015 »wieder einmal die deutsche Frage«: »Die Europa-Frage ist wieder einmal die Deutschland-Frage: Was will Deutschland? Was fürchtet Deutschland, was wird es tun, was nicht? Es ist die alte Europa-Frage und sie geht ein-

---

Außenpolitik in diesem Sinne gefordert. Der damalige Bundespräsident Joachim Gauck übernahm diese Vorschläge in einer Rede vor der Münchener Sicherheitskonferenz im Januar 2014. Vgl.: Deppe 2014: 11ff.

[14] Und der aktuelle deutsche (wieder ein Sozialdemokrat) Verteidigungsminister findet, dass die Bundeswehr »kriegstüchtig werden« und die gesamte Gesellschaft dafür aufgestellt werden muss.

[15] Zbigniew Brzezinski war der Sicherheitsberater demokratischer Präsidenten (von Jimmy Carter bis Bill Clinton). Im Jahre 1997 veröffentlichte er unter dem Titel »Das große Schachbrett« eine Studie über die »amerikanische Vorherrschaft (primacy) und ihre geostrategischen Imperative«. Darin vertrat er die Auffassung, dass die Ukraine für Russlands Zukunft und den Frieden der Schlüssel sein wird; denn in der Ukraine entscheide sich, ob Russland sich nach Europa orientiert oder in imperiales Auftrumpfen zurückfällt.

»Allein schon die Existenz einer unabhängigen Ukraine hilft, Russland zu verändern. Ohne die Ukraine hört Russland auf, ein eurasisches Imperium zu sein. Es kann zwar immer noch imperialen Status beanspruchen, würde dann aber in Konflikte mit den zentralasiatischen Staaten verwickelt. Auch China würde sich erneuter russischer Dominanz in Zentralasien entgegenstellen. Wenn Russland aber die Kontrolle über die Ukraine zurückgewinnt, wäre es wieder eine Imperialmacht« (Brzezinski 1997: 113). All die westlichen Hoffnungen, dass Russland sich öffnet und modernisiert, dass es zu einem demokratischen Partner eines demokratischen Amerika wird, sind aus Brzezinskis Sicht davon abhängig, dass Russland den Herrschaftsanspruch über die Ukraine aufgibt.

her mit der allerältesten Frage in Europa: Wann bricht der nächste Krieg aus und wo?« (Friedman 2015: 213)

3. Der Bellizismus (oder: die Kriegsbesessenheit) des liberalen Imperialismus

Die Positionen des deutschen Bundeskanzlers werden von einer breiten Koalition politischer Kräfte sowie von Journalisten und Wissenschaftlern unterstützt. Der Bundespräsident Frank-Walter Steinmeier hielt am 28. Oktober 2022 eine »Rede an die Nation«, in der er den 24. Februar, den Tag der »russischen Invasion«, als einen »Epochenbruch« bezeichnete, an dessen »Morgen [...] die Welt eine andere geworden [...] war« (Steinmeier 2022). Kurz zuvor war er mit anderen Politikern in die Ukraine gereist und verbrachte während eines russischen Angriffes einige Zeit in einem »Luftschutzkeller«. Als Außenminister unter Angela Merkel hatte Steinmeier in der Ukrainekrise des Jahres 2014 – zusammen mit dem französischen Außenminister – wesentlich an den sogenannten Minsker-Vereinbarungen mitgewirkt. Die USA waren daran nicht beteiligt und unterstützten danach die Bemühungen der Kiewer Regierung und von Präsident Selenskyj, die Umsetzung des Abkommens zu sabotieren. Steinmeier wurde mit dem Beginn des Krieges aus der Ukraine bzw. vom rechtsradikalen Ukraine-Botschafter Andrij Melnyk in Berlin scharf kritisiert.[16] Inzwischen hat sich der Bundespräsident voll auf die Position von Kanzler Scholz begeben.

Im ideologischen Krieg um die Weltordnung stehen Spitzenpolitiker der Partei *Die Grünen* – mit der Außenministerin Annalena Baerbock und dem Fraktionsvorsitzenden Anton Hofreiter – in der vordersten Frontlinie der Streiter für die »Zeitenwende«. Sie fordern, die Ukraine mit mehr Waffen zu unterstützen, werben für einen »Siegfrieden« gegen Russland, der die Rückeroberung des Donbass und der Krim einschließt, und sie fordern die Mitgliedschaft der Ukraine in der NATO. Sie wissen, dass diese Forderungen den Krieg auf unbestimmte Zeit verlängern, solange diese mit der politischen Führung der USA abgesprochen sind. Gleichzeitig sind sie mit den

---

[16] Der ukrainische Botschafter in Berlin hatte dem Bundespräsidenten deshalb im Tagesspiegel vorgeworfen, »seit Jahrzehnten ein Spinnennetz der Kontakte mit Russland geknüpft« zu haben. »Für Steinmeier war und bleibt das Verhältnis zu Russland etwas Fundamentales, ja Heiliges, egal was geschieht - auch der Angriffskrieg spielt da keine große Rolle«, sagte Melnyk.

Leitmedien bei den Angriffen gegen die verschiedenen Forderungen und Vorschläge aus der Friedensbewegung bzw. aus dem Munde führender Militärexperten des Westens verbündet.

Die *Grünen* hatten noch in ihrem Bundestagswahlprogramm von 1994 die »Auflösung der NATO« gefordert und dabei festgestellt, dass »die Ausdehnung der NATO nach Osten [...] kein Konzept für die Schaffung von Sicherheit in Europa darstellt«. In der grünen Partei, die einst als Kraft der Friedensbewegung der 1970er-Jahre entstanden war, hatten sich allerdings vor allem bei der Gründergeneration schon früh Positionen eines Menschenrechtsbellizismus breitgemacht. Dieser bekennt sich zur Bereitschaft, Kriege des Westens im Namen der »Freiheit«, d.h. der Demokratie und der Menschenrechte, zu unterstützen. Der völkerrechtlich nicht gesicherte Überfall der NATO auf Serbien im Rahmen des Kosovokrieges, u.a. die Luftangriffe auf Belgrad und andere Städte seit März 1999, wurde vom grünen Außenminister Joseph Fischer mit dem Hinweis auf »Nie wieder Auschwitz« legitimiert, was allerdings in der grünen Partei damals noch auf Widerspruch stieß. Bei den Friedensverhandlungen war Fischer »Juniorpartner« der amerikanischen Außenministerin Madelaine Albright im Kampf gegen Milošević.[17] Die Grünen waren jetzt Teil der Regierung Deutschlands unter Gerhard Schröder (SPD).

Mit der Teilhabe an der politischen Macht bzw. mit der Orientierung auf diese nahmen sie eine subalterne Position im westlichen Machtblock des American Empire ein. In dieser Rolle konnten die »Realos« stolz verkünden, dass sie in der »Wirklichkeit« angekommen seien. Dazu mussten allerdings noch weitere Anpassungsleistungen und Wendungen vollzogen werden. Der Koalitionspartner SPD konnte auf diesem Gebiet – vor allem bei der Unterstützung von imperialistischen Kriegen (vom August 1914 bis zum Vietnam-Krieg) – auf eine lange Tradition zurückblicken. Als die USA im Jahre 2003 den Irak überfielen, um Saddam Hussein zu entmachten, wollte sich die deutsche Regierung allerdings nicht an der Kriegskoalition vor Ort beteiligen. Die »Falken« um George W. Bush beklagten daraufhin eine tiefe Spaltung und Krise zwischen den USA und den Europäern

[17] In ihrer Autobiografie schreibt sie: »Schon lange vor dem Krieg im Kosovo erhielt ich von der Administration grünes Licht, die Ablösung Milosevics zu betreiben. Zwei Jahre lang arbeitete ich hinter den Kulissen und öffentlich auf dieses Ziel hin. Mit meinem Amtskollegen Joschka Fischer und anderen drängten wir serbische Oppositionspolitiker dazu, eine ordentliche politische Organisation aufzubauen und auf die Machtenthebung Milosevics hinzuarbeiten.« (Albright 2005: 601)

(vgl. Kagan 2003). Gleichwohl unterstützen die Anhängerinnen des liberalen Imperialismus die von der politischen Führung der USA beanspruchte Rolle des »Weltpolizisten«.

In Frankreich hatten schon in den späten 1970er-Jahren die »neuen Philosophen« – einst linksradikale Maoisten – einen Positionswechsel von der Unterstützung revolutionärer Befreiungsbewegungen in der Dritten Welt sowie von der Kritik des US-Imperialismus zur Anerkennung der Kriege des Westens im Namen der »Freiheit« – z.B. unter der Präsidentschaft von Ronald Reagan nach 1980 – vollzogen. Nach *Nine-Eleven* (2001) unterstützten viele einst linke Intellektuelle den US-amerikanischen Präsidenten George W. Bush jr. – genauer seinen Vizepräsidenten Dick Cheney und den Verteidigungsminister Donald Rumsfield (beide engagiert in der konservativen Denkfabrik *Project for the New American Century)*(vgl. Greiner 2021: 179–181) – beim »Krieg gegen den Terror« im Nahen Osten wie auch in Afghanistan.

Daniel Cohn-Bendit, einst als »Danny le Rouge« selbst ernannter Revolutionsführer im Pariser Quartier latin (und in Frankfurt Bockenheim) ist inzwischen als grüner Promi einer der Wortführer eines bellizistischen, liberalen Imperialismus, der in der innenpolitischen Auseinandersetzung die Kritiker des Ukrainekrieges aus der Linken und der Friedensbewegung als »Agenten Putins« diffamiert. An seiner Seite agitiert einer der reichsten Männer Frankreichs, der Verleger und Philosoph Bernard Henri Lévy, der einst als Schüler von Jean-Paul Sartre betrachtet werden wollte. Lévy ist ein pseudointellektueller Egomane, ständig um seine öffentliche Inszenierung (als »der braun gebrannte Mann mit dem offenen weißen Hemd im TV«) bemüht. Lévy rühmt sich bis heute, dass er im März 2011 den französischen Staatspräsidenten Nicolas Sarkozy (mit anderen NATO-Verbündeten) zum militärischen Überfall auf Libyen und zum Sturz des Revolutionsführers Muammar al-Gaddafi gedrängt und überzeugt habe.[18]

Angesichts der verheerenden Folgen dieses Krieges – sowohl für die Menschen in Libyen, als auch für die politische Stabilität in der gesamten Region – wäre es wohl angemessen, das Lévy auch einmal vor dem Internationalen Strafgerichtshof (IStGH) für Kriegsverbrechen in Den Haag angeklagt würde. Im Jahre 2014 feierte er auf dem Majdan in Kiew den antirussischen Putsch und begrüßte »das Volk der Ukraine« als »Avantgarde

---

[18] Dabei wurde er von Daniel Cohn-Bendit unterstützt, der die deutsche Regierung kritisierte, dass sie in der Unterstützung dieser militärischen Aktion zu zögerlich sei.

der europäischen Freiheitsbewegungen«. An seiner Seite befand sich damals die EP-Abgeordnete der *Grünen*, Marieluise Beck – ebenfalls eine prominente Vertreterin der grünen Gründergeneration, die inzwischen sicher auch die »Erkenntnis« von Lévy teilen wird, dass »Marx«, d.h. die Kapitalismuskritik »die Sünde« sei, da sie zum Autoritarismus bzw. Antiliberalismus verführe. Inzwischen sind die einstigen Systemkritiker bei Hayek angekommen![19]

Ralf Fücks (Jahrgang 1951) – einst Aktivist des Kommunistischen Bunds Westdeutschlands (KBW) in Bremen – ist zusammen mit seiner Ehefrau Marieluise Beck einer der einflussreichsten Wortführer des liberalen Imperialismus. Er war von 1997 bis 2017 Vorsitzender der Heinrich-Böll-Stiftung der Partei *Die Grünen*. Der inzwischen verstorbene Christian Ströbele, einer der wenigen Gründer der *Grünen*, der seinen politischen Positionen treu zu bleiben versuchte,[20] kritisierte dessen Unterstützung des US- und NATO-Krieges in Afghanistan. Inzwischen präsidiert er zusammen mit seiner Frau dem Thinktank »Forum liberale Moderne«, der sich als Denkfabrik für einen neuen Transatlantizismus begreift. Dieser plädiert für ein enges Bündnis der Deutschen und der Europäer mit den USA bei der Verteidigung der »alten Weltordnung«.

Als der Demokrat Joe Biden im Januar 2021 – nach der Wahlniederlage von Donald Trump – sein Amt als Präsident der USA antrat, veröffentlichte die Heinrich-Böll-Stiftung (ebenfalls im Januar 2021) einen Aufruf

---

[19] Ich habe diese vielfältigen Metamorphosen grüner Politiker*innen vor knapp einem Jahrzehnt in meiner Schrift: Imperialer Realismus ausführlicher behandelt (Deppe 2014: 104-120).

[20] Dazu gehörte auch Antje Vollmer (ehemals Vizepräsidentin des Deutschen Bundestages). Kurz vor ihrem Tod hinterließ sie mit einem Beitrag zum Ukrainekrieg und zur europäischen Friedensordnung ein »Politisches Vermächtnis«, in dem sie am Schluss davon sprach, dass sie eine »persönliche Niederlage« mit ins Grab nehmen werde: »Gerade die Grünen, meine Partei, hatte einmal die Schlüssel in der Hand zu einer wirklich neuen Ordnung einer gerechteren Welt. Sie war durch glückliche Umstände dieser Botschaft viel näher als alle anderen Parteien. Wir hatten einen echten Schatz zu hüten: wir waren nicht eingebunden. Wir waren gleichermaßen gegen die Aufrüstungen in Ost und West, wir sahen die Gefährdung des Planeten durch ungebremstes Wirtschaftswachstum und Konsumismus. Wer die Welt retten wollte, musste ein festes Bündnis zwischen Friedens- und Umweltbewegung anstreben, das war eine klare historische Notwendigkeit, die wir lebten. Wir hatten dieses Zukunftsbündnis greifbar in den Händen. Was hat die heutigen Grünen verführt, all das aufzugeben für das bloße Ziel, mitzuspielen beim großen geopolitischen Machtpoker, und dabei ihre wertvollsten Wurzeln als lautstarke Antipazifisten verächtlich zu machen?« (Vollmer 2022: 8).

unter dem Titel »Transatlantisch? Traut Euch!«.[21] Die Unterzeichner fordern eine »neue Übereinkunft« zwischen der deutschen Bundesregierung und der US-Regierung. Dabei sollen »Deutschland und Amerika ihre Verantwortung für den Zusammenhalt und die Gestaltungskraft der Gemeinschaft liberaler Demokratien insgesamt annehmen«. »Ohne dieses Bündnis lässt sich weder ein stabiles Europa bauen noch die internationale Ordnung gestalten.« Ganz im Sinne der herrschenden Ideologie des alten Kalten Krieges werden die USA nicht nur als Befreier der Deutschen vom Faschismus und als Garanten des Wohlstandes und des Friedens in Europa gefeiert.[22] »Kein Land hat von der amerikanischen Rolle in Europa mehr profitiert als Deutschland. Wegen seiner Größe, Geschichte und Wirtschaftskraft schlagen keinem Land Europas mehr nachbarschaftliche Aufmerksamkeit, Vorbehalte und sogar Misstrauen entgegen als Deutschland. Amerikas Rückversicherung für Europas Stabilität und Einigung ist deshalb die wichtigste geopolitische *Grundlage des deutschen Nachkriegsglücks.* Nicht zuletzt, weil Amerika sich Europa öffnet, bleibt die deutsche Frage geschlossen.«

Die neuen Transatlantiker verbreiten nicht nur die plumpe Ideologie des US-Imperialismus über die Nachkriegsgeschichte des Kalten Krieges (vgl. dazu das nachfolgende Kapitel); sie bekennen sich auch zur globalen Führungsrolle der USA (world leadership), an der die Deutschen und die Europäer als »Partner« – natürlich über die NATO und andere internationale Organisationen – teilhaben. Als Themen für die neue Übereinkunft werden in dem Aufruf genannt: »Klima, NATO, China, Handel und Technologie«. Dabei müssen und wollen die Deutschen – also noch vor Beginn des Ukrainekrieges – einen höheren Beitrag zur Verteidigung leisten: »Die

---

21 www.boell.de/de/2021/01/18/transatlantisch-traut-euch.

22 Dass der Anti-Hitler-Koalition im Zweiten Weltkrieg auch die UdSSR angehörte und sie den wichtigsten Beitrag zur militärischen Niederlage der Faschisten leistete, dass die Politik der USA zur Spaltung Europas und Deutschlands beitrug und höchst umstritten und umkämpft war, dass die NATO ebenfalls gegen heftigen Widerstand in einigen Ländern durchgesetzt werden musste, dass US-amerikanische Politiker wie z.B. John Foster Dulles (Außenminister der USA in den 1950er-Jahren) ständig von der Freiheit und den demokratischen Werten sprachen, aber ganz harte ökonomische und politische Machtinteressen der USA als Führungsmacht des Westens vertraten und das dabei der Kampf gegen den Sozialismus (sowohl den »realen« im Osten, als auch in den entwickelten kapitalistischen Staaten des Westens selbst) im Vordergrund stand – all dies wird bei den neuen Transatlantikern des 21. Jahrhunderts, für die Kapitalismuskritik keine Rolle mehr spielt, in der Regel verschwiegen. In den ideologischen Auseinandersetzungen im neuen Kalten Krieg möchten diese Transatlantiker freilich den »Antiamerikanismus« (vor allem der Linken) auf eine Stufe mit dem »Antisemitismus« stellen.

transatlantische Sicherheitspartnerschaft braucht eine Neue Übereinkunft: Amerikas erneuertes Engagement für die NATO muss verbunden werden mit einem deutlich höheren Beitrag der Verbündeten, vor allem Deutschlands, für die Verteidigung Europas. Damit geht eine ambitionierte Fähigkeits- und Ausgabenplanung einher.«

Als Initiatoren dieses Aufrufes bezeichnete sich am 20. Januar 2021 in einer Pressekonferenz eine überparteiliche Gruppe von Expertinnen und Experten für Amerika-Politik: Dr. Ellen Ueberschär, Heinrich-Böll-Stiftung; Thomas Kleine-Brockhoff, German Marshall Fund; Heinrich Brauss, Generalleutnant a.D., Deutsche Gesellschaft für Auswärtige Politik und Dr. Stormy-Annika Mildner, Aspen Institute Deutschland; moderiert von Dr. David Deißner, Atlantik-Brücke. Die politische Relevanz des Aufrufes erschließt sich primär nicht daraus, dass hier die traditionellen Eliten-Lobby-Gruppen für die amerikanischen Interessen in Deutschland bzw. für eine proamerikanische Politik der Bundesregierung vertreten sind. Sondern dass – über die Heinrich-Böll-Stiftung – die Partei *Die Grünen*, die bald darauf die Außenministerin in einer sozialdemokratisch geführten Bundesregierung stellen sollten, in diesem Bündnis eine klare Position für den liberalen Imperialismus des American Empire einnehmen. Dazu gehört auch, dass sie darauf hoffen, dass mit Joe Biden der Nationalismus und Protektionismus unter der Präsidentschaft von Donald Trump, der auch die Bündnisbeziehungen in der NATO und anderen Organisationen beschädigte, überwunden werden kann.[23]

Die deutsche Außenministerin Annalena Baerbock (Jahrgang 1980) von der Partei *Die Grünen* vertritt äußerst konsequent und platt diese Ideologie und Politik eines neuen Transatlantizismus, die sich durch den russischen Angriffskrieg auf die Ukraine seit dem Februar 2022 noch einmal mit der militärischen Unterstützung der Ukraine durch den Westen ra-

---

[23] Inzwischen gibt es in der Partei die Gruppe der »Grünen Transatlantiker*innen«. Diese »stehen fest im transatlantischen Raum (Vorsicht: auf dem Atlantik kann man (?) nicht »fest« stehen!) und zu unseren Verbündeten und Freund*innen innerhalb dieses Raumes. Dieser transatlantische Raum ist für uns dabei weniger ein bestimmter geografischer Ort, sondern symbolisiert ein Ideen- und Gedankengebäude (was ist der Unterschied?), welches verschiedene souveräne Staaten und Staatengemeinschaften auf der ganzen Welt mit unterschiedlichen Hintergründen verbindet. Diese Verbindung drückt sich dabei in verschiedenen Bündnissen – allen voran dem Nordatlantikpakt, aber etwa auch durch die Europäische Union oder AUKUS – aus, die sich teilweise gegenseitig unterstützen und ergänzen und welche auch für neue, geeignete Mitglieder offenstehen.« Die Junge Union hätte solches Geschwafel besser formuliert!

dikalisiert hat. Die grünen Spitzenpolitiker dieser Generation brauchen sich nicht mehr für zurückliegende pseudokommunistische Aktivitäten im Geiste eines »postadoleszenten Irrsinns« (Gerd Koenen) zu entschuldigen. Sie sind schon Repräsentanten einer durchaus erfolgreichen Partei, die »in der Mitte« der Gesellschaft sowie im herrschenden »Machtblock« (als Koalitionspartner für CDU/CSU sowie für SPD und FDP) angekommen ist. Sie vertritt überwiegend die Interessen einer akademisch qualifizierten, lohnabhängigen Mittelklasse, die in den vergangenen Jahrzehnten sowohl in der privaten Wirtschaft als auch im öffentlichen Dienst deutlich angewachsen ist.

Viele von ihnen – darunter viele Start-up-Unternehmer*innen – sind auch in ihrer Arbeit mit der »digitalen Revolution« verbunden. Menschen aus diesen Gruppen der »Besserverdienenden« sympathisieren zugleich mit Forderungen zum Klima- und Naturschutz (»grüner Kapitalismus«) sowie mit den Forderungen einer Identitätspolitik, die sich gegen die Diskriminierung nach Geschlechtsmerkmalen und ethnischer Herkunft wendet. Sie unterstützen eine liberale Migrationspolitik (»offene Grenzen«) und verteidigen die Demokratie gegen den Rechtspopulismus. Das »gute Leben« (materiell und kulturell) dieser neuen Mittelklasse zeigt an, dass sie – in deutlichem Kontrast zu den Absteigern und Verlierern (Prekariat / alte Arbeiterklasse) – neben den »Superreichen« (oberes 1% der Einkommens- und Vermögenshierarchie) zu den Gewinnern der neoliberalen Politik der vergangenen Jahrzehnte gehören. Mit der Kumulation von sozialökonomischen Krisenprozessen seit dem Big Crash von 2008/09 erfahren sie allerdings auch die Risiken des sozialen Abstiegs und der Krisen der Reproduktion (im Bereich der Bildung, des Gesundheitswesens und der Alterssicherung). Die Bereitschaft, sich innerhalb eines neuen Kalten Krieges an die Spitze der Verteidigung der »westlichen Ordnung« auch mit Waffengewalt zu stellen und dabei die Führungsrolle der USA zu akzeptieren, reflektiert daher auch das zugrunde liegende Interesse, diese Privilegien eines »guten Lebens« zu verteidigen. Einige aus der neuen, lohnabhängigen Mittelklasse sympathisieren allerdings mit der politischen Linken.

Die neuen Transatlantiker geraten natürlich in Widersprüche, die die Glaubwürdigkeit dieses Politikmodells zutiefst infrage stellen: Sie negieren die gewaltigen sozialen und politischen Widersprüche und Krisenprozesse, die die USA im Inneren erschüttern. Der Glaube, dass die USA immer eine in den Diensten der Freiheit betriebene Wertepolitik verfolgt haben und nach wie vor verfolgen, wird wohl schnell durch eine kritische Auseinandersetzung mit dem Freiheitsbegriff der herrschenden Klasse in den USA zu erschüttern sein. Der Schulterschluss mit der Biden-Administration – vor allem mit den »Falken« im State Department (Patricia Nuland, Robert Kagan u.a.) – könnte sich schon im kommenden Jahr im Ergebnis der Präsidentenwahl in den USA in Luft auflösen. Und sie werden wohl auch die Bedeutung der Formierung des »Südens« nicht begreifen, der sich mehr und mehr den Regeln für das Funktionieren einer Weltordnung widersetzt, die vom Westen definiert werden.

Die strukturellen Krisenprozesse des kapitalistischen Wirtschaftswachstums und der Primat der Sicherheitspolitik und der Aufrüstung sowie das liberale Bekenntnis zu »freien Märkten« werden grünen Reformen im Bereich der Klima- und Umweltpolitik ebenso Grenzen setzten wie im Bereich der Sozialpolitik (z.B. Kampf gegen die Armut), der für die »Partei der Besserverdienenden« allerdings – auch im Blick auf ihr Wähler*innenpotenzial – von sekundärer Bedeutung ist. Für die Zukunft dieser Partei wäre es lebenswichtig, dass sie im Bündnis mit der Klima- und Umweltbewegung Perspektiven einer Politik entwickelt und vertritt, die jenseits der kapitalistischen Wachstumslogik (»De-Growth«) und jenseits des liberalen Imperialismus, d.h. des American Empire, den Erhalt des Planeten, die Verhinderung von Klimakatastrophen und von Atomkriegen durch eine globale Friedenspolitik ins Zentrum rückt (vgl. hierzu Dörre 2023: 31–54).

Bei Annalena Baerbock verbindet sich die Anerkennung der führenden Rolle der USA jetzt mit der Bereitschaft zum »Krieg gegen Russland«. Die Stellungnahmen der Ministerin und ihres Ministeriums zur Weltordnungspolitik – auch zur Auseinandersetzung mit China – übernehmen fast wörtlich die Vorgaben aus Washington. In ihren Reden wiederholt sie die platten Thesen über das »Nachkriegsglück« der Deutschen, das diese den Amerikanern verdanken. Bei einer Rede an der New School in New York im August 2022 sprach sie von einer »Zäsur«, von einem »wirklichen transatlantischen Moment«. In diesem Zusammenhang erinnerte sie daran, dass im Jahre 1989 der damalige Präsident der USA, George W. Bush sen., Deutschland das berühmte Angebot einer »Partnership in Leadership«, also einer gemeinsamen »Führungspartnerschaft« gemacht habe. Deutschland sei damals noch zu sehr mit der Bewältigung der Folgen der deutschen Einheit befasst gewesen. »Heute aber, in der Welt einer neuen Ära, hat sich das grundlegend geändert. Wir sehen klar: Jetzt ist der Moment da, in dem wir sie schaffen müssen: eine gemeinsame Führungspartnerschaft. Nicht nur wir als Deutsche und Amerikaner – wie wir vor 30 Jahren dachten. Sondern als Europäer und Amerikaner. Und es obliegt meinem Land innerhalb der europäischen Union, das maßgeblich mit voranzubringen«.

Die Ministerin hinterfragt natürlich nicht die Motive, die dem Angebot des US-Präsidenten damals zugrunde lagen, als die USA für sich die Rolle des Weltpolizisten in einer unipolaren Weltordnung nach dem Ende des Kalten Krieges in Anspruch nahmen. Nunmehr bietet sie eine Führungspartnerschaft an, bei der Deutschland als die »Nummer 1« in der EU zum Juniorpartner der USA bei der Gestaltung der Weltordnung nach den Interessen des Westens werden soll. Eine solche Führungsrolle der Deutschen wird jedoch in den USA (nicht nur bei den Anhängern von Donald Trump) mit Misstrauen betrachtet. Die Zerstörung der North-Stream 2-Plattform für russisches Erdgas unmittelbar nach dem russischen Angriff auf die Ukraine diente den Interessen der US-amerikanischen Öl- und Gasexporteure und sollte die privilegierte Position der deutschen Wirtschaft beim Bezug billiger Energie aus Russland beschädigen.

Deutschland ist nicht nur politischer Partner, sondern als »Exportweltmeister« auch Konkurrent auf dem Weltmarkt, was sich vor allem im Hinblick auf den Umgang mit der Volksrepublik China manifestiert. Die USA treiben die Konfrontation mit China durch Sanktionen im Hochtechnologiebereich, durch Provokationen in der Taiwan-Frage sowie durch militärische Aufrüstung im Bereich des Indo-Pazifik voran.[24] Die deutsche China-Politik muss dagegen – zum Ärger der Konkurrenten in den USA – auf die Bedeutung der chinesischen Wirtschaft für die großen deutschen Konzerne (vor allem der Automobilindustrie) Rücksicht nehmen. Auf der anderen Seite ist der Führungsanspruch Deutschlands innerhalb der EU umstritten – sowohl vonseiten Frankreichs, das zusammen mit Deutschland eine Position der europäischen Autonomie (auch gegenüber den USA) in den Auseinandersetzungen um die Gestaltung der Weltordnung vertreten möchte, als auch vonseiten osteuropäischer Staaten wie Polen, die ihrerseits eine engere Anbindung an die USA suchen, um die Dominanz der Deutschen in der EU zu begrenzen. Der Plan der »Führungspartnerschaft« wird also ein umstrittenes Projekt bleiben, allerdings im Bereich der Auf-

---

[24] Frau Baerbock behauptet z.B. in dieser Rede: »Chinas Äußerungen zu Taiwan werfen ernste Fragen auf«. Die »ernsten Fragen« werden natürlich durch die politische und militärische Unterstützung von Taiwan durch die USA provoziert, die die Unabhängigkeit der Insel befördern sollen und damit Drohungen und Hinweise auf »rote Linien« von Seiten der Volksrepublik hervorrufen.

rüstung der Bundeswehr und der Rüstungskooperation immer wieder zur Sprache kommen.

Die Reden der deutschen Außenministerin enthalten keine intellektuellen Glanzlichter, was bei ihrem grünen Vorgänger Joseph Fischer durchaus gelegentlich der Fall war. Als Vertreterin einer »feministischen Außenpolitik« hat sie im Jahre 2022 zum Tod von Madelaine Albright, die zwischen 1997 und 2001 – unter der Präsidentschaft des Demokraten Bill Clinton – das State Department leitete, diese als eine »streitbare Kämpferin, wahre Transatlantikerin und Vorreiterin« gewürdigt. Mit »Haltung, Klarheit und Mut« habe diese Frau »für Freiheit und Stärke der Demokratien« gestanden, schrieb Baerbock.

Albright hat 2003 eine umfangreiche Autobiografie publiziert. Sie kommt aus einer tschechischen konservativen Diplomatenfamilie, die vor den Nazis (1939) und vor den Kommunisten (1948) in die USA fliehen konnte. Dort machte sie Karriere – einer ihrer ersten Förderer war Zbigniew Brzezinski, dessen Seminar zur vergleichenden Kommunismusforschung sie voller Bewunderung besuchte (Albright 2005: 80f.). Unter Jimmy Carter arbeitete sie im Nationalen Sicherheitsrat, später für Bill Clinton als Botschafterin bei der UNO (1992) und schließlich als Außenministerin. Die Balkankriege im Zusammenhang der vom Westen geförderten Zerstörung der sozialistischen Republik Jugoslawien sowie der NATO-Luftkrieg gegen Jugoslawien sowie die anschließenden Friedensverhandlungen, die u.a. zur Gründung des separaten Staates Kosovo (und zur Errichtung einer großen US-Militärbasis in der Nähe der Hauptstadt Pristina) führten. Madelaine Albright gehört zur außenpolitischen Fraktion der »Falken« (Hawks).

Der Spiegel schrieb am 23.10.2009: »Albright setzte sich für eine harte US-Außenpolitik ein. Einmal rief sie Colin Powell, dem damaligen Vorsitzenden der Generalstabschefs, zu: ›Wozu haben wir dieses großartige Militär, von dem Sie immer reden, wenn wir es nicht einsetzen können?‹« Als sie von einem Journalisten gefragt wurde, ob die Todesopfer in der Folge von US-Sanktionen gegen den Irak (es sollen zwischen 576.000 und 1,5 Millionen gewesen sein), habe sie geantwortet: »Wir denken, der Preis war es wert«. Schließlich berichtet sie in Ihrer Autobiografie von den Vorbereitungen des militärischen Angriffs der NATO auf Serbien. »Ich rief Robin Cook an, der mir mitteilte, seine Anwälte hätten ihm erklärt, dass ein UN-Mandat notwendig sei, falls die NATO aktiv werden sollte. Ich sagte ihm, er solle sich neue Anwälte besorgen« (ebd.: 465). Sie wollte auf jeden Fall verhindern, dass Einsätze der NATO durch die UNO legitimiert sein müssen.

Annalena Baerbock schrieb in ihrem Nachruf: »Ich stehe heute auf ihren Schultern«. Sie mag dabei daran gedacht haben, dass Joseph Fischer, ihr grüner Amtskollege in den Zeiten der letzten Kriege zur Zerstörung Jugoslawiens und des Angriffs auf Serbien (als eines Verbündeten von Russland) nach der Einschätzung von Journalisten schon im Jahre 1999 einen Platz »auf dem Schoße der amerikanischen Außenministerin« eingenommen habe. Zur Kontrolle und Stabilisierung der Region blieben über Jahre hinweg NATO-Friedenstruppen und Schutztruppen in der Region. Im Kosovo sind die KFOR-Truppen der NATO bis heute vor Ort – ein weiterer Krieg der NATO nach dem Ende des Kalten Krieges, der keineswegs zu einer politischen Friedenslösung und Stabilisierung der Region geführt hat.

Herr Fischer und Frau Albright haben auch nach ihrem Ausscheiden aus dem politischen Amt geschäftlich gut zusammengearbeitet. Am 23.10.2009 meldete *Der Spiegel*: »Siemens sichert sich einflussreiche Helfer: Der frühere deutsche Außenminister Joschka Fischer und seine ehemalige US-Kollegin Madeleine Albright werden den Technologieriesen künftig bei Globalisierungs- und Umweltfragen beraten. Beide verfügen laut Unternehmen über ein ›einzigartiges Netzwerk‹«. Herr Fischer – so fährt *Der Spiegel* fort: »arbeitet seit einem Jahr als ›Senior Strategic Counsel‹ für die Albright Group der ehemaligen US-Außenministerin. Insgesamt steht er nun in Diensten von drei Dax-Konzernen: bei Siemens, bei BMW und bei RWE. Fischer berät den Energieversorger beim Bau der Gas-Pipeline Nabucco, die direkt gegen Russland und Gazprom gerichtet ist«. So vollendet sich der Aufstieg der Prediger der Freiheit in der freien Wirtschaft![25]

4. Krise der Hegemonie im Weltsystem

Die nachfolgenden beiden Kapitel behandeln den »alten Kalten Krieg« nach dem Zweiten Weltkrieg sowie den »neuen Kalten Krieg«. Dieser ist aus der Sicht führender Politiker des Westens mit der »Zeitenwende«, also mit den Reaktionen auf den militärischen Angriff Russlands auf die Ukraine, mit dem Widerstand der Ukraine und deren politische und materielle Unter-

[25] Am 1.11.2022 meldeten die Agenturen, dass der ehemalige Bürochef von Außenministerin Annalena Baerbock, Titus Rebhann, von den Grünen, als »Chef-Lobbyist zum Energiekonzern RWE« wechselt. Zu seinen zukünftigen Aufgaben wird die »Begleitung energiepolitischer Gesetzgebungsverfahren« und die »Aufrechterhaltung des Dialogs mit relevanten, politischen Akteuren« gehören, schreibt die Welt.

stützung durch den »Westen« (an der Spitze durch die USA) zum zentralen Thema der globalen Auseinandersetzung um die Gestaltung der Weltordnung im 21. Jahrhundert geworden. Die Kriegsparteien bilden die Fronten im Kampf zwischen Demokratien und Autokratien, zwischen Freiheit und Tyrannei. Dieser wird auf allen Ebenen – politisch, militärisch, ökonomisch, wissenschaftlich und ideologisch – ausgetragen sein. Vor allem in Deutschland soll mit der »Zeitenwende« die militärische Aufrüstung forciert werden, die unter dem Schutzschild der USA und der NATO, aber auch durch die wirtschaftlichen Interessen des »Exportweltmeisters« in der Kooperation mit Russland und China vernachlässigt wurde.

Der vergleichende Blick auf den mit der Auflösung der Sowjetunion und ihres Lagers im Jahre 1991 zu Ende gekommenen alten Kalten Krieg und die neue im Entstehen begriffene Konfliktformation der globalen Politik soll Gemeinsamkeiten, vor allem aber auch Unterschiede herausarbeiten. Der alte Kalte Krieg entwickelte sich als Systemkonfrontation zwischen zwei antagonistischen gesellschaftlichen, wirtschaftlichen und politischen Systemen. Er festigte eine bipolare Weltordnung mit zwei eindeutigen Führungsmächten, den USA im Westen und der Sowjetunion im Osten. Die beiden Systeme erstreckten sich (als »erste« und »zweite« Welt) auf die nördliche Halbkugel des Planeten. Die Völker und Staaten des »Südens« (die »Dritte Welt«) waren Subjekte des Kampfes gegen Kolonialismus und Neokolonialismus, der allerdings auch durch die globalen Machtkonflikte zwischen Ost und West überdeterminiert war. Die Analyse des alten Kalten Krieges belegt: der »Westen« hat diesen Krieg gewonnen – aufgrund seiner ökonomischen und militärischen Überlegenheit, aber auch aufgrund der inneren Widersprüche und Zerfallsprozesse im Lager des »realen Sozialismus«.

Die neue Konfrontation des 21. Jahrhunderts verläuft nicht an starren militärisch gesicherten Grenzen (Symbol: die Berlin Mauer, die 1961 errichtet wurde). Die Großmächte sind wirtschaftliche und politische Konkurrenten und bemühen sich um Vorteilspositionen im Bereich der neuesten Technologien (»digitale Revolution«). Es handelt sich dabei nicht um antagonistische Wirtschaftssysteme, obwohl in Russland wie insbesondere in China der autoritäre Staat eine wesentlich größere Rolle spielt. Und auch dabei besteht ein deutlicher Unterschied zwischen einem Regime von Oligarchen und Sicherheitspersonal (aus den repressiven Staatsapparaten) in Russland und der Herrschaft einer kommunistischen Partei in China, die zahlreiche Krisen in der Vergangenheit sowie den Aufstieg des Landes seit dem Ende des vergangenen Jahrhunderts erfolgreich bewältigt hat und dabei immer wieder Ziele auf dem Wege zu einer sozialistischen Gesellschaft der »Harmonie« (durch den Kampf gegen die Armut, durch Reformen im Bereich der Bildung, des Gesundheitswesens, der Sozialpolitik usw.) anstrebt und verwirklicht.

Auch die »Blockbildung«, die nunmehr im Zusammenhang der erfolgreichen Politik der BRICS-Staaten (unter der Führung der Volksrepublik China) konstatiert wird, bleibt weit hinter den Strukturen der Vergangenheit zurück. Dazu kommt, dass im Bündnis der BRICS-Staaten nicht nur Staaten mit unterschiedlichen Systemstrukturen und Interessen zusammenarbeiten, sondern dass die Stärke dieses Bündnisses offenbar darauf beruht, dass sie hegemoniale Strukturen von Bündnissystemen ablehnen und stattdessen auf bilaterale Win-win-Beziehungen orientieren. Und schließlich repräsentiert dieses Bündnis den wirtschaftlichen und politischen Aufstieg des »Südens«, der in der zweiten Hälfte des 20. Jahrhunderts noch in den Kämpfen gegen Kolonialismus und Neokolonialismus engagiert war und im letzten Viertel des 20. Jahrhunderts in besonderer Weise von den systemischen Krisen der kapitalistischen Weltwirtschaft und vom Ende des »Golden Age of Capitalism« betroffen wurde.

Der Vergleich zeigt, dass zum gegenwärtigen geschichtlichen Moment – nicht nur im Zusammenhang des Ukrainekrieges – die Auseinandersetzung um die »world leadership« der USA und des Westens auf der einen und die Infragestellung der Hegemonie der USA und des Westens auf der anderen Seite durch die BRICS-Staaten und andere politische und soziale Kräfte an Schärfe gewonnen hat und auch die innenpolitischen Auseinandersetzungen mehr und mehr überdeterminiert. Gleichzeitig befindet sich die Ausbildung von Blockstrukturen im »Süden« noch in den Anfängen; die Entwicklung wird auf jeden Fall nicht linear auf die Formierung eines antiwestlichen Blockes verlaufen, sondern durch zahlreiche Krisen, Konflikte und Kriege hindurchgehen. Auch das Selbstbewusstsein, mit dem die Kommunistische Partei Chinas ihre Ziele für das Jahr 2050 verkündet, wird gewiss noch durch externen imperialen Druck (bis zum Kriege) sowie durch innere Konflikte und Krisen herausgefordert werden.

Giovanni Arrighi und Beverly Silver hatten schon 1999 in einer Schrift über »Chaos and Governance in the Modern World System« die Struktur von Machtveränderungen im kapitalistischen Weltsystem seit dem 16. Jahrhundert diskutiert. Dabei geht es u.a. um den krisenhaften Übergang von der britischen Hegemonie im 18. und 19. Jahrhundert zur Hegemonie der USA im 20. Jahrhundert, die nach dem Ende des Zweiten Weltkrieges und im alten Kalten Krieg ihren Höhepunkt erreichte (vgl. dazu Arrighi 1994). Diese Transformation nahm fast ein Jahrhundert in Anspruch, unterbrochen durch die beiden Weltkriege. Sie gliedern sich in verschiedene Perioden bzw. Abschnitte: zunächst die Krise, dann der Zusammenbruch der alten hegemonialen Ordnung, schließlich die Durchsetzung einer »neuen Hegemonie« (Arrighi/Silver 1999: 29).

Die Phase der »Hegemoniekrise« zeichnet sich durch »drei verschiedene, aber eng miteinander verbundene Prozesse« aus: »die Intensivierung des Wettbewerbs zwischen Staaten und Unternehmen, die Eskalation sozialer Konflikte und die zwischenzeitliche Entstehung neuer Machtkonfigurationen«. Dazu wird die Hegemoniekrise durch »finanzielle Expansionen« angetrieben – als Folge »der Überakkumulation von Kapital und des intensiven zwischenstaatlichen Wettbewerbs um mobiles Kapital« (ebd.: 30f.). In der nachfolgenden Phase des »hegemonialen Zusammenbruchs« registrieren Arrighi und Silver »systemisches Chaos«, das durch das Anschwellen der Hochrüstung und die zunehmende Kriegsgefahr gekennzeichnet ist. Die Herausbildung von Konstellationen eines neuen Kalten Krieges befindet sich offensichtlich in einer frühen Phase der hegemonialen Krise. Wir stehen also erst am Anfang eines langen Prozesses, in dem um neue Hegemonie gekämpft wird, in dem sich allerdings schon in der gegenwärtigen Phase »neue Konfigurationen von Macht« herausgebildet haben.

Kapitel 2
Der alte Kalte Krieg

Der alte Kalte Kriege endete im Jahre 1991, als die Sowjetunion und nach ihr die Regime sozialistischen Staaten in Mittel- und Ost- bzw. Südosteuropa – einschließlich der DDR – zusammenbrachen. Das Militärbündnis dieser Staaten (»Warschauer Pakt«) wie deren Organisation für wirtschaftliche Zusammenarbeit (RGW) lösten sich auf.

Über den Anfang des Kalten Krieges gibt es unterschiedliche Deutungen: Der Historiker Ernst Nolte z.B. ging auf das »*Kommunistische Manifest*« von Marx und Engels aus dem Jahre 1847/48 zurück, in dem der bürgerlich-kapitalistischen Gesellschaft der Krieg in der Perspektive der Weltrevolution erklärt worden sei. Andere bezeichnen den Zerfall der Anti-Hitler-Koalition und den Übergang zur Blockkonfrontation in den Jahren 1947/48 als den Ausgangspunkt eines neuen globalen Zeitalters der Bipolarität. Die Weltwirtschaft und die Weltpolitik wurden bestimmt durch die Konfrontation zweier Systeme von Staaten, mit jeweils einer eindeutigen Führungsmacht: die USA im Westen, die Sowjetunion im Osten. Die beiden Systeme standen sich politisch, ideologisch, wirtschaftlich und militärisch gegenüber: repräsentative Demokratie nach angelsächsischem Vorbild im Westen – Diktatur des Proletariats als Ergebnis der Oktoberrevolution im Osten; kapitalistische Marktwirtschaft unter der Führung des »Dollar-Wall-Street-Regimes« (Peter Gowan) gegen Staatseigentum und zentrale Wirtschaftsplanung.

Die atomare Hochrüstung durch die NATO und den Warschauer Pakt sorgte für wechselseitige Abschreckung und damit für die Verhinderung eines menschheitsvernichtenden Atomkrieges zwischen den Systemen. Neben der Ersten und der Zweiten Welt gab es die sogenannte Dritte Welt der ehemaligen Kolonien und Halbkolonien auf der Südseite des Globus, die sich einerseits aus der Herrschaft des Kolonialismus und Neoimperialismus zu befreien suchten und andererseits in die Systemkonfrontation direkt und indirekt einbezogen wurden. Die meisten Kriege dieser Epoche wurden als »Dritter Weltkrieg« in der Dritten Welt bzw. im »Süden« ausgetragen.

Mit der bipolaren Ordnung endete die große weltgeschichtliche Epoche der Herrschaft der Europäer über die Welt, die mit der »Entdeckung« Amerikas durch Kolumbus im Jahre 1492 eröffnet wurde. Das British Empire war bis zum Beginn des 20. Jahrhunderts die hegemoniale Großmacht, gestützt auf die industrielle Revolution im Inneren, auf den global führenden Finanzplatz der City of London, auf die maritime Vorherrschaft auf den Weltmeeren sowie auf den weltweiten Kolonialbesitz in Asien, Australien und Afrika. Auch andere europäische Mächte (z.B. Frankreich, die Niederlande, Belgien, Portugal, in geringerem Maße das Deutsche Reich) hatten sich Kolonialbesitz angeeignet.

Nach den beiden Weltkriegen des 20. Jahrhunderts lag Deutschland am Boden, die europäischen Großmächte hatten sich erschöpft und (gegenüber den USA) verschuldet. Nach 1945 führten sie Kriege gegen die antikolonialen Unabhängigkeitsbewegungen, die Niederlagen und zusätzliche Kosten verursachten. Die USA, die nach 1919, aber auch in der Weltwirtschaftskrise nach 1929 noch gezögert hatten, die Führung innerhalb eines westlichen Bündnisses zu übernehmen, wurden nunmehr – auch angesichts der bedeutenden Rolle der Sowjetunion am Sieg über den Faschismus und die Ausweitung des sowjetischen Machtbereichs bis an die Elbe – gezwungen, globale »Verantwortung« zu übernehmen. Der Wiederaufbau und die politische Einigung Europas vollzogen sich nunmehr in einer subalternen Position gegenüber den neuen Welt- und Führungsmächten jenseits des Atlantiks bzw. im Osten Europas.

Eine Sonderstellung nahm die Volksrepublik China ein, die nach dem Sieg der Volksbefreiungsarmee unter der Führung von Mao Tse-tung und der KP Chinas im Jahre 1949 – wie Nord-Korea und Nord-Vietnam – ein enges Bündnis mit der Sowjetunion und den sozialistischen Staaten Europas eingegangen war. Als die Spannungen zwischen Moskau und Beijing seit dem Ende der 1950er-Jahre zunahmen, schloss sich die Regierung Chinas der Bewegung der »blockfreien« Staaten an. Diese wurde u.a. durch Josip Broz Tito (Jugoslawien), Jawaharlal Nehru (Indien) und Sukarno (Indonesien) repräsentiert; sie wollten die Stimme sowie die Interessen der ehemaligen Kolonien und Halbkolonien des »Südens« auf die Bühne der Weltpolitik tragen.

Die Systemgrenze verlief auf deutschem Boden, wo sich seit 1949 zwei Staaten – die BRD und die DDR – zusammen mit ihren jeweiligen Schutzmächten und Bündnispartnern aus NATO und Warschauer Pakt gegenüberstanden. Berlin war ein Hotspot des Kalten Krieges – zunächst in vier Zonen geteilt, dann gespalten in die Hauptstadt der DDR (Ost-Berlin), die von West-Berlin (mit den drei westlichen Besatzungsmächten) seit dem August 1961 durch eine Mauer abgetrennt war. Berlin war daher seit 1948 immer auch Zentrum von Krisen im Kalten Krieg, in denen die politische

Konfrontation zwischen den Systemen und ihren Führungsmächten an die Grenzen militärischer Auseinandersetzungen geriet, die das Risiko des Einsatzes von Atomwaffen in sich trugen. Dass sich z.B. im August 1961 am Checkpoint Charly US-amerikanische und sowjetische Panzer einander gegenüberstanden, war von hoher symbolischer Bedeutung für die Festigung des Bewusstseins der Menschen auf beiden Seiten, dass man sich in einem quasi-permanenten Vorkriegszustand bzw. am Rande des großen, dritten Weltkrieges befinde.[1] In den Medien, in der politischen Propaganda der großen Parteien, im Bildungs- und Wissenschaftssystem, in den Kirchen usw. wurde die ideologische Schlacht zwischen West und Ost, zwischen Gut und Böse ohnehin permanent ausgetragen.

Der Kalte Krieg endete im Jahre 1991 mit dem Sieg des Westens. Dessen Ideologen und Eliten – vor allem in den USA – feierten sich als die »Sieger« der Geschichte. Sie bezogen sich dabei zunächst auf die Überlegenheit der »Marktwirtschaft«, die nicht nur Wohlstand für breite Bevölkerungsschichten, sondern auch wissenschaftlich-technologische Überlegenheit (seit den frühen 1970er-Jahren im Zeichen der »digitalen Revolution«) geschaffen habe. Darüber hinaus habe der Westen die Menschenrechte sowie »Freedom and Democracy« gegen die Diktaturen des »realen Sozialismus« erfolgreich verteidigt. So wurde mit der »großen weltgeschichtlichen Wende von 1991« eine expansive Dynamik des Westens eingeleitet, der mit einer Ausweitung der Güter-, Finanz- und Arbeitsmärkte, aber auch mit der Zunahme der Zahl demokratisch regierter Nationalstaaten einherging.

Der Neoliberalismus, dessen Siegeszug zum Ende der 70er-Jahre des 20. Jahrhunderts begonnen hatte, schien eine neue Periode der Weltgeschichte einzuleiten, in der die Fronten des alten Kalten Krieges und der Zwang zur atomaren Aufrüstung überwunden waren. Der alte Hauptgegner Russland verfügte zwar noch über ein beachtliches Potenzial an atomaren Waffen, schien jedoch mit den Folgen des Zusammenbruchs der sozialistischen Wirtschaft sowie mit dem Verlust der weltpolitischen Bedeutung der Sowjetunion zunächst neutralisiert. Die 1990er-Jahre unter Jelzin waren mit einer tiefen Wirtschafts- und Gesellschaftskrise bei der Transfor-

---

[1] Der Präsident der USA, John F. Kennedy, reagierte freilich wesentlich kühler auf den Bau der Berliner Mauer. Solange die Sowjets ihren »Sektor« zwar einmauern ließen, aber nicht die Präsenz und die Rechte der Westmächte in Berlin infrage stellten, beschränkte sich der Präsident auf symbolische Gesten, während Politiker aus der Bundesrepublik und West-Berlin schärfere Gegenmaßnahmen forderten. Bei einer späteren Reise nach West-Berlin begeisterte der Präsident sein Publikum mit dem Satz: »Ich bin ein Berliner.«

mation zur kapitalistischen Marktwirtschaft sowie mit Konflikten an den Grenzen des Landes verbunden. Die noch existierenden kommunistischen Regime in Asien (VR China, Nordkorea, Vietnam) würden sich – so dachten die »Sieger der Geschichte« – unter dem Druck der wirtschaftlichen Öffnung zum Weltmarkt und der Vorherrschaft der USA zumindest mittelfristig in die Richtung eines politischen Systemwandels liberalisieren.

Im Folgenden soll der Frage nachgegangen werden, welches die wichtigsten Gründe für den Sieg des Westens im alten Kalten Krieg gewesen sind.

1. Die Truman-Doktrin

US-Präsident Franklin D. Roosevelt verstarb am 12. April 1945. Er hatte die USA in der Anti-Hitler-Koalition seit 1941 sowie bei den für die Nachkriegsentwicklung Europas entscheidenden Konferenzen von Teheran und Jalta vertreten. Sein Nachfolger Harry S. Truman, der die USA schon bei der Konferenz in Potsdam im Juli und August 1945 vertrat, verkündete im März 1947 in einer Kongressbotschaft eine Zeitenwende für die USA und den Westen und vollzog damit den endgültigen Bruch mit der Anti-Hitler Koalition.[2] Die sogenannte Truman-Doktrin fasste er in den folgenden Sätzen zusammen: »Im gegenwärtigen Abschnitt der Weltgeschichte muss jede Nation ihre Wahl in Bezug auf ihre Lebensweise treffen. Nur allzu oft ist es keine freie Wahl. Die eine Lebensweise gründet sich auf den Willen der Mehrheit und zeichnet sich durch freie Einrichtungen, freie Wahlen, Garantie der individuellen Freiheit, Rede- und Religionsfreiheit und Freiheit vor politischer Unterdrückung aus. Die zweite Lebensweise gründet sich auf den Willen einer Minderheit, der der Mehrheit aufgezwungen wird. Terror und Unterdrückung, kontrollierte Presse und Rundfunk, fingierte Wahlen und Unterdrückung der persönlichen Freiheiten sind ihre Kennzeichen. Ich bin der Ansicht, dass es die Politik der Vereinigten Staaten sein muss, die freien Völker zu unterstützen, die sich der Unterwerfung durch bewaffnete Minderheiten oder durch Druck von außen widersetzen.« (Huster u.a. 1992: 338f.)

---

[2] Dem war die Veröffentlichung des »langen Telegramms« des US-Botschafters in Moskau, George F. Kennan, in der Zeitschrift Foreign Affairs vorausgegangen. Darin forderte Kennan, »dass das wichtigste Element jeder Politik der USA gegenüber der Sowjetunion die einer langfristigen und geduldigen und zugleich festen und wachsamen Eindämmung (containment) der expansiven Tendenzen Russlands sein muss«.

Noch bei der Gründung der Vereinten Nationen (UNO) im Juni 1945 hatten die Regierungen u.a. der USA, der Sowjetunion, der Republik China gemeinsam deren Charta beschlossen, die das Ziel einer weltweiten antifaschistisch-demokratischen Neuordnung sowie der Sicherung der Menschenrechte und des Friedens postulierte. Roosevelts Projekt einer friedlichen, demokratischen »einen Welt« (»One World«) wurde nunmehr als idealistische Illusion verworfen. Immerhin hatten die USA als erster Staat die Charta der Vereinten Nationen ratifiziert und New York als Sitz der UNO angeboten. In Europa bekannten sich die vom Faschismus befreiten Staaten ebenfalls in ihren Verfassungen zu diesen Zielen einer antifaschistisch-demokratischen Neuordnung sowie zur Zusammenarbeit zwischen den bürgerlich-liberalen, den religiösen sowie den (sozialistischen und kommunistischen) Kräften der Arbeiterbewegung.

Dieser Konsens löste sich schon in den Jahren 1946/47 schnell auf. In den USA dominierten mit Truman mehr und mehr die traditionell antikommunistisch eingestellten Kräfte in der Regierung, der Armee, der Wirtschaft und in den Medien. Sie stützten sich auf Warnungen zum expansiven Charakter des Sowjetkommunismus, der nach wie vor dem Ziel der Weltrevolution verpflichtet sei. Sie forderten eine Politik der »Eindämmung« (Containment) des Kommunismus, die dann auch in China durch die massive Unterstützung der Kuomintang-Regierung von Tschiang Kaischek im Krieg gegen die kommunistische Volksbefreiungsarmee unter Mao vergeblich praktiziert wurde. Der militante Flügel dieser Fraktion der herrschenden Klasse in den USA (und in Westeuropa) forderte – über die »Eindämmung« hinaus – ein »Roll-Back« des Kommunismus und der Macht der Sowjetunion.

Anlass für die Truman-Doktrin war allerdings der Bürgerkrieg in Griechenland. Dort hatte die von den Kommunisten geführte Partisanenarmee Elas zunächst den Kampf gegen die deutschen Besatzer geführt. Danach setzten sie sich gegen die Briten zur Wehr, die (mit Zustimmung von Stalin) Griechenland als ihre Einflusszone im Mittelmeerraum (»Weg nach Indien« über Suez) betrachteten. Nach der Niederlage der Deutschen hatten sie – zusammen mit den konservativen Kräften des Landes, die mit den Deutschen zusammengearbeitet hatten – die Monarchie restauriert. Der Bürgerkrieg begann im März 1946 und endete mit der Niederlage der kommunistisch geführten »Volksfront« und ihrer Armee. Diese wurde nicht von der Sowjetunion, sondern zuletzt nur noch aus Albanien (und zum Teil aus Jugoslawien) unterstützt. Für die Regierung kämpften auch britische Truppen. Ab März 1947 wurden diese von den USA im Rahmen der Truman-Doktrin finanziell unterstützt. Zehntausende linksgerichteter Griechen wurden während des Bürgerkrieges in Umerziehungslagern interniert oder flüchteten ins Exil. Die Kommunistische Partei Griechenlands blieb bis 1974 verboten.

Die Sowjetunion reagierte auf die Truman-Doktrin mit der »Zwei-Lager-Theorie«. Am 25. September 1947 hielt Andrej A. Ždanov (1896–1948) als Vertrauter Stalins und als Sprecher der sowjetischen Delegation auf der Gründungsversammlung des »Kominform« eine Gegenrede zur Truman-Doktrin. In der offiziellen »Geschichte der KPdSU« aus dem Jahre 1960 (also nach dem XX. Parteitag) wurden die zentralen Gedanken dieser Rede wie folgt wiedergegeben: »Die grundlegenden Veränderungen, die nach dem Zweiten Weltkrieg vor sich gegangen waren, hatten das politische Antlitz der Erde wesentlich gewandelt. Zwei große sozialpolitische Weltlager waren entstanden: das demokratische, sozialistische Lager und das antidemokratische, imperialistische Lager. Das sozialistische Lager bilden die UdSSR und die volksdemokratischen Länder Europas und Asiens. Die gesamte internationale Arbeiterbewegung und alle marxistisch-leninistischen Parteien unterstützen es auf das aktivste [...] Die Grundlage des reaktionären, imperialistischen Lagers bildete der Block der führenden imperialistischen Staaten mit den USA an der Spitze. Ihm schlossen sich alle reaktionären Klassen, alle antidemokratischen Kräfte der anderen kapitalistischen Länder an. [...] Die herrschenden Kreise der USA, die nach der Weltherrschaft trachten, haben offen erklärt, dass sie ihre Ziele nur mit einer ›Politik der Stärke‹ erreichen könnten. Die amerikanischen Imperialisten entfesselten den sog. ›Kalten Krieg‹.« (Autorenkollektiv 1960: 456f.)

Die Gründung eines kommunistischen Informationsbüros mit Sitz in Warschau, dem neben der KPdSU u.a. auch die starken kommunistischen Parteien aus Frankreich und Italien angehörten, weckte im Westen natürlich Erinnerungen an die Kommunistische Internationale, die während des Krieges – gleichsam als demonstrativer Verzicht auf die Weltrevolution und als Voraussetzung für das Bündnis zwischen den USA und der Sowjetunion – aufgelöst worden war. Mit der Truman-Doktrin waren nunmehr schnell aufeinander folgende Entscheidungen und Schritte der US-amerikanischen Politik – vor allem im Hinblick auf Europa und Deutschland – verbunden, die das westliche Bündnis unter der Führung der USA aufbauten.

Die USA stellten im Rahmen des Marshallplanes ab 1948 Kredite und Lieferungen von Waren, Rohstoffen und Lebensmitteln für den Wiederaufbau Europas nach dem Krieg[3] zur Verfügung – eine kluge Entscheidung, die die Fehler des Vertrages von Versailles am Ende des Ersten Krieges vermeiden sollte, aber gleichzeitig die US-amerikanische Führungsrolle in Europa festigte – und damit zugleich auch die Konfrontation gegenüber der Sowjetunion und ihrer Verbündeten. Mit dem Marshallplan wurde nach 1948 in Westeuropa jene »lange Welle« der wirtschaftlichen Konjunktur und des Wachstums eröffnet, die in der Bundesrepublik Deutschland als »Wirtschaftswunder« bezeichnet wurde. Die Kommunistischen Parteien im Westen sowie die Volksdemokratien und die Sowjetunion in der Mitte und im Osten Europas lehnten die US-Hilfen ab und bekämpften den Marshallplan als Instrument imperialistischer Politik. Bis 1948 waren Kommunisten in zahlreichen Regierungen in Westeuropa vertreten. Sie wurden nunmehr ausgeschlossen. Und im Februar 1948 stürzte die Kommunistische Partei der Tschechoslowakei unter Klement Gottwald eine Mehrparteienregierung unter Edvard Beneš und übernahm bis 1989 die Macht in der CSSR.

Die »deutsche Frage« trat mehr und mehr ins Zentrum der Systemauseinandersetzung. Im Laufe des Jahres 1948 fiel die Entscheidung der USA für die Gründung eines westdeutschen Teilstaates, die – nach der Erarbeitung einer Verfassung (»Grundgesetz«) – im Jahre 1949 vollzogen wurde. Diese Politik entfernte sich mehr und mehr von den Vereinbarungen des Potsdamer Abkommens aus dem August 1945, das die Behandlung des von den Alliierten besetzen Deutschland als eine Einheit vorgesehen hatte. Zuvor war im Juni 1948 in den Westzonen (und in West-Berlin) ohne Vorankündigung und Absprache eine Währungsreform mit der Einführung der D-Mark vollzogen worden.

Als Reaktion blockierten die Sowjets den Landzugang nach West-Berlin. Die Amerikaner starteten daraufhin eine sogenannte Luftbrücke zur Versorgung der Bevölkerung in West-Berlin, die von Wellen der Sympathie für den freien Westen und die USA mit ihren »Rosinenbombern« begleitet wurde. Der Grund der Blockade – die Währungsreform im Westen, mit der auch die Absicht verfolgt wurde, das Währungsgebiet der sowjetisch besetzten Zone (der späteren DDR) mit im Westen wertlos gewordener Reichsmark zu überfluten – spielte bei dieser massenwirksamen Emotionalisierung der Politik im Kampf gegen den Kommunismus keine Rolle.

Der Regierende Bürgermeister von West-Berlin, der Sozialdemokrat Ernst Reuter, appellierte als glühender Antikommunist am 9. September

[3] Der Name des Programms lautete »European Recovery Program«.

1948 in einer berühmten Rede vor 300.000 Menschen, die sich vor dem zerstörten Reichstagsgebäude versammelt hatten, an die »Völker der Welt«, auf »diese Stadt« zu schauen und Berlin nicht preiszugeben. Reuter war bis 1922 Mitglied der KPD gewesen.[4] Die Konfrontation zwischen Sozialdemokraten und Kommunisten (»Sozialfaschisten« gegen »rotlackierte Nazis«), die am Ende der Weimarer Republik zur Niederlage der Arbeiterbewegung gegenüber dem Faschismus beigetragen hatte, setzte sich nun im Kampf zwischen der BRD und der DDR, zwischen Verbündeten der USA und der Sowjetunion, als zwischenstaatlicher Konflikt fort.

Im April 1949 wurde in Washington der Nordatlantikpakt (NATO) als Militärbündnis der USA und Kanadas mit zehn westeuropäischen Staaten (Großbritannien, Frankreich, Niederlande, Belgien, Italien, Dänemark, Luxemburg, Norwegen, Island und Portugal) gegründet. In diesem Zusammenhang hatten auch schon Gespräche über den Wiederaufbau einer Armee in der BRD stattgefunden, die von der ersten Bundesregierung unter Konrad Adenauer (CDU) vorangetrieben wurden. Die Remilitarisierung der BRD – unter der Leitung von Offizieren der Wehrmacht – löste nicht nur im eigenen Lande, sondern auch in Nachbarstaaten, vor allem aber in der Sowjetunion – heftige Proteste aus. Das Projekt einer Europäischen Verteidigungsgemeinschaft (EVG), dem der Bundestag im März 1953 zustimmte, scheiterte 1954 am Veto der französischen Nationalversammlung, in der Gaullisten und Kommunisten die Remilitarisierung in Westdeutschland ablehnten. Daraufhin sorgten die USA dafür, dass die BRD und die neue Bundeswehr schon im Mai 1955 in die NATO aufgenommen wurden. Bundeskanzler Konrad Adenauer bezeichnete den extrem antikommunistischen Außenminister der USA, John Foster Dulles, als seinen besten politi-

[4] Vorher war er 1918 im Auftrag von Lenin und Stalin Volkskommissar in Sowjetrussland und ab 1919 hauptamtlicher Funktionär der KPD in Schlesien und Berlin. Im August 1921 wurde er zum Generalsekretär der Partei gewählt; er war Anhänger des linksradikal-revolutionären Flügels, der die »Märzaktion« unterstützt hatte. 1922 wurde er aus der Partei ausgeschlossen und stieg danach in der SPD auf. In Deutschland waren die Biografien der politischen Akteure an den Frontlinien und in den Schützengräben des Kalten Krieges durchzogen von den Erfahrungen und Widersprüchen der Arbeiterbewegung nach dem Ende des Ersten Weltkrieges und dem Scheitern der Novemberrevolution. Und schließlich waren viele der aktiven Kerne dieser Arbeiterbewegung nach 1933 durch die Hölle der Zuchthäuser und Konzentrationslager gegangen – sofern sie das Glück hatten, überlebt zu haben, durch die Emigration und vor allem auch durch Erfahrungen mit der Gewaltherrschaft Stalins.

schen Freund. Dieser vertrat eine kompromisslose Haltung gegenüber der Sowjetunion und betrachtete den Kommunismus als »moralisches Übel«.

In Europa hatten sich bis zum Ende der 1940er-Jahre die Strukturen, die Frontlinien und die hegemonialen Konstellationen des Kalten Krieges herausgebildet und gefestigt. Die DDR wurde im Jahre 1949 gegründet; das militärische Gegenstück zur NATO, der militärische Beistandspakt unter der Führung der Sowjetunion (»Warschauer Pakt«) entstand erst 1955. Gleichzeitig wurde die sowjetische Kontrolle über die Staaten Ost- und Mitteleuropas verschärft. Diese mussten nun eine sozialistische Ordnung unter der Führung der Kommunistischen Partei aufbauen. Die Grenze zwischen den Systemen, die nicht nur durch Berlin, sondern zeitweilig auch durch Wien verlief, bot Stoff für Agentenkrimis, aber auch für dramatische Fluchtbewegungen, die sich aus der DDR, die bis 1961 eine offene Grenze zu Westberlin hatte, in die BRD bewegten. 2,8 Millionen Menschen sollen zwischen 1949 und 1961 aus der DDR in die Bundesrepublik geflüchtet sein. Neben den mehr als zehn Millionen Menschen, die am Ende des Krieges aus den ehemaligen deutschen Ostgebieten nach Westen geflohen waren, bildeten diese Gruppen mit ihren politischen Interessenvertretungen – zusammen mit den ehemaligen Nazis und Kriegsverbrechern, die sich nahtlos in die Front des Antikommunismus einfügten – eine mächtige soziale Basis für die antikommunistische Kultur und Politik in der Bundesrepublik der 1950er- und 60er-Jahre.

2. Die bipolare Blockbildung und die Kriege in Asien

Während sich in Europa die Systemgrenzen stabilisierten, wurde Asien nach dem Ende des Zweiten Weltkrieges zum Schauplatz neuer Bürger- und Interventionskriege mit entsetzlichen Folgen. Dort hatte der Krieg im August 1945 – nach dem Abwurf der beiden amerikanischen Atombomben über Hiroshima und Nagasaki – geendet. Truman hatte während der Potsdamer Konferenz den Einsatz befohlen. Japan sollte schnell zur Kapitulation gezwungen werden. Stalin sollte mit der militärischen Überlegenheit der USA konfrontiert werden – und mit dem schnellen Ende des Krieges sollte auch der Vormarsch sowjetischer Truppen in Ostasien gestoppt werden. Die grauenhafte und nachhaltige Wirkung der Bomben sollte bis in die Gegenwart die Politik der Atommächte mit dem Risiko einer menschheitsvernichtenden Katastrophe konfrontieren. Der erste sowjetische Atombombentest fand am 29. August 1949 in Kasachstan statt; das atomare Patt wurde zur perversen Logik einer Politik der Friedenssicherung zwischen den Systemen, die die nachfolgende Epoche beherrschte.

In *China* begann mit dem Ende des Krieges der Bürgerkrieg zwischen der regierenden Kuomintang unter Chiang Kai-shek und der kommunistischen Volksbefreiungsarmee unter der Führung von Mao Tse-tung. Dieser Krieg endete mit dem Sieg der Kommunisten im Jahre 1949; Chiang Kai-shek zog sich mit dem Rest seiner Truppen auf die Insel Formosa/Taiwan zurück und beanspruchte fortan mit Unterstützung durch die USA, die Interessen von Gesamtchina zu vertreten und Festlandchina vom Kommunismus zu befreien. Insgesamt hatte sich jedoch mit dem Sieg der Roten Armee eine bedeutende Verschiebung der Kräfteverhältnisse zwischen den Systemen vollzogen. Aus der Sicht der weltpolitischen Machtverhältnisse des 21. Jahrhunderts mag dieser Sieg auch als eine der entscheidenden Weichenstellungen in der neueren Weltgeschichte gelten.

In *Indien* – dem zweiten Großstaat in Asien – kam es im Zusammenhang der Unabhängigkeit von Großbritannien nach 1947 zu bürgerkriegsähnlichen Auseinandersetzungen zwischen Hindus und Moslems, die mit Gewalt in das muslimische Pakistan vertrieben werden sollten.

Während des Zweiten Weltkriegs waren die europäischen Kolonialmächte – Frankreich, Großbritannien und die Niederlande – zunächst von der japanischen Armee vertrieben worden. Gegen diese hatten sich Partisanenkämpfe entwickelt, die nicht nur die Vertreibung der Japaner, sondern auch die Unabhängigkeit ihrer Ex-Kolonien anstrebten. In *Vietnam* proklamierten die kommunistisch geführten Viet Minh (unter der Führung von Ho Chi Minh) im Jahre 1945 die Unabhängigkeit der Republik Vietnam. Frankreich dagegen verkündete im September 1945 die Wiedererrichtung ihres kolonialen Regimes. Der folgende Krieg endete mit der Niederlage französischer Truppen bei Dien Bien Phu im Jahre 1954. Nach der Teilung des Landes in den kommunistisch geführten Norden und den vom Westen gestützten Süden setzte sich der Krieg der FNL fort. Die Regierung in Saigon wurde seit den 1960er-Jahren im Süden von den USA unterstützt. Seit 1965 stieg der Truppeneinsatz bis auf ca. 550.000 US-Soldaten an. Dabei wurden massive »Vergeltungsangriffe« auf Nordvietnam, Laos und Kambodscha geflogen – verbunden mit dem Einsatz von Napalmbomben. Verbrechen an der Zivilbevölkerung waren an der Tagesordnung. 1973 flohen die letzten Amerikaner aus Saigon; das Land wurde geeint. Die Zahlen der Opfer lassen die Grausamkeit des Krieges erkennen: In Südvietnam verloren während des Krieges 1,5 Mio. Menschen ihr Leben, darunter 300.000 Zivilisten; die USA verloren 58.000 Soldaten – die Zahl der Verwundeten wurde mit 300.000 angegeben.

In *Malaysia* wurde nach dem Krieg die britische Kolonialherrschaft wieder hergestellt. Dagegen formierte sich eine Unabhängigkeitsbewegung, deren kommunistische Führung schon gegen die japanische Besatzung gekämpft hatte. Der Krieg dauerte bis zur Proklamation der Unabhängigkeit des Landes im Jahre 1950. *Indonesien* war vor der japanischen Besatzung im Zweiten Weltkrieg eine Kolonie der Niederlande. Im August 1945 riefen indonesische Nationalisten, die gegen die Japaner gekämpft hatten und unter denen wiederum Kommunisten eine wichtige Rolle spielten, die Unabhängigkeit des Landes aus. Daraufhin führten die Niederlande Krieg gegen diese Bewegung, der 1950 mit der Proklamation der Republik unter ihrem Präsidenten Sukarno endete.

Im *Koreakrieg* (1950–1953) artikulierten sich komplexe Widersprüche, die einerseits mit der Geschichte des Landes, mit den Kämpfen im Zweiten Weltkrieg gegen die japanische Kolonialherrschaft, sowie mit der nach 1945 sich zuspitzenden, globalen Konfrontation zwischen den USA und der Sowjetunion verbunden waren. Korea war seit 1911 japanische Kolonie. Schon vor und während des Zweiten Weltkrieges hatten sich eine Partisanenbewegung mit dem Ziel der nationalen Unabhängigkeit formiert, die von Kommunisten – darunter der spätere Präsident von Nord-Korea Kim Il-sung – angeführt wurden. Nach der Kapitulation von Japan im August 1945, einigten sich die USA und die Sowjetunion auf die Teilung des Landes am 38. Breitengrad; der Norden wurde von sowjetischen Truppen, der Süden von amerikanischen Truppen besetzt. Unter ihrem Schutz etablierte sich im Norden ein kommunistisch geführtes Regime unter Kim, im Süden führte der aus dem US-amerikanischen Exil herbeigeholte Syngman Rhee ein brutales antikommunistisches Regime, das sich auf diejenigen Kräfte stützte, die zuvor mit der Kolonialmacht Japan zusammengearbeitet hatten. Beide Regime setzten sich für die Einheit des Landes ein und beanspruchten dessen Führung. Sie wurden von ihren Schutzmächten schnell aufgerüstet.

Bis zum Beginn des Krieges im Juni 1950, als nordkoreanische Truppen die Grenze in Richtung Seoul überschritten, war es am 38. Breitengrad immer wieder zu militärischen Provokationen und Interventionen von beiden Seiten gekommen. Die Sowjetunion hatte ihre Truppen aus Nordkorea bis zu diesem Zeitpunkt schon zurückgezogen. Die politischen Führungen in Washington und Moskau waren gezwungen, ihre Partner einerseits zu unterstützen, aber andererseits darauf zu achten, dass eine militärische Konfrontation der Großmächte im Koreakrieg möglichst vermieden würde. Der nordkoreanische Vorstoß warf zunächst die Truppen von Südkorea und der USA weit in den Süden des Landes zurück. Darauf antworteten die USA und ihre Verbündeten[5] mit einer militärischen Großoffensive, die die nordkoreanischen Truppen im Norden bis nahe an die Grenze zu China zurückwarf. Nunmehr schickte die kommunistische Regierung der Volksrepublik China Freiwilligenverbände, die die Amerikaner und ihre Verbündeten wiederum zurückwarfen. Nach drei Jahren kam es zum Waffenstillstand sowie zur Vereinbarung über den 38. Breitengrad als Grenze zwischen den beiden Staaten, die sich dort in ständiger Alarmbereitschaft, hoch bewaffnet gegenüberstanden. Die Zahl der Kriegstoten wird heute mit 4,5 Millionen Menschen angegeben – davon 2,5 Mio. aus Nordkorea, eine Mio. Chinesen, eine Mio. aus Südkorea und 40.000 US-Soldaten. Die USA warfen insgesamt rund 635.000 Tonnen Bomben auf nordkoreanische Großstädte ab. Davon waren 32.500 Tonnen Brandbomben, welche die chemische Verbindung Napalm enthielten.

Ein Jahrzehnt nach dem Ende des Zweiten Weltkrieges hatten sich die Strukturen einer bipolaren Weltordnung – mit zwei Systemen und mit jeweils einer unumschränkten Führungsmacht – verfestigt. Die »Teilung der Welt« (Wilfried Loth) war vollzogen; in Westeuropa hatten die USA sowohl beim Wiederaufbau nach dem Kriege (Marshallplan) als auch bei der Unterstützung der ersten Schritte der westeuropäischen Integration (EGKS, EWG) die Rolle eines »wohlwollenden Hegemons« übernommen, der den Wirtschaftsaufschwung der 1950er-Jahre förderte. Dabei stieg die Bundesrepublik Deutschland schnell zur führenden Wirtschaftsmacht Westeuro-

[5] Die Resolution 85 des UNO-Sicherheitsrates wurde auf der 479. Versammlung des Gremiums am 31. Juli 1950 beschlossen und beauftragte den Oberbefehlshaber der UN-Truppe damit, der koreanischen Zivilbevölkerung, die unter dem Angriff der nordkoreanischen Armee litt, beizustehen und humanitäre Hilfe zu leisten. Die Abstimmung erfolgte in Abwesenheit des sowjetischen Vertreters Jakow Malik, da die UdSSR von Januar bis August 1950 ihren Vertreter im Rat aus Protest gegen die Nichtberücksichtigung der Volksrepublik China abgezogen hatte. Die einzige Enthaltung kam von Jugoslawien. Bedeutsamer war die Resolution 84 vom 7. Juli 1950, die die Aufstellung einer mehr als eine halbe Million Soldaten umfassenden UN-Truppe, gebildet unter Beteiligung von 22 Staaten und unter Führung der USA, autorisierte, nachdem bereits am 25. Juni in Resolution 82 festgestellt worden war, dass der nordkoreanische Angriff auf Südkorea einen Friedensbruch darstellte, so dass Maßnahmen gemäß Kapitel VII der Charta der Vereinten Nationen gerechtfertigt waren.

pas auf. Von ihren Nachbarn im Westen (aber auch im Osten) wurde die BRD immer auch misstrauisch beobachtet, denn der Zweite Weltkrieg hatte den deutschen Führungsanspruch in Europa und in der Welt auf grauenhafte Weise illustriert und wirkte im Gedächtnis der Partner fort. Es war die Aufgabe der US-amerikanischen Europapolitik der 1950er-Jahre, die Integration der BRD in den westlichen Block zu fördern, aber gleichzeitig eine Kontrolle über sie auszuüben. Die BRD war von amerikanischen (britischen und französischen) Truppen besetzt, ihre Souveränität eingeschränkt. »To keep Germany down«, und »to keep communism out« waren die beiden Hauptziele dieser Politik. Im Jahrzehnt nach dem Ende des Krieges waren in der BRD rund 400.000 ausländische Soldaten stationiert, die Hälfte von ihnen waren Amerikaner.

Der American Way of Life in der Automobilgesellschaft (»Fordismus«) mit dem Massenkonsum von Gütern des gehobenen Bedarfs (Pkw, Fernseher, Auslandsreisen, Eigenheime) wurde zusammen mit der Massenkultur aus Hollywood – Glenn-Miller-Jazz und Rock'n roll auch bei breiten Teilen der Arbeiterklasse – vor allem bei den jüngeren Menschen als Vorbild eines »guten Lebens« akzeptiert. Die großen Kaufhäuser in der Bundesrepublik sowie in West-Berlin oder z.B. der »Neckermann-Katalog« wirkten in der DDR als attraktive »Schaufenster« eines überlegenen Systems. Die Permanenz der ideologischen Schlachten des Kalten Krieges, in deren Zentrum die auch militärische Bedrohung durch den Kommunismus stand, legitimierte im Massenbewusstsein zugleich die Rolle der USA, der NATO und der Bundeswehr im eigenen Lande als vermeintlich defensive Garanten der Sicherheit. »Freedom and Democracy« – zusammen mit dem (relativen) Wohlstand des »Wirtschaftswunders« waren gleichsam zu Markenzeichen des Westens und insbesondere der USA geworden.

Im »Ostblock« herrschte die Sowjetunion, die seit den späten 1920er-Jahren begonnen hatte, die Industrialisierung in einem überwiegend agrarisch dominierten Riesenstaat auf den Weg zu bringen. Darüber hinaus hatte der Zweite Weltkrieg zu entsetzlichen Verlusten an Menschen sowie zur Zerstörung der von den Deutschen besetzten westlichen Teile des Landes geführt. Die meisten Länder Mittel- bzw. Südosteuropas, die jetzt zum sowjetischen Machtbereich gehörten (Rumänien, Bulgarien, Ungarn, Polen) waren 1945 Agrarstaaten auf einem sehr niedrigen Entwicklungsniveau. Lediglich die Tschechoslowakei und die DDR konnten als Industriegesellschaften bezeichnet werden.

Um die Kriegsfolgen und die Rückständigkeit zu überwinden, war auch unter sozialistischen Verhältnissen (Staatseigentum, zentrale Wirtschaftsplanung) ein Entwicklungsweg vorgegeben, der der Produktion von Konsumgütern und den Einkommen der Arbeiterklasse deutliche Restriktionen auferlegen musste. Diese wurden noch durch den Rüstungswettlauf verstärkt; denn der »arme Osten« musste natürlich – im Verhältnis zu dem »reichen Westen« – einen relativ höheren Anteil der wirtschaftlichen Wertschöpfung für die Alimentierung des sozialistischen Staates, vor allem aber für die Kosten der Streitkräfte und der Rüstungsproduktion aufwenden.

Schließlich unterstützte die Sowjetunion auch die antiimperialistischen Befreiungsbewegungen in der Dritten Welt und die »Bruderparteien« in den kapitalistischen Staaten. Unter solchen Voraussetzungen trat sie als »autoritärer Hegemon« auf, der zur Durchsetzung seiner Ziele mehr auf Zwang und Gewalt als auf Konsens und Zustimmung (von unten) angewiesen war. Die regierenden kommunistischen Parteien dieser Länder feierten die Zusammenarbeit und Freundschaft mit der UdSSR gleichsam als Staatsdoktrin. Bei breiten Teilen der Bevölkerung waren »die Russen« allerdings eher unbeliebt und gefürchtet – vor allem nach dem Eingreifen sowjetischer Panzer gegen »Volksaufstände« in der DDR (17. Juni 1953) sowie im Oktober/November 1956 in Ungarn.

Die regierenden kommunistischen Staatsparteien (an ihrer Spitze die KPdSU) fielen unter dem Druck des Kalten Krieges auf die Muster der parteiinternen »Säuberungen«, Kontrollen und Anklagen zurück, die unter Stalin in den 1930er-Jahren ihren Höhepunkt erreicht hatten. Mit dem Übergang zum Kalten Krieg ab 1947 (und dem Konflikt zwischen Stalin und Tito) wurden führende kommunistische Politiker in den Volksdemokratien (Polen, Ungarn, Tschechoslowakei, Bulgarien, DDR) mit konstruierten Vorwürfen der Spionage und der Kollaboration mit dem Westen konfrontiert, angeklagt, verurteilt und in Einzelfällen auch hingerichtet (»Noel-Field-Affäre«). Die Geheimdienste erlebten eine Blüte, denn ihre »Informationen« dienten der Konstruktion der permanenten Bedrohung durch die inneren und äußeren Feinde des jeweiligen Systems.

Im Fernen Osten wurden die »Teilung der Welt« und die Blockkonfrontation durch spezifische Faktoren bestimmt. Im Zweiten Weltkrieg hatte Japan als imperialistischer Aggressor, der sich allerdings einer antiimperialistischen Propaganda (gegenüber den alten Kolonialmächten) bediente, weite Teile Ost- und Südostasiens erobert. Die Befreiungsbewegungen, die sich gegen die japanische Besatzung gerichtet hatten, wurden nach Kriegsende entweder mit den alten Kolonialmächten oder mit der US-amerikanischen Politik der »Eindämmung« bzw. des »Zurückrollens« des Kommunismus konfrontiert. Bis heute sind in Japan US-amerikanischen Truppen stationiert (»United States Forces Japan«). In China war der Sieg der KP im Jahre 1949 die entscheidende Wende. Danach wurden Kriege u.a. in Korea und Vietnam geführt, in die die USA direkt militärisch eingriffen. Die Grenzen des Kalten Krieges wurden dann durch die Teilung von Korea und Vietnam fixiert.

In Asien waren allerdings große Staaten nicht in die Blockbildung einbezogen. In Indien – volkreichster Staat der Erde neben China – regierte nach der Erklärung der Unabhängigkeit (1947) die Kongresspartei unter Jawaharlal Nehru (1889–1964). Dieser war in englischen Eliteschulen (Harrow, Cambridge) ausgebildet. Er vertrat eine sozialistische Wirtschaftspolitik in Indien und war einer der führenden Köpfe der Bewegung der »Nicht-Pakt-Gebundenen«, die sich neben den beiden Blöcken etablierte. Zu ihren Sprechern gehörte auch Sukarno (1901–1970), der Präsident des Inselstaates Indonesien, ebenfalls einer der volkreichsten Staaten Südostasiens. Sukarno war der Anführer des Kampfes gegen die Japaner, danach gegen die Niederlande. Er vertrat einen progressiven Nationalismus, der sich auch positiv auf Elemente des Kommunismus (Wirtschaft) und der Religion bezog. Im April 1955 fand in der indonesischen Stadt Bandung ein Treffen von Vertretern zahlreicher Staaten statt, die als die Gründungskonferenz der »Bewegung der Blockfreien« gilt.

Neben Staaten, die sich (in Afrika und Asien) von kolonialer Herrschaft befreit hatten, gehörten auch sozialistische Länder wie Jugoslawien und die Volksrepublik China zu dieser Bewegung, die sich als »anti-imperialistisch« begriff. Sukarno arbeitete eng mit der KP von Indonesien zusammen, die natürlich auch Verbindungen zur KP Chinas hatte. Sie war mit 3,5 Mio. Mitgliedern die stärkste KP außerhalb des Ostblockes, mit 20 Mio. Mitgliedern in parteinahen Verbänden für die Jugend, Frauen, Künstler, Bauern, Gewerkschaftern. Im Jahre 1965 wurden Gerüchte über einen kommunistischen Putsch gestreut. Unter Generalmajor Suharto, einem Verbündeten der USA, wurde Sukarno entmachtet und einer der »größten Massenmorde des 20. Jahrhunderts« eingeleitet: »Binnen eines Jahres wurden 500.000 Menschen ermordet und eine Million weggesperrt, ungefähr 30.000 hielt man bis zum Ende der 70er-Jahre in Gefängnissen und Arbeitslagern fest« (Greiner 2021: 84). Indonesien war in die Front des antikommunistischen Westens eingegliedert, ohne allerdings den USA Militärstützpunkte anzubieten. Der Putsch und die Massaker des Jahres 1965 waren eine Antwort des »Westens« auf die Bandung-Konferenz von 1955, aber auch auf die Erfolge der FNL in Süd-Vietnam.

Es war den USA also bis Mitte der 1950er-Jahre gelungen, einen Ring von Militärbündnissen und von US-amerikanischen Militärstützpunkten um den »kommunistischen Machtbereich« auf der nördlichen Hälfte des Globus zu legen. Neben der NATO in Europa gab es in Südostasien seit 1954 die SEATO, die John Foster Dulles als ein besonders wichtiges Element der US-amerikanischen Außenpolitik in Asien betrachtete. Ihr gehörten acht Staaten an, neben den USA sowie den ehemaligen Kolonialmächten Frankreich (bis 1975) und Großbritannien, Australien, Neuseeland, Pakistan (bis 1973), die Philippinen und Thailand. Dieser Pakt galt als wenig stabil, eher als Zeichen der Schwäche der USA, die sich mehr auf ihre eigenen Stützpunkte in Japan, Südkorea und auf den Philippinen verließen.

Auch im Nahen und Mittleren Osten musste eine Lücke geschlossen werden. Im Februar 1955 wurde von der Türkei (NATO-Mitglied) und Irak die Gründungsurkunde des Militärpaktes CENTO unterzeichnet, dem bis 1958 noch Großbritannien, die USA, Pakistan und der Iran beitraten. Dieser Pakt erwies sich jedoch als wenig stabil. Die Verhältnisse im Nahen Osten waren durch die Staatsgründungen in der Folge des Zusammenbruchs des Osmanischen Reiches am Ende des Ersten Weltkrieges bestimmt. Damals hatten die alten Kolonialmächte Großbritannien und Frankreich durch relativ willkürliche Grenzziehungen ein System von (Vasallen-) Staaten geschaffen, dass von feudalen Aristokratien und Monarchen regiert wurden und mit den großen britisch-amerikanischen Ölkonzernen zusammenarbeiteten.

Im Verlauf der 1950er-Jahre wurden einige dieser Regime (z.B. in Ägypten und im Irak) durch panarabische Nationalisten aus der Armee gestürzt. Gamal Abdel Nasser (1918–1970) kam 1956 nach einem Putsch gegen König Faruk im Jahre 1952 an die Macht. Er unterstützte im Geiste eines »panarabischen Sozialismus« gleichgesinnte Offiziersbewegungen in Syrien und im Irak und intensivierte die Zusammenarbeit mit der Sowjetunion, die ihn mit Waffen belieferte und das große Projekt des Assuan-Staudammes übernahm. Als er 1956 das Unternehmen, das den Suez-Kanal betrieb, verstaatlichte, kam es zu einer Militärintervention von Briten und Franzosen, die von Israel zu einem Angriff auf Ägypten auf dem Sinai genutzt wurde. Diese Aktionen erwiesen sich jedoch als Fehlschlag; denn die USA verurteilten gemeinsam mit der Sowjetunion diese Aktionen und forderten den Abzug der fremden Truppen. Diese Krise stärkte – zusammen mit den Kämpfen der FNL gegen die französischen Truppen in Algerien ab 1954 – die Positionen antiimperialistischer Offiziere, die sich der Bewegung der »Blockfreien« anschlossen und gleichzeitig offen für wirtschaftliche und militärische Kooperationsbeziehungen mit der Sowjetunion und anderen sozialistischen Staaten waren.

Bis zum Ende der 1950er-Jahre hatten sie auch die Macht im Irak (Saddam Hussein) sowie in Syrien (Assad) übernommen. Diese Regierungen kündigten daraufhin sofort ihre Mitgliedschaft in der CENTO. Obwohl es sich dabei überwiegend um säkulare Bewegungen handelte, war doch offensichtlich, dass dieser panarabische Nationalismus auch die Bedeutung des Islam für die politische Kultur des Nahen Ostens anerkennen musste. Von den antiimperialistischen Befreiungsvisionen des panarabischen Sozialismus entfernten sich die Militärdiktaturen in diesen Ländern allerdings immer mehr. Der Nachfolger von Nasser, Anwar al-Sadat (1918–1981), löste das Land aus der engen Bindung an die Sowjetunion, schloss einen Friedensvertrag mit Israel und positionierte sich fortan im westlichen Lager. Er erhielt den Friedensnobelpreis im Jahre 1978 und wurde 1981 Opfer eines Mordanschlages. Der Mörder wollte die Massenverhaftung von Muslimbrüdern rächen. Darin deutete sich bereits eine neue Konfliktkonstellation jenseits der Frontlinien des alten Kalten Krieges an, die im Nahen Osten durch die islamische Revolution im Iran seit 1978 eröffnet worden war.

Die inneren Krisen dieser Region waren auch durch die Gründung des Staates Israel im Jahre 1949 und dem danach folgenden ersten Krieg zwischen Israel, den Palästinensern und den arabischen Anrainerstaaten begründet, der im Zusammenhang der Suezkrise 1956 in seine zweite Phase überging und bis heute nicht gelöst ist. Am Anfang spielten der Kalte Krieg und die Systemkonkurrenz nicht die entscheidende Rolle; denn auch die Sowjetunion hatte in der UNO die Gründung des Staates Israel unterstützt. Die anschließenden Massenvertreibungen der Palästinenser lösten den ersten Krieg um Israel aus. Danach geriet der Konflikt unvermeidlich in den Zusammenhang des Kalten Krieges und der Systemkonkurrenz.

Im gleichen Maße, wie die arabischen Staaten unter der Führung von Nasser mit der Sowjetunion kooperierten, rüsteten die USA und ihre Verbündeten Israel massiv zu ihrem schließlich auch mit Atomwaffen ausgestatteten Stützpunkt im Nahen Osten auf, während israelische Regierungen im Gefolge der Kriege Land annektierten und im Inneren eine Politik der Enteignung von palästinensischem Grundbesitz duldeten. Die Forderung nach Anerkennung eines eigenen Staates der Palästinenser wurde – auch nach Friedensvereinbarungen in den 1970er-Jahren – systematisch blockiert. Damit waren bis in die Gegenwart die Voraussetzungen für permanente Konflikte, auch für weitere Kriege geschaffen, die natürlich immer auch im Kontext weiterer Veränderungen der Machtverhältnisse im Nahen Osten standen.

In Afrika dominierten nach dem Ende des Zweiten Weltkrieges die nationalen Befreiungsbewegungen gegen die britische, französische, belgische und zuletzt die portugiesische Kolonialherrschaft. In Südafrika entwickelte sich seit 1952 der ANC als eine Massenbewegung gegen das rassistische, antikommunistische Regime der Apartheid. Da diese Bewegungen von der Sowjetunion und den sozialistischen Staaten nicht nur propagandistisch, sondern auch mit Waffen unterstützt wurden und viele Führer dieser Bewegungen in Moskau beim Studium von Lenins Schrift über den Imperialismus ausgebildet waren, gerieten sie unvermeidlich in den Zusammenhang der globalen Konfrontation zwischen den Systemen.

Im ehemals belgischen Kongo – einem der brutalsten Kolonialregime der Geschichte – spitzten sich diese Konflikte im Jahre 1960 zu. Der Ministerpräsident der Republik Kongo, Patrice Lumumba (1925–1961), galt seinen Gegnern und den Diplomaten des Westens als Sozialist und Anhänger der Sowjetunion. Im Jahr der Staatsgründung spaltete sich die rohstoffreiche Provinz Katanga (in der die großen westlichen Konzerne tätig waren) von der Republik Kongo ab. Um den Bürgerkrieg zu befrieden, schickte die UNO Friedenstruppen. Gleichzeitig wurde von den USA – genauer von der CIA (in Zusammenarbeit mit dem belgischen Geheimdienst) – die Ermordung Lumumbas ins Werk gesetzt. Im Januar 1961 wurde dieser verhaftet, nach Katanga verschleppt und dort im Beisein von belgischen Offizieren gefoltert und erschossen. Auch der Abschuss eines Flugzeuges, in dem der damalige Generalsekretär der UNO, Djag Hammarskjöld, in den Kongo zu Friedensverhandlungen einreisen wollte und dabei den Tod fand, ging – nach neueren Recherchen – auf das Konto der Rebellen in Katanga und damit auch des amerikanischen Geheimdienstes. In der Republik Kongo herrschte seit September 1960, als er gegen Lumumba geputscht hatte, bis ins Jahr 1997 Mobutu Sese Seko, ein treuer Verbündeter des Westens, ein brutaler Diktator, der sich am Elend und der Unterdrückung seines Volkes bereicherte.

Lateinamerika ist in der Monroe-Doktrin (1823) von den USA zu ihrem geopolitischen »Hinterhof« erklärt worden. Diese Doktrin richtete sich gegen die alten Kolonialmächte Portugal und Spanien, aber auch gegen den zunehmenden wirtschaftlichen Einfluss von Großbritannien in Südamerika. Am Ende des 19. Jahrhunderts unterstützten die USA mit eigenen Truppen den Kampf für die Befreiung Kubas von spanischer Kolonialherrschaft. Im Dezember 1898 endete Spaniens Vorherrschaft in Kuba, Puerto Rico, Guam und auf den Philippinen; diese Inseln wurden von US-Truppen besetzt. In Kuba sicherten sich die USA die Vorherrschaft durch das Platt-Amendment (1902), das die Souveränität des Landes erheblich einschränkte, z.B. den USA »im Fall innerer Unruhen« ein Interventionsrecht gewährte. Mit diesem Vertrag musste Kuba auch das Territorium der Flottenbasis Guantanamo im Süden des Landes an die USA abtreten – zunächst für 100 Jahre, seit 1934 dann auf unbestimmte Zeit. Bis in die Gegenwart weigern sich die USA, diesen Stützpunkt – der zuletzt auch der Inhaftierung und Folterung von Gefangenen aus dem Krieg gegen den Terrorismus am Anfang des 21. Jahrhunderts diente – an Kuba zurückzugeben.

Seit dem 19. Jahrhundert übten die USA ihre Dominanz über ihren »Hinterhof« auf verschiedenen Wegen aus: durch direkte Militärinterventionen, durch die politische und militärische Unterstützung von Diktaturen, die sich gegen linke Parteien, Gewerkschaftern oder Aufstandsbewegungen richteten, sowie durch Militärputsche und Staatsstreiche von rechts, die vom US-Geheimdienst CIA moderiert und finanziert wurden. Im Bereich der Ökonomie spielten US-Konzerne, die die Ausbeutung der Rohstoffe, aber auch die landwirtschaftliche Produktion (z.B. von Bananen oder Zucker) kontrollierten, eine entscheidende Rolle. Die Herrschaftsverhältnisse im »Hinterhof« waren durch einen mit den USA verbündeten »herrschenden Block« charakterisiert. Dieser setzte sich aus Großgrundbesitzern, Führungskräften des Militärs und des Staates sowie aus den Interessenvertretern der internationalen Konzerne zusammen. Demgegenüber standen die in materiellem Elend, mangelnder Bildung und fehlender gesundheitlicher Versorgung gehaltenen Massen der bäuerlichen indigenen Bevölkerung (Kleinbauern und Landarbeiter), die Bewohner der großstädtischen Armutsviertel sowie eine zahlenmäßig nicht sehr starke industrielle Arbeiterklasse.

Mitten im Kalten Krieg siegte die kubanische Revolution (1953–1959) unter Fidel Castro und Che Guevara. Dieser »Einbruch« in das American Empire« löste nicht nur eine von der CIA organisierte Militärintervention in der »Schweinebucht« im April 1961 aus. In der Kubakrise des Jahres 1962 wurden sowjetische Schiffe vom Transport von Raketen nach Kuba von den USA mit der Drohung eines atomaren Konfliktes abgehalten. Der Sieg der kubanischen Revolution weckte in Lateinamerika bei den Volksmassen Hoffnungen, das Joch von politischer, militärischer und kultureller Unterdrückung sowie des materiellen Elends abzuschütteln. Über die Reaktionen der mit den USA verbündeten Kräfte bemerkt Bernd Greiner: »Nachdem sich zwischen März 1962 und Ende 1964 das Militär in sechs Staaten – Brasilien, Argentinien, Peru, Ecuador, Bolivien und Honduras – an die Macht geputscht hat und Hand in Hand mit den Junten Guatemalas und Uruguays eine Repressionswelle sondergleichen losgetreten hatte, quoll die Hilfe aus Washington über. Umstritten nur, was wichtiger war – die Aufstockung der Waffenkammern oder die Ausbildung von Sicherheitskräften. Letzteres wurde in der ›International Police Academy‹ in Washington, D.C., in der ›U.S. Army School of the Americas‹ in Panama und in diversen Stützpunkten des ›Office of Public Safety‹ angeboten.« (Greiner 2021: 94f.)

Bis in die Mitte der 1950er-Jahre hatte sich die antagonistische, bipolare Ordnung als Systemkonflikt zwischen – so die Selbstbeschreibung – der »freien Welt« und dem »Lager des Sozialismus und der Friedenskräfte« fest etabliert. Sie zeichnete sich durch eine neue Welle der militärischen Hochrüstung aus, bei der die Atomwaffen und die Trägersysteme (Raketen) eine entscheidende Rolle spielten. Dabei verlagerte sich der wissenschaftliche und technologische Wettbewerb auch auf den Weltraum (Sputnik, Mondlandung). Auch hier spielte die Kraft und Präzision der Interkontinentalraketen, mit denen sich die USA und die UdSSR gegenseitig abschreckten, eine zentrale Rolle.

Bis zur Mitte der 1950er-Jahre waren die militärisch-politischen Bündnissysteme etabliert, die vom Westen aus gleich einem Ring um den »sowjetischen Machtbereich« (einschließlich der Volksrepublik China) gelegt waren. Dazu kamen fast 1.000 Militärstützpunkte der USA, die diesen Ring verstärkten. Im öffentlichen Leben – im Westen wie im Osten – war die propagandistische Schlacht als Krieg zwischen den Guten und den Bösen vorherrschend. Über die Kräfteverhältnisse zwischen und in den Systemen schrieb der Historiker Paul Kennedy in seinem großen Werk über den »Aufstieg und Fall der großen Mächte« das schon in den 1980er-Jahren mit Blick auf ein mögliches Ende des Kalten Krieges verfasst worden war: »Die Vereinigten Staaten waren (nach 1945) das einzige Land unter den Großmächten, das durch den Krieg reicher – und tatsächlich viel reicher – wurde statt ärmer. Am Ende des Krieges besaß Washington Goldreserven im Wert von 20 Mrd. Dollar, beinahe zwei Drittel der gesamten Goldreserven der Welt, die bei 33 Mrd. Dollar lagen. Mehr als die Hälfte der Industrieprodukte der Welt kam aus den Vereinigten Staaten und ein Drittel der Weltproduktion an Gütern aller Art. Die USA waren bei Kriegsende auch der bei Weitem größte Exporteur der Welt, und selbst noch ein paar Jahre später stellten sie ein Drittel des Weltexports. Aufgrund der gewaltigen Expansion ihrer Schiffsbaukapazität befanden sich inzwischen die Hälfte der Schiffe der ganzen Welt in ihrem Besitz. Ökonomisch gesehen, war die Welt nun Washingtons Auster.« (Kennedy1989: 534) Schon vor dem Ende des Krieges hatten sich die USA in Bretton Woods die Rolle des US-Dollar als Leitwährend der westlichen Welt gesichert.

Die einzigartige ökonomische Macht des US-Kapitalismus bildete die materielle Basis für den Ausbau der politischen und ideologischen Führungsrolle des amerikanischen Staates. Schon vor dem Krieg – im Jahre 1938 – war das »US-Nationaleinkommen bereits etwa gleich hoch wie das kombinierte Nationaleinkommen von Großbritannien, Frankreich, Deutschland, Italien und den Beneluxländern und fast dreimal so hoch wie das der UdSSR. 1948 war es mehr als doppelt so hoch wie die der oben erwähnten Gruppe europäischer Länder und mehr als sechsmal so hoch wie das der UdSSR.« (Arrighi 1994: 275) Der Hegemoniezyklus des »langen, amerikanischen Jahrhunderts«, der nach Giovanni Arrighi im letzten Drittel des 19. Jahrhunderts begann, erreichte nach 1945 seinen Höhepunkt und manifestierte sich in der Konstruktion des von den USA geführten, globalen westlichen Bündnisses gegen den Kommunismus. Diese Machtasymmetrie gegenüber dem kommunistischen Block, die in letzter Instanz auf die ökonomische Überlegenheit des Westens zurückging, determinierte schließlich auch den Sieg des Westens in der Schlussphase des Kalten Krieges.

3. Die inneren Schließungen

In den Hochzeiten des Kalten Krieges diente der atomare Rüstungswettlauf immer auch einer Logik wechselseitiger Abschreckung, denn jeder Angreifer musste damit rechnen, durch einen atomaren Gegenschlag vernichtet zu werden. So kam es immer wieder zu Konflikten an den Grenzen, die das Risiko eines atomaren Konfliktes steigerten, aber letztlich durch stillschweigende Arrangements zwischen den USA und der Sowjetunion bereinigt wurden – so in Berlin nach dem Bau der Mauer im August 1961, als sich amerikanische und sowjetische Panzer am Checkpoint Charly gegenüberstanden, oder in der Kubakrise des Jahres 1962. Innere Krisen, wie z.B. die durch russische Truppen niedergeschlagenen Streik- und Massenbewegungen gegen die herrschenden kommunistischen Parteien (1953 DDR, 1956 Ungarn und Polen sowie 1968 in der CSSR), wurden vor allem propagandistisch genutzt, um den Gegner zu diskreditieren und die Massen im eigenen Lager auf den Kampf gegen den Kommunismus einzuschwören. In Washington dachte jedoch kein Präsident daran, diese Krisen, bei denen die Geheimdienste beider Seiten Hochkonjunktur hatten, für militärische Interventionen – oder gar »Befreiungskriege« – aus dem Westen zu nutzen.

Der Kalte Krieg ist daher von der Historikerin Mary Kaldor rückblickend als ein »Joint Venture« bezeichnet worden, als »ein Geschäft auf Gegenseitigkeit zwischen Atlantizismus und Stalinismus [...] Die militärische Konfrontation war eine Form des psychologischen Zwangs, eine Möglichkeit, die innenpolitischen Konflikte des Atlantizismus ebenso wie die des Post-Stalinismus nach außen zu kehren. Sie war, mit anderen Worten, eben auch die Konsequenz eines Systems, das durch liberale Demokratie plus Markt charakterisiert ist. Die militärische Stärke des Westens hat keineswegs dem Kampf gegen den Totalitarismus gedient, sondern die Unterdrückung gerechtfertigt, ihr Argumente geliefert – sie nährte den Verfolgungswahn der herrschenden stalinistischen Parteien.« (Kaldo 1992: 258ff.)

Die atomare Drohung und Abschottung nach außen stärkte die Herrschaftsverhältnisse im Inneren des jeweiligen Systems. Im Westen wurde für die Nachkriegszeit im Rahmen des American Empire der Kapitalismus gerettet und fast 20 Jahre lang die politische Vorherrschaft von christlich-konservativen, amerikafreundlichen und antikommunistischen Parteien gesichert. Im Osten Europas setzte die Sowjetunion ihre Vorherrschaft durch. Die national regierenden kommunistischen Parteien folgten den Anweisungen aus Moskau. Dabei mussten je nationale Wege des Aufbaus einer sozialistischen Wirtschafts-, Staats- und Gesellschaftsordnung beschritten werden, auf denen Unzufriedenheit und Widerstand oder auch (in der Partei) der Widerspruch gegen diese Politik mit Gewalt unterdrückt wurde. Diese Aufbauleistungen verlangten von den Bevölkerungen dieser Staaten immer wieder den Verzicht auf jene Befriedigung von Konsuminteressen, die in den Ländern des Westens – in der Periode der »Wirtschaftswunder« der 1950er-Jahre – nach dem Vorbild der USA immer stärker ins Zentrum gerückt waren.

Während im sozialistischen Osten Abweichler und Dissidenten verfolgt und bestraft wurden, wurde im Westen »Freedom and Democracy« gepredigt, allerdings im Zeichen eines zur Staatsraison erhobenen Antikommunismus. Dabei wurden – stark geprägt von Traditionen der Nationalgeschichte – verschiedene Wege eingeschlagen:

Auf der iberischen Halbinsel stabilisierten sich im Zeichen des Kalten Krieges die faschistischen Diktaturen von António de Oliveira Salazar (1889–1970) in *Portugal* und von Francisco Franco (1892–1975) in *Spanien*. Beide begründeten ihre Diktatur u.a. mit dem entschlossenen Kampf gegen den Kommunismus, der im spanischen Bürgerkrieg blutig niedergerungen wurde. Portugal war 1949 Gründungsmitglied der NATO, Salazar begründete den Krieg Portugals in den afrikanischen Kolonien (Mozambique, Angola, Guinea-Bissau) ebenfalls mit der Verpflichtung, im Namen des Westens die Ausbreitung des Kommunismus in Afrika zu verhindern. Spanien konnte erst nach dem Tod Francos der NATO beitreten. Mit dem amerikanisch-spanischen Militärabkommen vom 26. September 1953 konnten die USA allerdings Truppenteile auf der iberischen Halbinsel stationieren und die faschistische Diktatur von Franco an die NATO anbinden.

Die *USA* erlebten nach dem Zweiten Weltkrieg eine zweite Welle eines »Red Scare«, als einer Welle der politisch inszenierten Angst vor dem Kommunismus, die die Gesellschaft und die Politik durchdrang. Die erste Welle hatte sich nach dem Ende des Ersten Weltkrieges und der russischen Revolution von 1917 erhoben. Ab 1947 verschob sich das staatsoffizielle Feindbild des Landes von den Faschisten auf die tatsächlichen oder vermeintlichen Kommunisten, deren gefährlichste Vertreter sowjetische Spione waren. Die »Ära des McCarthyismus« dauerte von 1947 bis 1955. In dieser Zeit wurden politisch Verdächtige vor parlamentarischen Untersuchungsausschüssen zur Erforschung von »Un-American Acitvities« vorgeladen und verhört. Einer der Einpeitscher war der spätere Präsident Richard Nixon. Vor diesen Ausschüssen wurden Künstler, Filmschauspieler aus Hollywood, Schriftsteller, prominente Emigranten aus Deutschland verhört und nach ihren Beziehungen zur kommunistischen Bewegung und zur Sowjetunion inquisitorisch befragt. Der Schriftsteller Henry Miller, der vor dem Ausschuss 1956 die Aussage verweigerte, schrieb darüber ein Buch mit dem Titel »Hexenjagd«.

Der Republikanischer Joseph McCarthy beherrschte den Untersuchungsausschuss des Senates, der sich vorwiegend mit der vermeintlichen kommunistischen Unterwanderung staatlicher Behörden befasste. Er präsentierte immer wieder Listen mit Namen von aktuellen oder ehemaligen Mitgliedern kommunistischer Parteien, die angeblich in den Ministerien in Washington, auch in der Führung der Armee tätig sein sollten. Viele der Beschuldigten verloren ihren Job, wurden zu Gefängnisstrafen verurteilt. Das Ehepaar Ethel und Julius Rosenberg wurde nach einem Prozess im Juni 1953 wegen angeblicher Atomspionage für die Sowjetunion hingerichtet. Die Anschuldigungen waren gefälscht! Ein enger Mitarbeiter von Präsident Roosevelt, der Jurist und prominente Mitarbeiter des State Departments, Alger Hiss, wurde 1950 als angeblicher Sowjetspion in den 1930er-Jahren zu fünf Jahren Gefängnis verurteilt. Bis zu seinem Tod im Jahre 1996 kämpfte er darum, seine Unschuld und die Fälschungen der gegen ihn vorgebrachten Beschuldigungen zu beweisen. Einige der Beschuldigten verließen das Land, so Charly Chaplin, der sich am Genfer See niederließ. Der Emigrant Bertolt Brecht floh aus den USA nach seiner Anhörung vor dem Komitee. Immer wieder war er dort mit der Frage konfrontiert worden: »Have you ever been a member of the Communist Party«. Der wichtigste Zuarbeiter für McCarthy war Edgar Hoover, ein fanatischer Kommunistenhasser, der seit 1924 Direktor des FBI (also des inneren Geheimdienstes) war. Um die Mitte der 1950er-Jahre verlor McCarthy seinen Rückhalt sowohl beim republikanischen Präsidenten Dwight D. Eisenhower als auch im Senat; er starb im Mai 1967 an einer Leberzirrhose in einem Militärkrankenhaus. Edgar Hoover schmiedete nach 1958 Pläne zur Ermordung von Fidel Castro und für eine Militärintervention auf Kuba.

Neben den USA war die *Bundesrepublik Deutschland* als Frontstaat im Kalten Krieg in besonderer Weise von dessen innen- und gesellschaftspolitischen Folgen betroffen. Die Grenze zwischen den beiden deutschen Staaten war zugleich die Grenze zwischen den beiden Systemen. Sie war allerdings in den 1950er-Jahren noch durchlässig, sowohl für Besuche aus dem Westen in die DDR als auch für Reisen bzw. für die Flucht aus der DDR nach Westdeutschland. Es gab auch eine – zahlenmäßig sehr viel schwächere – Fluchtbewegung aus dem Westen in die DDR. Darunter befanden sich nicht wenige Kommunisten, die im Westen nach dem Verbot ihrer Organisationen mit Gefängnisstrafen rechnen mussten. Die KPD wurde im August 1956 durch das Bundesverfassungsgericht in die Illegalität getrieben; die Jugendorganisation FDJ war schon 1951 verboten worden. Bis in die 1960er-Jahre gab es eine Flut von Prozessen, in denen Menschen für Aktivitäten im Dienst der verbotenen KPD und ihrer »Unterorganisationen« zu Gefängnisstrafen verurteilt wurden.

Unter dem Schutzschirm des Kalten Krieges und der US-Hegemonie vollzog sich eine Restauration von wirtschaftlichen und gesellschaftlichen Machtverhältnissen, die vor allem die politische Linke und die Gewerkschaften in die Opposition trieben. Die Programme zur demokratischen Neuordnung von Wirtschaft und Gesellschaft, die unmittelbar nach Ende des Zweiten Weltkrieges von linken und selbst bürgerlichen Parteien vertreten wurden, beschränkten sich nicht allein auf die Anerkennung der Menschenrechte und der repräsentativen Demokratie. Sie fokussierten sich zugleich auf die Sozialisierung von Schlüsselindustrien sowie auf die Demokratisierung der Wirtschaft durch die Mitbestimmung der Gewerkschaften und der Beschäftigten bei der Leitung der Unternehmen. Sie forderten die Errichtung eines Sozialstaates in den Bereichen Gesundheit, Wohnen, Bildung und Kultur, Alterssicherung und Arbeitslosenunterstützung. Sie unterstützten Elemente einer wirtschafts- und gesellschaftspolitischen Planung, die nicht nur den Wiederaufbau nach dem Kriege vorantreiben, sondern dabei auch politische Entscheidungen über die Prioritäten und die Verteilungsverhältnisse beim Wiederaufbau ermöglichen sollte.

In den Verfassungen zahlreicher Länder, die zwischen 1945 und 1948 verabschiedet wurden, waren Elemente dieser Neuordnungsprogrammatik enthalten. Darin reflektierte sich zugleich die starke Position von sozialdemokratischen und kommunistischen Parteien in den ersten Nachkriegswahlen und in den Verfassungskonventen. Als die britische Labour-Party unter Clement Atlee mit ihrem Programm »British Road to Socialism« 1945 die Unterhauswahlen (gegen den Kriegspremier Winston Churchill) gewann, waren viele davon überzeugt, dass nunmehr in Europa eine Epoche sozialistischer Transformation eröffnet worden sei.

Auch in Deutschland wurden in der sowjetischen wie der westlichen Besatzungszonen Maßnahmen zur Sozialisierung, zur Wirtschaftsdemokratie sowie zur Stärkung der Positionen von Betriebsräten und Gewerkschaften ergriffen bzw. in die Länderverfassungen aufgenommen. Mit dem Übergang zum Kalten Krieg ab 1947 widersetzten sich die USA zunehmend der praktischen Durchführung solcher Maßnahmen. Ab 1947/48 trugen zudem die Mittel des Marshallplanes – einschließlich der CARE-Pakete für die bundesdeutsche Bevölkerung – dazu bei, die USA als den »wohlwollenden Hegemon« zu akzeptieren.

Gleichzeitig begann der Aufstieg der CDU, die sich schnell von ihren wirtschaftsdemokratischen, kapitalismuskritischen Programmen (Ahlen 1947) entfernte und mit Ludwig Erhard für die »soziale Marktwirtschaft«, d.h. für eine kapitalistische Wirtschaftsordnung warb, die den Primat der Marktfreiheiten anerkennt und den Staat auf wenige Ordnungsfunktionen beschränken möchte. Diese wirtschaftsliberale Ideologie und daraus folgenden Politik entsprachen dem Selbstverständnis der US-amerikanischen herrschenden Klasse. So kam es vor allem nach der Gründung der BRD und den ersten Bundestagswahlen im Jahre 1949, in deren Ergebnis Konrad Adenauer (CDU) Bundeskanzler wurde, bis Anfang der 1950er-Jahre zu heftigen Auseinandersetzungen mit den Arbeiterparteien SPD und KPD sowie mit den Gewerkschaftern, die sich der Durchsetzung dieses Programms widersetzen.

Mit der Niederlage um das Betriebsverfassungsgesetz im Jahre 1952 war der Kampf gegen die »verhinderte Neuordnung« (Eberhard Schmidt) zugunsten der Kapitalseite entschieden. Die linke Opposition mobilisierte ihrer Anhänger in dieser Zeit noch in der Massenbewegung gegen die Re-Militarisierung, die bis 1955 durch die Gründung der Bundeswehr und den Beitritt der BRD zur NATO entschieden war. Im Jahr 1958 formierte sich eine breite – von der SPD und den DGB-Gewerkschaften unterstütze – Bewegung »Kampf dem Atomtod«, die nicht nur gegen die Ausstattung der Bundeswehr mit Atomwaffen, sondern insgesamt für das Verbot der Atomwaffen und die Schaffung atomwaffenfreien Zonen in Ost und West eintrat.

Dank der Unterstützung durch die US-Besatzungsmacht konnte die »deutsche Wirtschaft« seit den frühen 1950er-Jahren auch wieder auf jene »Wirtschaftsführer« zurückgreifen, die als Stützen des NS-Regimes und als Kriegsverbrecher in der Folge der Nürnberger Prozesse verurteilt und inhaftiert worden waren. Nunmehr wurden sie in Freiheit gesetzt, integrierten sich in die Front des westlichen Antikommunismus und kehrten in ihre alten Führungspositionen nicht nur in den Konzernen der Schwerindustrie (Kohle/Stahl) zurück. Im Klima des Kalten Krieges war die öffentliche Meinung auf diese Politik der Restauration eingeschwenkt. Für die CDU/CSU und ihren Koalitionspartner FDP, der sich besonders um die Amnestie und Wiedereingliederung der Nazikriegsverbrecher in die demokratische Ordnung verdient machte, begann eine Periode der Wahlsiege und der Regierungen unter Konrad Adenauer, die erst um die Mitte der 1960er-Jahre zu Ende ging.

Für den Charakter des Staates und der Gesellschaft der Bundesrepublik war freilich entscheidend, dass mit der Festigung der inneren und äußeren Fronten des Kalten Krieges die »Entnazifizierung« im Bereich der Staatsbediensteten gestoppt wurde. Bis Anfang der 1950er-Jahre waren die meisten Beamten des Nazi-Regimes wieder im Amt – vor allem im Bereich der Justiz, der Verwaltung, der Polizei und Sicherheit, der Bildung und Wissenschaft. Das Bundeskanzleramt von Konrad Adenauer wurde von Hans Globke geleitet, der im Jahre 1936 die Rassengesetze des NS-Regimes als Jurist kommentiert hatte. Der erste Präsident des Bundesarbeitsgerichtes (BAG) seit 1954 war Professor Hans Nipperdey. Im Jahre 1934 hatte er – nach dem Verbot der Gewerkschaften im Jahre 1933 – den Kommentar zum nationalsozialistischen Gesetz zur »Ordnung der nationalen Arbeit« verfasst, mit dem das Führerprinzip im Betrieb eingeführt und die letzten Reste des Weimarer Arbeitsrechts beseitigt wurden.

In den Ministerien des jungen Staates waren viele Leitungspositionen mit ehemaligen Parteimitgliedern, Nazi-Juristen, SA- und SS-Offizieren besetzt. Das Offizierskorps der Bundeswehr bestand aus ehemaligen Offizieren der Wehrmacht. Der erste Generalinspekteur der Bundeswehr, Adolf Heusinger, war unter Hitler an der Vorbereitung des Überfalls auf die Sowjetunion beteiligt und für die Partisanenbekämpfung im Osten zuständig. Schon 1948 hatte er sich der »Organisation Gehlen« angeschlossen. Reinhard Gehlen war erbitterter Feind der Sowjetunion und des Kommunismus. Seine Mitarbeiter waren einst Geheimdienstexperten der faschistischen Wehrmacht für den Osten, nun arbeiteten sie direkt und geheim für die Amerikaner, um bald den für das Ausland zuständigen, zweiten Geheimdienst der Bundesrepublik, den Bundesnachrichtendienst (BND) aufzubauen.

In einem Artikel über »Die Wandlungen deutscher Eliten« bezog sich der Soziologe Ralf Dahrendorf in den 1960er-Jahren auf Studien des US-Soziologen Lewis Edinger. Dieser hatte »die Sozialbiographien der westdeutschen politischen Elite der Nachkriegszeit untersucht. Er fand zwei extreme Karrieretypen: 100% der Generale und 0% der Kabinettsmitglieder waren 1940 bis 1944 oder 1933 bis 1940 in dergleichen Position wie 1955. Verwaltungs- und Wirtschaftseliten (mit 66 bzw. 47 Spitzenpositionen in die Untersuchung eingeschlossen) liegen zwischen diesen Extremen; so war jeder zweite höchste Verwaltungsbeamte und jeder dritte Wirtschaftsführer auch in der Nazizeit schon in ähnlicher Position.« (Dahrendorf 1965: 256).

Schließlich musste die Durchsetzung der Politik des Kalten Krieges in denjenigen Ländern mit einem besonders starken Widerstand rechnen, in denen die politische Linke durch eine kommunistische Massenpartei vertreten war. In *Frankreich* war der PCF, die »Partei der Füsilierten« und der Résistance, ab 1945 Mitglied einer Regierungskoalition der »nationalen Einheit« unter der Führung von General de Gaulle. Bei den ersten Wahlen erzielte sie bessere Resultate als die sozialistische SFIO. Sie war in der Arbeiterklasse des Landes verwurzelt und konnte sich auf die militante, streikerfahrene Gewerkschaft CGT stützen. Aufgrund ihrer führenden Rolle in der Résistance wurde sie als patriotische Kraft anerkannt. Mit dem Beginn des Kalten Krieges im Jahre 1947 wurde sie aus der Regierung entfernt. Viele Künstler und Intellektuelle wie Louis Aragon, Paul Éluard, Yves Montand, Pablo Picasso, Henri Wallon oder auch Max Gallo und Jean-Paul Sartre standen der Partei zeitweilig nahe bzw. waren Mitglieder.

Die Partei bekannte sich zur Sowjetunion und verstand sich im Kalten Krieg als Hauptkraft des Kampfes gegen den »US-Imperialismus«(auch gegen den im Schoße der USA wieder genesenen »Imperialisme Allemand«) – vom Widerstand gegen den Marshallplan und gegen die NATO, über den Protest gegen den Koreakrieg bis hin zur Kritik an den Anfängen der europäischen Integrationspolitik in den 1950er-Jahren, die die deutsch-französische Zusammenarbeit (z.B. zwischen den katholischen Politikern Konrad Adenauer und Maurice Schuman), aber auch die Remilitarisierung in der BRD einschloss. Dabei gab es immer wieder Übereinstimmungen (z.B. in der kritischen Bewertung der USA und der NATO) mit der Politik der Gaullisten, die dann ab 1958 den General Charles de Gaulle bis 1969 als Präsident der 5. Republik zu installieren vermochten. Die Position des PCF als stärkster Kraft der Opposition in Frankreich (und als treuer Verbündeter der KPdSU) blieb bis in die frühen 70er-Jahre erhalten.

Auch in *Italien* waren die Kommunisten (PCI) stärkste Kraft der Opposition gegen die von den Christdemokraten dominierten Regierungen der Nachkriegszeit und gegen die Politik der USA. Unter der Führung von Palmiro Togliatti (1893–1964) bekannte sich die Partei, die in der Resistenza gegen den Faschismus und die deutsche Besatzung gekämpft hatte, schon 1944 zu einer Politik der demokratischen Neuordnung und zu einer Regierungsallianz mit den antifaschistischen Parteien – vor allem mit den Sozialisten von Pietro Nenni und den Christdemokraten, die den starken Einfluss der katholischen Kirche und des Vatikans auf die Politik und Gesellschaft in Italien repräsentierten (»Wende von Salerno«). Togliatti war Minister dieser Regierung.

Mit Beginn des Kalten Krieges schied die Partei aus der Regierung aus. Sie war – wie die Kommunistische Partei Frankreichs – eng mit der Sowjetunion und der KPdSU verbunden. Togliatti hatte die 1930er-Jahre und den Krieg als einer der Führer der Kommunistischen Internationale in Moskau überlebt und galt als »Liebling Stalins«. Der PCI organisierte den Widerstand gegen die großen Projekte der westlichen Politik und der USA.[6] Als Massenpartei stützte sie sich auf die Arbeiterklasse und auf die Gewerkschaft CGIL; sie verfügte – mehr noch als ihre französische Bruderpartei – über erheblichen Einfluss unter den Intellektuellen im Bereich der Kultur und der Wissenschaft.

Gleichwohl gerieten die Kommunisten Italiens im Kalten Krieg unter einen enormen Druck – von einem Attentat auf Togliatti im Jahre 1948 bis zur Exkommunikation von Kommunisten durch die katholische Kirche. Dazu waren Streiks und Demonstrationen immer wieder massiven Angriffen durch die Sicherheitskräfte des Landes ausgesetzt. Hauptziel der westlichen Politik bis in die 1970er-Jahre blieb es, die KPI von der Regierung fernzuhalten. Für die USA und die NATO war Italien aufgrund seiner geostrategischen Lage im Mittelmeer seit den 1950er-Jahren immer wichtiger geworden; denn das Land lag jetzt an den Transportwegen des Öls aus dem Nahen Osten in den Atlantik sowie in der Nachbarschaft von politischen Krisen (z.B. im Nahen Osten oder zwischen Griechenland und der Türkei), die die Sicherheitsinteressen des Westens gefährden konnten.

Bei den Wahlen des Jahres 1948 steigerten sich die Christdemokraten (DC) unter De Gasperi auf 48,4%; die Volksfront von Kommunisten und Sozialisten, die bei den ersten Nachkriegswahlen noch 39,6% der Stimmen erhielten, fielen auf 31% der Stimmen. De Gasperi hatte im Januar 1947 in den USA Zusagen für materielle Hilfe und Kredite erhalten. »Gleichzeitig

---

[6] Zum 31. Jahrestag der russischen Oktoberrevolution im November 1948 sprach Togliatti vor einer Massenversammlung auf dem Mailänder Domplatz. Dort sagte er u.a.: »Wir müssen uns zusammenschließen, zusammenschließen, um den Frieden zu retten, um die Intrigen der Lakaien des Imperialismus zu entlarven, die gegenwärtig die italienische Außenpolitik lenken. Wir müssen uns zusammenschließen, um eine andere Politik durchzusetzen: eine Politik des Friedens, der Rettung der Zukunft unsers Vaterlandes. Die gesamte Politik der heutigen christlich-demokratische Regierung gleitet immer offener und schneller auf eine Ebene, die nicht den Interessen der Nation entspricht. Sie entspricht vielmehr innerhalb Italiens den kleinen Gruppen von Privilegierten und außerhalb Italiens den Gruppen blutdürstiger Imperialisten, die von einem neuen, verbrecherischen Krieg träumen.« (Togliatti 1977: 366f.). An anderer Stelle verwies er 1950 auf die Stärke der kommunistischen Bewegung: »Zahlenmäßig besteht unsere Kraft in mehr als 2.100.000 Parteimitgliedern, zu denen noch 250.000 Mitglieder des kommunistischen Jugendverbandes kommen. Neben uns und mit uns verbunden im Geist der proletarischen Einheit lebt und kämpft die Sozialistische Partei mit ungefähr 700.000 Mitgliedern, nicht zu sprechen von den Gewerkschaften und Bauernorganisationen, die Millionen von Werktätigen zusammenfassen.« (Ebd.: 372).

ließ das State Department wissen, dass es nun Hoffnung haben könne, dass in Italien eine ›demokratische‹ Regierung eingeführt werde, was nach amerikanischem Verständnis nur eine Regierung ohne Kommunisten und Sozialisten sein könnte.« (Koppel 1976: 127) Der rechte Flügel des PSI hatte sich zur Sozialdemokratischen Partei abgespalten und bildete mit De Gasperi die neue antikommunistische Regierung. Auch die Einheitsgewerkschaften, die in Frankreich und Italien am Ende des Krieges – im Geiste der Resistenza – entstanden waren, wurden gespalten. Dabei engagierte sich sowohl der US-Geheimdienst CIA als auch US-amerikanische Gewerkschafter, denen erhebliche Mittel aus dem Haushalt der Regierung in Washington zur Verfügung gestellt wurden.

Bis zum Beginn der 1960er-Jahre reagierte Togliatti, der 1964 starb, auf die Krisen der kommunistischen Bewegung (XX. Parteitag der KPdSU, sowjetische Invasion in Ungarn Ende 1956, Konflikt Moskau–Peking), indem er – unter dem Begriff des »Polyzentrismus« – die von Moskau beanspruchte Allgemeingültigkeit des sowjetischen Modells und den daran gebundenen Führungsanspruch der KPdSU in Frage stellte. Er betonte die Selbständigkeit der Parteien auf unterschiedlichen Wegen zum Sozialismus. Die Krise der kommunistischen Weltbewegung, die einer der Gründe für die spätere Niederlage der Sowjetunion im Kalten Krieg war, zeigte sich hier in ihrer Anfangsphase. Im Osten eröffnete die KP Chinas unter Mao im Konflikt mit der UdSSR einen eigenständigen Entwicklungsweg, der bis zum Ende des Jahrhunderts China als wirtschaftliche Großmacht und als eigenständigen weltpolitischen Akteur hervorbrachte.

Im Westen wurde der PCI unter den Nachfolgern von Togliatti (Luigi Longo und Enrico Berlinguer) seit den 1970er-Jahren zur führenden politischen Kraft des »Eurokommunismus«. Dessen Anhänger distanzierten sich immer deutlicher von der Sowjetunion – sowohl als Modell sozialistischer Transformation, als auch als politischem Akteur auf der Bühne der internationalen Politik. Die scharfe öffentliche Kritik an der Intervention sowjetischer Truppen zur Niederwerfung des »Prager Frühlings« im Jahre 1968 sowie an der Unterdrückung der Streikbewegungen in Polen im Jahre 1980, schließlich auch die Politik des »Historischen Kompromisses« im eigenen Lande waren Ausdruck dieser neuen Selbständigkeit. Dass der PCI im eigenen Laden mit dieser Politik scheiterte und sich im Jahre 1991 – im Jahr des Zusammenbruchs und der Auflösung der Sowjetunion – als kommunistische Partei ebenfalls auflöste und als »Demokratische Linkspartei« neu konstituierte (PDS), signalisierte die geradezu schicksalhafte Verknüpfung der Existenz und Geschichte dieser Partei mit der Oktoberrevolution und der Geschichte der Sowjetunion. Nur ein Jahr später beteiligte sich die PDS an der Gründung der Sozialdemokratischen Partei Europas (SPE).

Mit dem Übergang zum Kalten Krieg wurden die Staaten Westeuropas in den Zusammenhang des American Empire integriert – finanziell durch die Vorherrschaft des US-Dollar, ökonomisch durch den Anschub des Marshallplans, politisch durch Regierungen der christlich-demokratischen oder sozialdemokratischen Mitte, militärisch durch die NATO. Dabei waren die Schritte der europäischen Integration in den 1950er-Jahren (EGKS, EWG) Prozesse der internen Stabilisierung des American Empire. Allerdings gab es am Rande der Blöcke in dieser Zeit auch Sonderwege, die von den USA und der Sowjetunion akzeptiert und sogar gefördert wurden.

Österreich war nach dem Ende des Krieges von den vier Alliierten der Anti-Hitler-Koalition besetzt und bis 1955 von den vier alliierten Staaten verwaltet. Österreichische Politik wurde unter Aufsicht dieser Alliierten gemacht. Im Jahre 1955 erhielt das Land durch einen Staatsvertrag mit den vier Besatzungsmächten die volle staatliche Souveränität zurück. Voraussetzung war, dass die »immerwährende Neutralität« des Landes in die Verfassung aufgenommen wurde. Im September 1955 verließen die sowjetischen Truppen, im Oktober die der Westalliierten das Land. Dass eine solche Lösung (Wiedervereinigung bei strikter Neutralität) auch für Deutschland verhandelt werden könnte, wurde von den Kalten Kriegern um Konrad Adenauer strikt abgelehnt.

Finnland teilt mit Russland eine sehr lange Grenze (1.340 km) sowie eine lange und immer wieder durch Kriege unterbrochene Geschichte. Nach 1945 schloss das Land Verträge mit der Sowjetunion, in denen nicht nur territoriale Streitfragen, sondern auch eine weitreichende wirtschaftliche Zusammenarbeit geregelt wurden. Finnland blieb ebenfalls neutral (wie Schweden und Österreich), gehörte aber nach seiner kapitalistischen Wirtschaftsordnung und seiner politischen Kultur (als demokratischer skandinavischer Wohlfahrtsstaat) eher zum Westen. Seit 1962 war das Land Mitglied der europäischen Freihandelszone EFTA um Großbritannien. Es gab eine starke sozialdemokratische und kommunistische Arbeiterbewegung, die enge Beziehungen mit der Sowjetunion pflegten. Aber auch der langjährige Minister- und Staatspräsident Urho Kekkonen von der Konservativen Zentrumspartei setzte sich für die Aussöhnung mit der Sowjetunion und für die Neutralität des Landes ein. Auf der Bühne der internationalen Politik galt er gerade in Krisensituationen als Mahner für eine Politik der Entspannung zwischen den Blöcken. Finnland war in den Hochzeiten des Kalten Krieges ein nicht-kommunistisches Land, das mit der Sowjetunion und ihren Verbündeten (z.B. auch mit der DDR) friedlich und durchaus ertragreich zusammenarbeiten konnte. Es war daher kein Zufall, dass in den 1970er-Jahren, in einer Periode der Entspannung zwischen den Blöcken, in der finnischen Hauptstadt Helsinki die große Konferenz für Sicherheit und Zusammenarbeit in Europa (KSZE) tagte. Für die Propagandisten des Kalten Krieges hierzulande war jedoch der »Begriff »Finnlandisierung« negativ besetzt.

4. Der wirtschaftliche Aufschwung zum Golden Age of Capitalism

Die Truman-Doktrin verkündete 1947 die Bereitschaft der USA, diejenigen Regierungen militärisch und materiell zu unterstützen, die sich der Ausbreitung des Kommunismus in den Weg stellen. Die Formierung eines westlichen Blockes unter der Führung der USA war in Westeuropa allerdings mit einer Vielfalt von Widersprüchen und Herausforderungen konfrontiert. Die politische Landkarte Europas war keineswegs einheitlich. Die US-amerikanische Hegemonie war in letzter Instanz durch die massive Präsenz der US-Army (nicht nur in Westdeutschland) abgesichert.

Gleichwohl war der dauerhafte Erfolg der Politik des »imaginären Krieges« (Kaldor) gegen den Kommunismus durch eine Kombination von Elementen des Zwangs und des Konsenses von Seiten der in das American Empire integrierten Völker bestimmt. Der Antikommunismus war in den USA durch das Bekenntnis der Eliten zum liberalen Modell eines mächtigen Kapitalismus (der Big Corporations und der Wall Street) sowie zum Modell der repräsentativen Demokratie als auch zum Aufstieg der USA zur Weltmacht bis 1945 fundiert. Er fand seine Bündnispartner in Westeuropa unter den kapitalistischen Wirtschaftseliten, die sich bis zum Beginn des Kalten Krieges vor Enteignungen, aber auch vor gerichtlicher Verfolgung (wegen ihrer Zusammenarbeit mit den faschistischen Regimen) fürchten mussten. Dazu kamen Teile der Mittelklasse, die traditionell antisozialistisch eingestellt waren und gleichzeitig – zusammen mit Teilen der Arbeiterklasse – das hohe Niveau des Lebensstandards sowie die Kultur von Hollywood und des Glenn-Miller-Sounds in den USA bewunderten.

Dazu kamen jene Massen der Anhänger des Faschismus (in Italien und Deutschland), die die Niederlage im Krieg verarbeiten mussten, aber angesichts des Vormarsches der Sowjetunion im Osten und angesichts der Stärke der sozialistischen und kommunistischen Arbeiterbewegung im Westen (siehe Frankreich und Italien) bereitwillig unter den Schutz der USA und der NATO begaben. Die christlichen Volksparteien repräsentierten – neben den traditionellen Mittelklassen und Teilen der katholischen Arbeiterschaft – weite Teile der bäuerlichen Bevölkerung, die zu dieser Zeit noch – mit Schwerpunkten in bestimmten Regionen (z.B. in Süditalien) – die Mehrheit der Erwerbsbevölkerung bildeten. Die Rolle der beiden christlichen Kirchen als ideologische Staatsapparate trug dazu bei, diesen antikommunistischen Konsens zu starken. »Lieber rot als tot!«, skandierten Anhänger dieses Blockes bei den Massendemonstrationen, die zum Protest gegen die »Verbrechen« des Kommunismus und der Sowjetunion einberufen wurden.

Für die Festigung dieses Blockes sozialer und politischer Kräfte war freilich die Entscheidung der US-Regierung ausschlaggebend, mit den Warenlieferungen und Krediten des Marshallplanes ab 1947 einen Beitrag zur »European Recovery« zu leisten. Dabei spielten verschiedene Überlegungen und Interessen eine Rolle. In der Konfrontation mit der Sowjetunion und den osteuropäischen Staaten mussten die USA und ihre Verbündeten in Westeuropa damit rechnen, dass es bei einer Zuspitzung der ökonomischen, sozialen und moralischen Krise infolge der zerbombten Städte, der Inflation und der Entwertung des Geldes, der Verarmung weiter Teile der Bevölkerung, der massiven Fluchtbewegungen usw. entweder zu Aufständen oder zur Unterstützung linker Parteien und ihrer antikapitalistischen Politik kommen könnte.

Dazu kamen Befürchtungen über eine mögliche Nachkriegskrise in den USA, die durch die Umstellung der Kriegsproduktion und die Wiedereingliederung der ehemaligen US-Soldaten in zivile Berufe genährt wurden. Marxistische Ökonomen, die der KPdSU und Stalin zuarbeiteten, prognostizierten eine Tiefe bzw. eine Zusammenbruchskrise des Kapitalismus – nicht nur in den USA. Sie leiteten daraus eine neue ultralinke Politik für die kommunistischen Parteien im Westen ab – vor allem gegen den US-Imperialismus und den Marshallplan, aber auch gegen die sozialdemokratischen Parteien, die diesen unterstützten. Sie täuschten sich, denn mit dem Marshallplan begann jener lange Zyklus des Aufschwungs der kapitalistischen Wirtschaft im Westen, der ca. drei Jahrzehnte anhalten sollte und inzwischen als das »Goldene Zeitalter des Kapitalismus« bezeichnet wird (vgl. Hobsbawm 1998: 285–499).

Der Wiederaufbau in Westeuropa, der durch den Marshallplan angeschoben wurde, folgt nicht allein politischen Interessen in der Anfangsphase des Kalten Krieges. Der US-Kapitalismus hatte – verstärkt durch die Kriegsproduktion, aber auch durch die Rolle der US-Banken bei der Finanzierung der Kriegskosten der Alliierten – im Jahre 1945 ein Entwicklungsniveau erreicht, von dem aus ein isolationistischer Rückzug auf das Terrain und den Binnenmarkt der USA nicht mehr denkbar war. Die Expansion des US-Kapitals nach Westeuropa reduzierte die nach dem Krieg sich abzeichnende Überakkumulation von Kapital. Sie erforderte stabile und prosperierende ökonomische Verhältnisse mit steigender Nachfragekapazität für die Produkte amerikanischer Konzerne. Für den Aufschwung der westdeutschen Wirtschaft war nach der Währungsreform des Jahres 1948 der »Koreaboom« Anfang der 1950er-Jahre verantwortlich. Im Koreakrieg stieg die Rüstungsproduktion in den USA wieder stark an – deutsche Unternehmen konnten in dieser Zeit Positionen beim Export zurückerobern, die sie nach dem Kriege zunächst verloren hatten. Nun begann eine Phase einer exportgestützten Hochkonjunktur, die bis in die 1970er-Jahre anhielt und als »Wirtschaftswunder« im Massenbewusstsein gespeichert war.

Der amerikanische Außenminister Dean Acheson sagte einmal rückblickend: »Korea kam daher und hat uns gerettet«. Giovanni Arrighi erklärt diese Entwicklung wie folgt: »Massive Aufrüstung während und nach dem Korea-Krieg löste ein für alle Mal das Liquiditätsproblem der Nachkriegs-Weltwirtschaft. Militärhilfe für ausländische Regierungen und direkte US-Militärausgaben im Ausland – beides wuchs stetig zwischen 1950 und 1958 [...] versorgte die Weltwirtschaft mit all der Liquidität, die sie für eine Expansion benötigte. Und da die US-Regierung als äußerst freizügige Weltzentralbank agierte, expandierten der Welthandel und die Weltproduktion mit beispiellosen Raten.« (Arrighi 1994: 297)

Es war eine klare Zielsetzung des Marshallplanes, dass die wirtschaftliche Hilfe den Aufbau eines Blockes antikommunistischer Staaten unter der Führung der USA fördern und zugleich den Kapitalismus« in Westeuropa retten sollte. Dabei hatten die USA nicht nur die Sowjetunion und die mittel- und osteuropäischen Staaten in ihrem Machtbereich im Blick. Sie wussten zugleich um die gesellschaftlichen und politischen Kräfteverhältnisse in den meisten Staaten Westeuropas, in denen nach 1945 das Konzept einer »Neuordnung« von Wirtschaft und Gesellschaft in der Perspektive einer sozialistischen Transformation auf der politischen Agenda stand. Westeuropa war jener Raum, in dem sich seit dem 19. Jahrhundert die sozialistische Arbeiterbewegung mit ihren sozialdemokratischen und kommunistischen Parteien sowie mit starken Gewerkschaften entwickelt hatte.

Im Norden Europas regierten sozialdemokratische Parteien, die das Modell des skandinavischen Wohlfahrtsstaates durchsetzten; in Großbritannien siegte 1945 die Labour-Party unter Clement Atlee (»British Road to Socialism«), die ebenfalls ein wohlfahrtsstaatliches Programm vertrat – einschließlich der Einrichtung des National Health Service. In Westdeutschland bildete die SPD eine starke Opposition gegen die Politik der Adenauer-Regierung. Sie regierte in mehreren Bundesländern und war eng mit den starken Gewerkschaften des DGB verbunden, die bis in die frühen 1950er-Jahre um die »Neuordnung« der Wirtschaft durch Sozialisierung, für die Mitbestimmung bei der Leitung der Unternehmen und für starke Betriebsräte als Interessenvertreter der Belegschaften kämpften. In Frankreich und Italien dominierten kommunistische Massenparteien und Gewerkschaften auf der Linken.

Das Projekt des Marshallplanes sollte daher nicht nur dem Wiederaufbau und der Belebung der Wirtschaft in Westeuropadienen, sondern auch ein Kooperationsangebot an die sozialdemokratischen Kräfte der Arbeiterbewegung enthalten. Leo Panitch und Sam Gindin haben auf diese zusätzliche politische Zielsetzung – nicht nur militärischer Zwang, sondern immer auch »soft power« und Gewinnung von »Konsens« von Seiten der Beherrschten – aufmerksam gemacht: »Was der amerikanische Staat mit dem Marshallplan signalisierte, war sein Bekenntnis, dass die europäischen Staaten den Vertrag als kapitalistische Staaten unterschreiben sollten. Dabei sollte aber gleichzeitig die Mitwirkung der Arbeiterschaft gesichert werden. Während also die Gewerkschaften die unmittelbare Last der Durchsetzung von Lohnzurückhaltung und Einkommenspolitik trugen, wurden sie auch von der ausdrücklichen Förderung eines ›Gesellschaftsvertrags‹ für Arbeitsfrieden und verbesserte Produktivität im Marshall-Plan angezogen. Auf diese Weise erhielt das Wirtschaftswachstum – das den Kuchen größer machte, wie oft gesagt wurde – Vorrang vor der Umverteilung von Einkommen und Vermögen.« (Panitch/Ginding 2013: 97).

Mit dem Übergang zum Kalten Krieg hatte sich also eine Herrschaftskonstellation herausgebildet, die von einem breiten, klassenübergreifenden Bündnis sozialer und politischer Kräfte getragen wurde. Die alten Eliten – speziell in Deutschland – suchten vorerst den Schutz durch die Amerikaner. Sobald sie aufgrund der Wahlerfolge von CDU/CSU und FDP nach 1949 wieder an Selbstbewusstsein gewannen, setzten sie sich für einen scharfen antikommunistischen Kurs ein, der nicht nur die KPD in die Illegalität trieb, sondern auch die SPD enorm unter Druck setzte. Im ideologischen Kalten Krieg führten – wie die Wahlplakate der CDU bei den Bundestagswahlen es Jahres 1957 insinuierten (mit dem Abbild des Kopfes eines Rotarmisten mit mongolischem Aussehen) – »alle Wege des Sozialismus nach Moskau«.

Die sozialdemokratischen Parteien in Westeuropa hatten sich allerdings (mit Ausnahme des italienischen PSI unter Pietro Nenni, der an der Volksfront mit den Kommunisten festhielt) schon bis 1948 auf die Position der Unterstützung der »freien Welt« festgelegt. Sie spielten – wie die regierenden Bürgermeister von Westberlin, die Sozialdemokraten Ernst Reuter und Willy Brandt exzessiv demonstrierten – sogar eine führende Rolle an der vordersten Front des Krieges gegen den Kommunismus. Der britische Außenminister von 1945 bis 1951, der Labour-Politiker und Gewerkschaftsführer Ernest Bevin, trug in Kooperation mit der US-Politik wesentlich zum Zustandekommen des Marshallplanes bei und unterstützte aktiv die Gründung der NATO im Jahre 1949. Der belgische Sozialdemokrat Paul-Henri Spaak wurde 1957 Generalsekretär der NATO.

Da die Sozialdemokraten in den meisten europäischen Ländern gegenüber den Kommunisten in der Mehrheit waren, konnten sich die Denkmuster des Kalten Krieges – hier: die Frontstellung gegen den Kommunismus – auch im Bewusstsein breiter Teile der Arbeiterklasse durchsetzen – freilich kombiniert mit der Erfahrung des wirtschaftlichen Aufschwungs und der Verbesserung der individuellen Einkommens- und Lebensverhältnisse. Bald konnten Beobachter nicht nur einen Wandel des politischen Klimas von den eher sozialistischen Nachkriegsforderungen nach einer Neuordnung hin zu eher wirtschaftsliberalen Vorstellungen konstatieren. Auf der Ebene der nationalen Wahlen zeichnete bis in die frühen 1950er-Jahre eine Verschiebung zugunsten liberaler und christlich-konservativer Parteien zulasten der politischen Linken ab. Der Soziologe Helmut Schelsky formulierte damals mit seiner These von der »nivellierten Mittelstandsgesellschaft« jene in Politik und Sozialwissenschaften herrschende Meinung, der zufolge die Klassengesellschaft und der Klassengegensatz zwischen Kapital und Arbeit objektiv und subjektiv (d.h., auch im Bewusstsein der Mehrheit der Lohnabhängigen) historisch überwunden und aufgehoben sei. Die SPD – als die große Oppositionspartei – verabschiedete sich mit ihrem Godesberger Programm im Jahre 1959 von ihrer programmatischen Tradition als sozialistische Arbeiter- und Klassenpartei.

5. Die militärische Überlegenheit und die globale politische Macht der USA

Die Vormachtstellung der USA im westlichen Bündnis beruhte auf ihrer ökonomischen, militärischen und ideologischen Macht, die nach 1945 ihren Höhepunkt erreichte. Seit den frühen 1950er-Jahren bedeutete der Kalte Krieg eine Politik des permanenten Wettrüstens auf der Basis der atomaren Waffen und ihrer Trägersysteme, um auf diese Weise das Funktionieren der wechselseitigen Abschreckung zu garantieren. Gleichzeitig wurden das System der weltweiten US-Militärstützpunkte sowie die Strukturen der militärischen Bündnissysteme ausgebaut. Die Rüstungsausgaben der USA, die nach 1945 kurzzeitig gesunken waren, bewegten sich seit 1950 (Koreakrieg) auf einem Niveau deutlich über den Ausgaben während des Zweiten Weltkrieges.

Der amerikanische Wirtschaftshistoriker Robert Higgs analysierte den Zusammenhang zwischen der der »permanenten Kriegsökonomie« und der Bedeutung des »militärisch-industriellen Komplexes« für die US-Ökonomie: »Über den gesamten Zeitraum von 1948 bis 1986 summierten sich die realen militärischen Käufe der in dieser Zeit produzierten Waren und Dienstleistungen auf insgesamt 6.316 Milliarden US-Dollar (1982-Dollar), was durchschnittlich etwa 162 Milliarden US-Dollar pro Jahr oder 7,6 % des BSP entspricht. Während die realen Militärausgaben langfristig stiegen, stieg das BSP etwas schneller, sodass der Trend des Militäranteils rückläufig war. Bei den Militärausgaben kam es zu erheblichen Schwankungen, da in den Jahren 1950–1951, 1954–1968 und 1978–1987 große Aufrüstungen stattfanden. Allein in den Jahren 1987–1989 beliefen sich die gesamten Militärausgaben auf mehr als eine Trillion[7] US-Dollar (1982).

Diese immensen Ausgaben schufen beträchtliche Arbeitsplätze, was für die Generation, deren Einstellung durch die Massenarbeitslosigkeit der Weltwirtschaftskrise geprägt wurde, von außerordentlicher Bedeutung war. Die Gesamtbeschäftigung im Verteidigungsbereich (uniformiertes Militärpersonal plus zivile Arbeitsplätze im Verteidigungsministerium plus verteidigungsbezogene Arbeitsplätze in der Industrie) belief sich in der Nachkriegszeit bis in die späten 1940er-Jahre auf etwa drei Millionen. Durch den Koreakrieg stieg die Gesamtzahl auf 9,5 Millionen, davon mehr als vier Millionen in der Industrie. Die Beschäftigung im Verteidigungssektor

---

[7] 1.000.000.000.000.000.000 = 1 Trillion

ging nach dem Koreakrieg zurück, blieb aber zwischen 1954 und 1971 im Bereich von etwa sechs bis acht Millionen, wovon zwei bis drei Millionen in der gesamten Industrie ausmachten. Die Zahl der Arbeitsplätze im Verteidigungssektor erreichte in den 1970er-Jahren ihren Tiefpunkt nach dem Koreakrieg, als sie mit insgesamt rund fünf Millionen einigermaßen stabil blieb, davon etwas weniger als zwei Millionen in der Industrie. Durch den Ausbau der Verteidigungsausgaben nach 1978 stieg die Gesamtbeschäftigung im Jahr 1986 auf etwa 6,6 Millionen, die sich zu etwa gleichen Teilen auf uniformiertes Personal und Zivilisten sowie auf die verteidigungsbezogene Industrie verteilte.« (Higgs 1990, zitiert nach Achcar 2023: 23f.)

In einer späteren Veröffentlichung hat Robert Higgs erneut auf die Bedeutung der Militärausgaben für den Wandel des US-amerikanischen Kapitalismus hingewiesen: »In der Ära des Kalten Krieges kam es zu einem neuen Verhältnis militärischer Aktivitäten zur politischen Ökonomie der Vereinigten Staaten. […] Das hohe Grundniveau der Verteidigungsausgaben während des Kalten Krieges resultierte aus der vorherrschenden Ideologie des globalen Antikommunismus, die verschiedene außenpolitische Doktrinen hervorbrachte«, (z.B. die Truman-Doktrin, massive Vergeltung, die Reagan-Doktrin) und militärische Verpflichtungen (z.B. NATO, bilaterale Verteidigungsverträge, US-Militärberater in Lateinamerika). »Die Ideologie allein war jedoch keine ausreichende Stütze, und episodische Krisen spielten eine wesentliche Rolle bei der Aufrechterhaltung der öffentlichen Unterstützung für enorme Militärausgaben.« (Higgs 2006, zitiert nach Achcar 2023: 25)

Die militärische Überlegenheit und die globale politische Macht der USA stützen sich bis heute darauf, dass die massiven Staatsausgaben für die Verteidigung zu einem irreversiblen Bestandteil des US-amerikanischen Kapitalismus selbst geworden sind. Der permanente »Warfare State« erzeugt Beschäftigung und Einkommen. Die Staatsausgaben stimulieren Wachstum, Produktion und Beschäftigung, aber auch die Entwicklung der Produktivkräfte, denn die modernen Waffensysteme erfordern Steuerungssysteme, die ohne die modernen Computersysteme nicht funktionieren. Die Revolutionierung der modernen Informationssysteme in der gesamten Wirtschaft wird durch den Wettlauf um die modernsten Techniken (»Automation«) angetrieben. Gleichzeitig erfordert diese »Revolutionierung« die Anpassung von Wissenschaft und Forschung an die Anforderungen des Rüstungswettlaufes zwischen den Systemen.

Für die konservativen Anhänger der wirtschaftspolitischen Lehren von John Maynard Keynes waren die steigenden Staatsausgaben für die Verteidigung – auch die dadurch verursachte Steigerung der Staatsschulden – notwendige Bedingungen für das Wachstum, die Produktivität und die innere Stabilität des modernen Kapitalismus. Die Bedrohung durch die Sowjetunion und durch den Sozialismus wurde so zur Voraussetzung der Selbststabilisierung des Kapitalismus. Die beiden US-amerikanischen Marxisten Paul M. Sweezy und Paul Baran haben Anfang der 1960er-Jahre in ihrem Essay über die ökonomische und soziale Ordnung Amerikas auf diese erweiterte Rolle des kapitalistischen Staates aufmerksam gemacht. Dabei fällt die Paradoxie auf, dass die Herausforderung der USA durch den Aufstieg der Sowjetunion (und ihrer Verbündeten) über den »Militärkeynesianismus« zu einer Stabilisierung des Kapitalismus zur Bewältigung jener inneren Tendenz zur Überakkumulation von Kapital beiträgt und dabei die ökonomische Überlegenheit des amerikanischen Kapitalismus gegenüber dem sowjetischen Sozialismus festigt. Über das überdurchschnittliche »Wirtschaftswachstum« werden zudem Spielräume für eine Politik der Klassenkompromisse im Inneren eröffnet.

Baran/Sweezy zitieren den bekannten liberalen und gegen den New Deal und die Arbeiterbewegung eingestellten Harvard Ökonomen Sumner Slichter, der im Jahre 1949 feststellte: »Der kalte Krieg erhöht die Nachfrage nach Gütern, trägt dazu bei, ein hohes Beschäftigungsniveau aufrechtzuerhalten, beschleunigt den technischen Fortschritt und trägt so dazu bei, dass das Land seinen Lebensstandard erhöht. […] Wir können den Russen also dafür danken, dass sie dazu beigetragen haben, dass der Kapitalismus in den Vereinigten Staaten immer besser funktioniert«. Und ein paar Monate später formulierte der ultrakonservative David Lawrence im U.S. News & World Report dieselbe Idee mit brutaler Offenheit: »Regierungsplaner glauben, sie hätten die Zauberformel für fast endlos gute Zeiten gefunden. […] Der Kalte Krieg ist der Katalysator – er wirkt wie eine automatische Pumpe«. 1954 war in der gleichen Zeitschrift zu lesen: ›Was bedeutet die H-Bombe für die Unternehmen?‹ Eine lange Zeit […] großer Aufträge. In den kommenden Jahren werden die Auswirkungen der neuen Bombe weiter zunehmen. Wie ein Gutachter es ausdrückte: ›Die H-Bombe hat das Denken an die Depression[8] aus dem Fenster geblasen‹.« (Baran/Sweezy 1966: 212–221)

[8] Die Depression (Weltwirtschaftskrise) hatte die USA von 1929 bis zum Kriegseintritt im Jahre 1941 – mit dem Einbruch der Börse und der industriellen Produktion, mit hoher Arbeitslosigkeit, Massenelend, Krisen in der Landwirtschaft usw. – erschüttert. Nach dem Ende des Krieges herrschte zunächst die Furcht vor einem Rückfall in die Depression vor. Der lange Wachstumszyklus der kapitalistischen Weltwirtschaft (mit den

Die »permanent war economy« wirkte nicht nur auf die Ökonomie (Wachstum, Produktivität, Arbeitsmarkt, Fiskalpolitik) zurück. Sie verstärkte auch Veränderungen im politischen System der USA. In den ideologischen Schlachten des Kalten Krieges spielt die Selbstdarstellung der USA als Zentrum und Hort von »Freedom and Democracy« eine zentrale Rolle. Die Verfassung aus dem Jahre 1787 gewährleistet nicht nur die Grundrechte individueller Freiheit gegen den Staat, sondern sorgt auch für ein Machtgleichgewicht zwischen Legislative, Exekutive und Judikative, zwischen Bundesstaaten und Zentralgewalt, um auf diese Weise die Verselbstständigung der Macht des Zentralstaates gegenüber den Freiheitsrechten der Individuen (zu denen an erster Stelle die Eigentumsrechte gehören), aber auch gegenüber dem föderalistischen System zu begrenzen.

Der linke Soziologe C.W. Mills veröffentlichte 1956 eine Studie über die »Machteliten« (»Power Elite« – Mills 1956/2019). In den modernen Industriegesellschaften beherrscht diese Machtelite ein System weitgreifender bürokratischer Organisationen im Bereich der Wirtschaft, der Regierung und des Militärs. Für die Nachkriegszeit und angesichts der Permanenz des Kalten Krieges ist nach Mills der Aufstieg der militärischen Elite, die eng mit den wirtschaftlichen und politischen Führungsgruppen verflochten ist, charakteristisch. Im herrschenden Block werden die Machtverhältnisse durch die enge Kooperation dieser drei Fraktionen der Eliten dominiert. Die Volksmassen dagegen werden durch diese Machtstrukturen – so Mills – von oben kontrolliert und manipuliert. Sie sind unorganisiert, schlecht informiert, machtlos, ökonomisch abhängig. Die Macht der Eliten bezieht sich auf die Grundentscheidungen, um die globale Macht des US-Empire zu sichern: die militärische Vormachtstellung, die Rolle des US-Dollar für das Weltfinanzsystem sowie die Sicherung der Erdölversorgung (und der führenden Rolle der angloamerikanischen Ölkonzerne) als der Energiebasis der fordistischen Formation des Kapitalismus mit der Automobilindustrie im Zentrum.

Dwight D. Eisenhower, der ehemalige Generalstabschef der US-Armee, war in den in den 1950er-Jahren republikanischer Präsident der USA. In seiner Abschiedsrede vom 17. Januar 1961 warnte er ausdrücklich vor der Macht des »militärisch-industriellen Komplexes« (MIC). Er bezeichnete

---

USA als Zentrum) zwischen 1947 und den frühen 1970er-Jahren hat schließlich diese Furcht beseitigt und gleichzeitig die Illusion genährt, dass mittels der staatlichen Regulierung und Intervention das »Krisenproblem« des Kapitalismus ein für alle Mal gelöst sei.

dies als eine Gefahr für die demokratischen Institutionen, dass die Regierung schließlich als verlängerter Arm der Lobby der Rüstungsindustrie agieren müsse. Dabei sagte er u.a.: »Wir in den Institutionen der Regierung müssen uns vor unbefugtem Einfluss – beabsichtigt oder unbeabsichtigt – durch den militärisch-industriellen Komplex schützen. Das Potenzial für die katastrophale Zunahme fehlgeleiteter Kräfte ist vorhanden und wird weiterhin bestehen. Wir dürfen es nie zulassen, dass die Macht dieser Kombination unsere Freiheiten oder unsere demokratischen Prozesse gefährdet. Wir sollten nichts als gegeben hinnehmen. Nur wachsame und informierte Bürger können das angemessene Vernetzen der gigantischen industriellen und militärischen Verteidigungsmaschinerie mit unseren friedlichen Methoden und Zielen erzwingen, so dass Sicherheit und Freiheit zusammenwachsen und gedeihen«.

6. Spannungen in den Bündnissen, Ansätze von Entspannungspolitik

Die geopolitischen Fronten des Kalten Krieges blieben zwischen 1947/48 und 1991 relativ starr. Innerhalb des »sozialistischen Lagers« wurde die Führungsposition der Sowjetunion früh durch die eigenständige Entwicklung der sozialistischen föderativen Republik Jugoslawien infrage gestellt, die unter Josip Broz Tito seit 1948 einen eigenständigen Weg verfolgte, das »sowjetische Modell« kritisierte und Gründungsmitglied der »Blockfreien Staaten« wurde. Seit Ende der 1950er-Jahre spitzte sich der Konflikt zwischen der Sowjetunion und der Volksrepublik China zu. Die chinesischen Kommunisten lehnten nach dem XX. Parteitag der KPdSU sowohl die »Abrechnung« mit Stalin als auch die Politik der friedlichen Koexistenz ab. Diese Spaltung hielt bis zum Ende des Kalten Krieges an. Schließlich setzte sich die Spaltung und Schwächung der kommunistischen Weltbewegung unter der Führung der KPdSU in den 1970er-Jahren mit dem Bekenntnis der großen kommunistischen Parteien von Italien, Frankreich und Spanien zum »Eurokommunismus« fort. Dessen Vertreter distanzierten sich mehr und mehr von der gewaltsamen Unterdrückung des »Prager Frühlings« im August 1968, später – im Jahre 1980 – auch von der Unterdrückung der Streikbewegungen in Polen. Die inneren gesellschaftlichen und politischen Verhältnisse in den Ländern des »realen Sozialismus« galten diesen Parteien nicht länger als »Modell« für die eigene Programmatik eines demokratischen Weges zum Sozialismus.

Erst unter der Führung von Michail Gorbatschow (»Perestroika«) ergaben sich nach 1985 neue Kooperationsmöglichkeiten mit den kommunistischen (aber auch mit den sozialdemokratischen) Parteien im Westen. Nunmehr wurde das Scheitern dieser Reformpolitik allerdings durch das Aufbrechen der inneren Widersprüche der gesellschaftlichen und politischen Verhältnisse in der Sowjetunion und den anderen sozialistischen Ländern in Ost- und Mitteleuropa verstärkt. Der Zusammenbruch der Sowjetunion im Jahre 1991war das Ergebnis des wirtschaftlichen Niedergangs und der damit verbundenen zunehmenden Unzufriedenheit in der Bevölkerung, die gleichzeitig auf die Unfähigkeit der politischen Führung reagierte, diesen Niedergang, d.h. die Krise des staatssozialistischen Modells aufzuhalten.

Von außen wurde dieser Prozess vor allem durch die erhöhten Rüstungsanstrengungen im Westen intensiviert, denn mit Ronald Reagan, Margaret Thatcher und Helmut Kohl regierten inzwischen dort Politiker, deren Antikommunismus stets auch dem Ziel verpflichtet war, den »realen Sozialismus« im Wettlauf der Militärausgaben »totzurüsten«.[9] Die eurokommunistischen Parteien waren allerdings schon in den frühen 1980er-Jahren in eine Existenzkrise geraten, die nicht nur durch die Krisen in den sozialistischen Staaten, sondern auch durch das Scheitern ihrer Politik (»Historischer Kompromiss« in Italien; Koalitionsregierung mit den Sozialisten in Frankreich etc.) sowie durch soziale Strukturveränderungen in der Zusammensetzung der Arbeiterklasse beeinflusst wurde.

Auch im Westen kam es innerhalb des Bündnisses immer wieder zu Spannungen und Konflikten. Charles de Gaulle wurde 1958 Präsident von Frankreich (bis 1969); er zog sein Land militärisch aus der NATO zurück und setzte sich für ein »Europa der Vaterländer« (mit dem Kern der deutsch-französischen Zusammenarbeit) ein. Er forderte gegenüber den USA, vor allem aber auch gegenüber der Sowjetunion und den sozialistischen Staaten eine eigenständige Rolle Europas in der internationalen Politik. Zu einem Bruch mit den USA oder einem Zerwürfnis mit der BRD, deren politische

---

[9] »Mitte der 1980er-Jahre war klar, dass die Sowjetunion den Kalten Krieg verlieren würde und dass sie wenig Hoffnung hatte, mit den Vereinigten Staaten gleichzuziehen, die sich mitten in einer massiven Aufrüstung befanden. Insbesondere die Sowjetunion litt im eigenen Land unter einer wirtschaftlichen und politischen Krise, die die Kosten des Imperiums unerschwinglich machte und starke Anreize zur Zusammenarbeit mit dem Westen schuf, um Zugang zu seiner Technologie zu erhalten.« (Mearsheimer 2001: 369)

Führung unter Adenauer stets Wert auf eine besonders enge Partnerschaft mit den USA legte, kam es allerdings nicht.

Seit den 1960er-Jahren nahmen die Bemühungen führender Politiker des Westens zu, in Gesprächen mit der Sowjetunion über Konfliktlösungen (Berlinkrise, Kubakrise) zu Verhandlungen über Rüstungsbegrenzung bzw. Abrüstung zu kommen. In der BRD erfreute sich die Neue Ostpolitik von Willy Brandt als Außenminister (1966) und Kanzler (1969) einer breiten Unterstützung. Diese wurde auch von anderen sozialdemokratischen Ministerpräsidenten (Olof Palme in Schweden, Bruno Kreisky in Österreich, später François Mitterrand in Frankreich) geteilt. Die Entspannungspolitik erreichte in den 1970er-Jahren mit der Konferenz für Sicherheit und Zusammenarbeit (KSZE) in Helsinki einen Höhepunkt. Im Westen kamen sogenannte Konvergenztheorien in Mode. Diese Varianten der Modernisierungstheorie unterstellten, dass sich im Zuge der Herausbildung der modernen Industriegesellschaft die Systeme im Westen und im Osten einander annähern: Im Osten würde der Markt gegenüber der zentralen staatlichen Planung zu stärken sein, während im Westen die Marktwirtschaft nur unter der Voraussetzung funktionieren kann, dass der Staat stärker regulierend eingreift.

Die Struktur der Blöcke und die Logik der militärischen Abschreckung (verbunden mit der Anerkennung der NATO) wurden dabei nicht infrage gestellt. In den USA wurden diese Prozesse der Entspannung stets auch mit Misstrauen begleitet. In der Bundesrepublik mobilisierte die CDU/CSU nach dem Wahlsieg der sozialliberalen Koalition unter Willy Brandt im Jahre 1969 eine breite Kampagne gegen die »neue Ostpolitik«. Einerseits fürchteten die Präsidenten der USA eine größere Eigenständigkeit insbesondere der in der Europäischen Gemeinschaft vereinten Staaten (an der Spitze Frankreich und die BRD). Andererseits war in den 1960er- und 1970er-Jahren durch den Vietnamkrieg das Ansehen der USA in der westlichen Welt stark beschädigt. In den Jugend- und Studentenbewegungen seit 1968 stand die Kritik am US-Imperialismus im Zentrum – bei den Massendemonstrationen wurden Bilder von Che Guevara und Ho Chi Minh mitgeführt.

Bis zum Ende der 1970er-Jahre erfolgte freilich eine Wende nach rechts: Konservative Parteien und Kandidaten, die innen- und außenpolitisch einen scharf antikommunistischen bzw. antisozialistischen Kurs verfolgten, gelangten an die Macht – Ronald Reagan in den USA, Margaret Thatcher in Großbritannien sowie Helmut Kohl in der BRD. Sie unterstützten eine neue Welle der Hochrüstung im Wettstreit mit dem Warschauer Pakt. Im

Inneren verfolgten sie eine Politik des Neoliberalismus, die den Markt gegen den Staat unter der Losung »Privatisierung, Deregulierung, Flexibilisierung des Arbeitsmarktes« aufwertete. Diese Politik schuf die Rahmenbedingungen für die »Globalisierung« durch die Expansion der transnationalen Konzerne und der globalen Finanzmärkte. Sie zielte auf die Schwächung des Sozialstaates, der Macht der Gewerkschaften und der linken Parteien im eigenen Lande. Die Erfolge dieser Politik der partiellen ideologischen Rückkehr zum Ausgangspunkt des Kalten Krieges waren daher auch Teil der Festigung des »American Empire«, das dem nun der Niederlage entgegengehenden generischen »Lager« im Osten stets ökonomisch, aber auch militärisch überlegen war.

Kapitel 3
Der neue Kalte Krieg

1. Zurück zur Truman-Doktrin?

Joe Biden wurde im November 2020 als Kandidat der Demokratischen Partei zum Präsidenten der USA gewählt. Er schlug den amtierenden Präsidenten Donald Trump von der republikanischen Partei, der unter der Losung »Make America Great Again« eine neoliberale Wirtschaftspolitik und eine protektionistisch-nationalistische Außenpolitik verfolgt hatte. Im Wettbewerb der demokratischen Kandidaten hatte Biden – als Vertreter des rechten Parteiestablishments – den Sozialisten Bernie Sanders ausgeschaltet, dem vor allem von jungen Wähler*innen applaudiert wurde. Wie jeder US-amerikanische Präsident verkündete er kurz nach Amtsantritt im März 2021 seine »Nationale Sicherheitsstrategie«. Darin setzte er sich von dem Kurs seines Amtsvorgängers ab, dessen Politik die Bündnisbeziehungen der USA zu ihren westlichen Partnern (vor allem in der NATO) schwer belastet hatte.

Dabei leitete Biden die Aufgaben der US-amerikanischen Politik aus den epochalen Strukturveränderungen der Weltpolitik ab: »Unsere Welt befindet sich an einem Wendepunkt. Die globale Dynamik hat sich verschoben. Neue Krisen fordern unsere Aufmerksamkeit. Und in dieser Zeit, in der sich die globalen Herausforderungen beschleunigen – von der Pandemie über die Klimakrise bis hin zur nuklearen Weiterverbreitung und der vierten industriellen Revolution – ist eines sicher: Es wird uns nur gelingen, die amerikanischen Interessen voranzubringen und unsere universellen Werte aufrechtzuerhalten, indem wir mit unseren engsten Verbündeten und Partnern an einem Strang ziehen, und indem wir unsere eigenen dauerhaften Quellen nationaler Stärke erneuern. Das beginnt mit der Wiederbelebung unseres wichtigsten Vorteils: unserer Demokratie. Ich glaube, dass wir uns inmitten einer historischen und grundlegenden Debatte über die künftige Richtung unserer Welt befinden. Manche argumentieren, dass angesichts all der Herausforderungen, vor denen wir stehen, Autokratie der beste Weg in die Zukunft ist. Und es gibt diejenigen, die verstehen, dass Demokratie unerlässlich ist, um alle Herausforderungen unserer sich wandelnden Welt zu meistern. Ich bin fest davon überzeugt, dass die Demokratie der Schlüssel zu Freiheit, Wohlstand, Frieden und Würde ist. Wir müssen jetzt mit einer Klarheit, die jeden Zweifel ausräumt, zeigen, was die Demokratie immer noch für unser Volk und für die Menschen auf der ganzen Welt bedeutet. Wir müssen beweisen, dass unser Modell nicht ein Relikt der Geschichte ist; es ist der beste Weg, um das Versprechen unserer Zukunft zu verwirklichen. Und wenn wir mit unseren demokratischen Partnern zusammenarbeiten, mit Kraft und Zuversicht, werden wir jede Herausforderung meistern und jeden Herausforderer überflügeln.« (US-Präsident Joe Biden, National Security Strategy 2021/2022, March 2021).

Im Oktober 2022 fügte er hinzu: »Auf der ganzen Welt ist der Bedarf an amerikanischer Führung so groß wie nie zuvor. Wir sind inmitten eines strategischen Wettbewerbs um die Gestaltung der Zukunft der internationalen Ordnung. Inzwischen teilen wir Herausforderungen, die Menschen überall betreffen. Diese erfordern eine verstärkte globale Zusammenarbeit. Nationen müssen ihre Verantwortung in einem Moment übernehmen, in dem dies schwieriger geworden ist. Als Reaktion darauf werden die Vereinigten Staaten mit unseren Werten führend sein, und wir werden im Gleichschritt mit unseren Verbündeten und Partnern und mit allen arbeiten, die unsere Interessen teilen. Wir werden unsere Zukunft nicht anfällig für die Launen derer lassen, die unsere Vision einer freien, offenen, wohlhabenden und sicheren Welt nicht teilen. Während sich die Welt weiterhin durch die anhaltenden Auswirkungen der Pandemie und globaler wirtschaftlicher Unsicherheit manövriert, gibt es keine Nation, die besser positioniert ist, um mit Stärke und Zielstrebigkeit voranzugehen, als die Vereinigten Staaten von Amerika«.

An der Spitze der autokratischen Herrscher steht für Joe Biden der chinesische Staats- und Parteichef Xi Jinping, den er als »Diktator« bezeichnete. Dieser steht an der Spitze der Einparteienherrschaft der Kommunistischen Partei, die die Volksrepublik China seit 1949 regiert. Unter den »Autokraten« steht ihm – deutlich kleiner – der russische Präsident Wladimir Putin zur Seite. Seit dem Angriffskrieg gegen die Ukraine im Frühjahr 2022 ist er im Westen als die Inkarnation des Bösen schlechthin markiert. Putin ist der Kopf eines Machtblockes in Russland, der auch innenpolitisch immer deutlichere Züge einer Diktatur entwickelt.

Schon Barack Obama, US-Präsident von 2008 bis 2016, hatte den Fokus der US-Weltpolitik vom Atlantik in den Pazifik, nach Ostasien, verlagert, um damit auf die doppelte – ökonomische und machtpolitisch-militärische – Herausforderung durch den Aufstieg der Volksrepublik China zu reagieren. »Am 17. November 2011 teilte er in einer Rede in Australiens Hauptstadt Canberra mit, er habe sein ›Nationales Sicherheitsteam angewiesen, unsere Präsenz und unsere Mission in Asien-Pazifik zu einer Top-Priorität zu machen‹. ›Die Vereinigten Staaten sind eine pazifische Macht, und wir sind gekommen, um zu bleiben‹.« (Kronauer 2023: 38; vgl. auch Solty 2023a: 51ff.)

Diese Politik wird von der Überzeugung geleitet, dass die »Rivalität der USA gegen China […] die US-Politik und damit die Weltpolitik für die nächsten Jahre und vermutlich Jahrzehnte bestimmen wird. Dass die asiatische Großmacht nicht an die Stelle der USA rücken und zur dominierenden Weltmacht werden darf, ist das Credo der US-Politik. Deswegen werden die USA als atlantische und zugleich pazifische Macht versuchen, den weiteren Aufstieg Chinas mit allen Mitteln zu blockieren.« (Müller2023: 14)

Der Nachfolger Obamas, Donald Trump, eröffnete mit Strafzöllen und Wirtschaftssanktionen einen offenen Feldzug gegen China, den die Demokraten mit Biden und dem Außenminister Blinken fortsetzen und ideologisch zuspitzen. Die Konfrontation mit China steht für die US-Politik an erster Stelle, denn in diesem »Krieg« soll sich entscheiden, ob die USA dem Anspruch gerecht werden, im 21. Jahrhundert ihre Rolle als weltwirtschaftliche und weltpolitische Führungsmacht zu sichern. Die Konfrontation mit Russland und Putin ist dieser primären Zielsetzung deutlich untergeordnet. Mit der massiven Unterstützung der Ukraine verfolgen die USA allerdings unverändert das Ziel, Russland – den alten Gegner aus der Zeit der bipolaren Weltordnung, der immer noch über ein beachtliches atomares Waffenpotenzial verfügt – zu schwächen bzw. in der Ukraine ausbluten zu lassen.

Kurz vor dem Amtsantritt von Joe Biden im Jahre 2021 veröffentlichte – mit deutlichem Bezug auf das »Lange Telegramm« von George F. Kennan aus dem Jahre 1946 – das *Transaltlantic Institute* in Washington ein anonymes, »längeres« Telegramm für eine »neue Strategie der USA gegenüber China«. Darin heißt es u.a.: »In einer grundlegenden Abkehr von seinen risikoscheuen Vorgängern nach Mao hat Xi bewiesen, dass er Chinas autoritäres System, seine zwanghafte Außenpolitik und seine militärische Präsenz weit über die Grenzen seines Landes hinaus auf die ganze Welt ausdehnen will. Im Gegensatz zu Deng Xiaoping, Jiang Zhemin und Hu Jintao ist China unter Xi nicht länger eine Macht des Status quo. Es ist zu einer revisionistischen Macht geworden«. Die Ziele der USA werden klar benannt: »Bewahrung der kollektiven wirtschaftlichen und technologischen Überlegenheit der USA; Schutz des globalen Status des US-Dollar; Aufrechterhaltung einer überwältigenden konventionellen militärischen Abschreckung und Verhinderung einer unannehmbaren Verschiebung des strategischen nuklearen Gleichgewichts; Verhinderung jeder chinesischen territorialen Expansion, insbesondere der gewaltsamen Wiedervereinigung mit Taiwan.« (Zitiert nach Brie 2023: 136)

Seit der Finanz- und Wirtschaftskrise 2008ff. haben die USA ihre militärische Präsenz im ostasiatischen Raum sowie im Pazifik mit der Begründung erweitert, den »Expansionsdrang« Chinas zu begrenzen. Dabei wird Japan, die im 20. Jahrhundert führende (und außerordentlich aggressive) Industrie- und Militärmacht Ostasiens von den USA von den militärischen Restriktionen befreit, die dem Land nach 1945 auferlegt wurden. »Erstmals seit dem Ende des Zweiten Weltkrieges haben die USA und Japan einheitliche Kommandostrukturen und integrierte Verbände für den Krieg gegen China geschaffen.« (Müller 2023: 23) Die Aufrüstung der Flotten konzentriert sich auf die Straße von Malakka, eine Meerenge zwischen Malaysia und der Insel Sumatra. Sie verbindet den Indischen Ozean und das Südchinesische Meer und ist eine der am stärksten befahrenen Wasserstraßen der Welt, die vor allem von China benutzt wird und von großer geostrategischer Bedeutung ist.

In dieser Region schwelt zugleich ein Konflikt um die Spratly-Inseln. Mehrere Anrainerstaaten (China, Vietnam, Brunei, Malaysia und die Philippinen) erheben Ansprüche auf diese Inselgruppe im südchinesischen Meer. Unter der Präsidentschaft von Donald Trump wurde der Handelskrieg mit Sanktionen und protektionistischen Maßnahmen eröffnet; im Zentrum steht dabei inzwischen der »Chipkrieg«, über den der Zugang Chinas zu den Zukunftstechnologien blockiert werden soll. Schließlich häufen sich die gezielten Provokationen der Volksrepublik durch die politische und militärische Unterstützung von Taiwan. Die Regierung in Beijing hat immer wieder betont, dass die Abspaltung von Taiwan und die Anerkennung seiner Souveränität durch den »Westen« als Kriegsgrund angesehen werden muss.

Die Konflikte am Rande Russlands – in den ehemaligen Teilrepubliken der Sowjetunion – sind sicherheitspolitisch für die Europäer (in der NATO) von größerer Bedeutung als die Entwicklung der Beziehungen zur Volksrepublik China. Im Zuge der Zuspitzung der Krisen und Konflikte ist das Bündnis zwischen China und Russland immer enger geworden und wird zugleich durch erweiterte Kooperationen und Bündnisse mit großen Staaten des »Südens« weltwirtschaftlich und weltpolitisch eingebettet. Daher werden die beiden Mächte in der Ideologie des neuen Kalten Krieges als die Speerspitze eines möglichen, anti-westlichen »Blockes« von Autokratien definiert und attackiert.

Nach Robert Kagan, der immer wieder über die Erneuerung der globalen politischen und militärischen Führungsrolle der USA nachdenkt, kann der Autoritarismus »ein stabiler Zustand menschlicher Existenz sein, stabiler als Liberalismus und Demokratie. Er appelliert an zentrale Elemente der menschlichen Natur, die der Liberalismus nicht immer befriedigt – den Wunsch nach Ordnung, nach starker Führung und vielleicht vor allem die Sehnsucht nach der Sicherheit von Familie, Volk und Nation. Wenn die liberale Weltordnung für individuelle Rechte steht, für Freiheit, Universalität, Gleichheit, unabhängig von Rasse oder nationaler Herkunft, für Weltoffenheit und Toleranz stehen die autoritären Regime von heute für das Gegenteil«. Kagan zitierte den ultrakonservativen US-Politiker Patrick Buchanan, der Putin als »die Stimme der Konservativen, Traditionalisten und Nationalisten aller Kontinente und Länder« bezeichnet, »die sich gegen den kulturellen und ideologischen Imperialismus eines [...] dekadenten Westens stellen« (Kagan 2019: 147 und 150).

Die Einteilung der Welt und der Weltpolitik in die beiden großen politisch-ideologischen Strömungen bzw. »Lager«, die einander antagonistisch entgegenstehen, erinnert natürlich an die »Truman-Doktrin« des Jahres 1947, die im Kapitel zuvor charakterisiert wurde (siehe S. 38), und deren Kern daran bestand, »dass es die Politik der Vereinigten Staaten sein muss, die freien Völker zu unterstützen, die sich der Unterwerfung durch bewaffnete Minderheiten oder durch Druck von außen widersetzen«. Daraus wurde die Notwendigkeit der Bildung eines Blockes westlicher, freiheitlicher Staaten unter Führung der USA abgeleitet – verbunden mit einem wirtschaftlichen Entwicklungsprogramm (»Marshallplan«) sowie mit einem gewaltigen militärischen Aufrüstungsprogramm, das im Rahmen der militärischen Bündnissysteme (NATO u.a.) durchgesetzt wurde. Im Zentrum stand die atomare Abschreckung, über deren Waffensysteme in letzter Instanz die Führungsmacht verfügte.

Die Neueinteilung der Welt des 21. Jahrhunderts durch die US-amerikanische Sicherheitspolitik verfolgt in erster Linie das Ziel, das »lange amerikanische Jahrhundert« (Arrighi 1994) in das 21. Jahrhundert zu verlängern und zu sichern. Dabei geht es vorab um die Überlegenheit des Westens auf dem Gebiet der militärischen Macht und auf den »Kriegsschauplätzen« der wirtschaftlichen und der technologisch-wissenschaftlichen Konkurrenz sowie um die Beherrschung des Weltfinanzsystems, des »Dollar-Wall-Street-Regimes« (Peter Gowan). Um diese Ziele zu erreichen, müssen die Bündnissysteme gestärkt werden, in denen die USA ihre führende weltpolitische

Rolle spielen – an der Spitze die NATO und die WTO. Gleichzeitig sollen im pazifischen Raum in der Kooperation mit Australien, Neuseeland, Japan, Indonesien und den Philippinen neue Bündnisse unter amerikanischer Führung aufgebaut werden, die sich gegen die Ausweitung der wirtschaftlichen und politisch-militärischen Macht Chinas richten.

Diese langfristigen geopolitischen Zielsetzungen, die auf einen erneuten Sieg des »Westens« in den neuen Fronten der globalen Konfrontation zwischen den »Blöcken« ausgerichtet sind, stoßen bei den politischen Führungsgruppen in Europa wie in Ostasien keineswegs auf uneingeschränkte Zustimmung. Die Politik von Donald Trump – aber auch der Blick auf die inneren Krisen in den USA – verstärkte z.B. in Deutschland eher die Tendenz, durch die wirtschaftliche Kooperation mit Russland (auf dem Gebiet der Energieversorgung) sowie durch gewaltigen Kapitalexport nach China und den Ausbau der Handelsbeziehungen die eigene Position als »Exportweltmeister« und als Führungsmacht der EU im wirtschaftlichen Konkurrenzkampf auf den Weltmärkten zu stärken. Dabei sollte (auch für die EU) eine gegenüber den USA eigenständige Machtposition auf dem Felde der Weltpolitik Blöcken auf- und ausgebaut werden. In Deutschland warb – mit Blick auf den neuen US-Präsidenten – die Heinrich-Böll-Stiftung der Partei *Die Grünen* zusammen mit proamerikanischen Lobby-Organisationen (Atlantik-Brücke und German Marshall Fund) in einem Grundlagenpapier für eine »neue Übereinkunft zwischen Deutschland und Amerika« (Heinrich-Böll-Stiftung 2021).

»Deutschland und die EU seien politisch, wirtschaftlich und militärisch am besten im engen Schulterschluss mit den USA unter Joe Biden aufgestellt – in klarer Frontlinie gegenüber Russland und China. Die europäischen NATO-Staaten ›mit Deutschland an erster Stelle‹ sollten demzufolge ›ihre Fähigkeiten zur konventionellen Verteidigung‹ deutlich erhöhen. Dadurch entlasten sie die USA in Europa und erleichtern es ihnen, ›sich auf den Indo-Pazifik zu konzentrieren‹«. (Lüders 2021: 261) Die seit 2021 grüne Außenministerin der BRD, Annalena Baerbock, vertritt diese strategische Neuorientierung ohne Einschränkung – sie möchte ihr allerdings einen feministischen Touch verpassen. Der Journalist Michael Lüders – ein Kritiker der US-Politik – bezeichnet dieses Programm jedoch als »ein klares Bekenntnis zur expansiven Großmachtpolitik, getragen vom Geist des Neoliberalismus und des (Neo-) Imperialismus […] Joe Biden verkörpert keinen Aufbruch, sondern die greisenhafte Fortschreibung des Status quo, eines allmächtigen, zerstörerischen Finanzkapitalismus im Namen der Freiheit.« (Ebd.)

Mit dem Angriffskrieg Russlands hat sich allerdings seit dem Frühjahr 2022 unter dem Begriff der »Zeitenwende« eine radikale Veränderung vollzogen, die die Empfehlungen der Böll-Stiftung als Regierungspolitik der Koalition von SPD, Grünen und FDP – unter der Kanzlerschaft von Olaf Scholz – in die Praxis umsetzt. Wie im Kapitel 1 bereits ausführlich dargelegt, hat der deutsche Bundeskanzler in dem Beitrag »Nach der Zeitenwende« in der FAZ vom 18. Juli 2022 erklärt, dass mit dem »Krieg Putins« der »Imperialismus zurück in Europa« ist und damit die Hoffnung auf »enge wirtschaftliche Verflechtung und gegenseitige Abhängigkeiten«, die »zugleich für Stabilität und Sicherheit sorgen« würden, durch den Krieg zerstört wird. Deshalb die Zeitenwende mit einer Neubestimmung der sicherheitspolitischen Doktrin, der Aufrüstung der Bundeswehr mit dem Sofortprogramm von 100 Milliarden Euro sowie der massiven finanziellen und politisch-militärischen Unterstützung der Ukraine, auch wenn die »NATO nicht zur Kriegspartei« werden dürfe.

Am Vorabend des NATO-Gipfels in Vilnius im Juli 2023 verkündet der Präsident der Republik Litauen, Gitanas Nausėda: »Vorbei sind die Zeiten, als die westlichen Demokratien den Konsens mit Russland unter Wladimir Putin suchten. Die euroatlantische Gemeinschaft kann angesichts der gefährlichen Verbrechen des Kremls nicht länger wegschauen. Wann, wenn nicht jetzt, können sich die Nachbarn zusammenschließen und sich der Gefahr gemeinsam stellen?« (FAZ vom 10.7.2023: 8) Der Ukraine-Krieg wirkt also als mächtiger Beschleuniger der Formierung des Bündnisses westlicher Staaten im Rahmen der NATO. Mit der Aufnahme der einst auf ihre Neutralität bedachten Staaten Schweden und Finnland[1] teilt die NATO nunmehr eine mehr als 1.000 km lange Grenze mit Russland.

Unter der Führung der USA scheint der Westen so einig und mächtig wie lange nicht mehr; der Konflikt mit dem türkischen Präsidenten Recep Tayyip Erdoğan um die Aufnahme von Schweden konnte noch vor der Konferenz in Vilnius gelöst werden. US-Präsident Joe Biden sprach vor der Konferenz ein »Machtwort« (FAZ) – u.a. gegen Forderungen aus Osteuropa und aus der Ukraine selbst. Die Aufnahme der Ukraine in die NATO stehe derzeit nicht auf der Tagesordnung; denn das würde ja bedeuten, dass die NATO in einen Krieg mit Russland eintrete.

---

[1] Norwegen und Dänemark sind Gründungsmitglieder der NATO (1949); der norwegische Sozialdemokrat Jens Stoltenberg ist derzeit Generalsekretär der NATO und einer der Einpeitscher für die gesteigerten Rüstungsanstrengungen des Westens.

Die US-amerikanische Finanzministerin Janet Yellen fügte bei einer Konferenz im indischen Gandhinagar ein weiteres Argument für die militärische Unterstützung der Ukraine durch den Westen und für die Verlängerung des Krieges mit Russland an. Sie sprach sich dafür aus, die Unterstützung für die Ukraine bei deren Verteidigung gegen Russland zu »verdoppeln« und ergänzte: »Indem wir helfen, die Wirtschaft und den Staat am Laufen zu halten, geben wir der Ukraine die Unterstützung, die sie braucht, um für ihre Freiheit und Souveränität zu kämpfen.« Das – so ergänzte sie – sei aber auch »das Beste, was wir für die Weltwirtschaft tun können«. Die ehemaligen Wirtschaftswissenschaftlerin und Notenbankpräsidentin der USA mag dabei an den Koreakrieg der Jahre 1950 bis 1953 gedacht haben, der über die Ankurbelung der Rüstungsausgaben – aber auch durch den Ersatz des im Kriege zerstörten militärischen »Anlagevermögens« – die Konjunktur in den USA und bei den Verbündeten im Westen (vor allem in der jungen BRD) angetrieben und das »Goldene Zeitalter des Kapitalismus« (Hobsbawm 1998: 285ff.) eingeleitet hatte.

Die Unterstützung der Ukraine – aber auch schon die zahlreichen verlorenen Kriege der USA nach 1991 – bedeuten stets auch ein gewaltiges Investitionsprogramm vor allem für die US-amerikanische (aber auch für die europäische) Rüstungsindustrie. Neben der global agierenden Finanzwirtschaft (»Dollar-Wall-Street-Regime«) gehört der »militärisch-industrielle Komplex« – wie schon in den Zeiten des alten Kalten Krieges – zu den wichtigsten ökonomischen Stützen des American Empire. Dass dabei die Verschuldung des US-amerikanischen Staates (und von vielen seiner Verbündeten) beständig ansteigt, zeigt an, dass die entwickelten kapitalistischen Staaten des Westens mit dem Übergang zum 21. Jahrhundert in eine Epoche der strukturellen Krise eingetreten sind, in denen die Entfesselung der Kapitalakkumulation, die Produktivkraftentwicklung (»digitale Revolution«) und die damit verbundenen Interventionen des Staates (zu denen auch die militärischen Interventionen gehören) jene Tendenzen der Selbstzerstörung des Kapitalismus vorantreiben, die Nancy Fraser gerade unter dem Begriff des »kannibalischen Kapitalismus« (Fraser 2023) analysiert hat.

Die Leitmedien Deutschlands stehen unisono an der Front gegen Putin und Russland, abweichende Meinungen – nicht nur Pro-Putin-Voten, sondern vor allem vorsichtige Plädoyers für die Suche nach Wegen aus dem Krieg – werden empört zurückgewiesen und der Unterstützung des russischen Angriffes verdächtigt. Die Leitmedien sind einer bedenkenlosen Hetze gegen abweichende Meinungen verfallen: Demonstrationen gegen den Krieg und Friedenskonferenzen, aber auch nüchtern realistische Kommentare von (meist ehemals) hohen Offizieren der Bundeswehr, die sowohl die Vorgeschichte des Konfliktes als auch die mit ihm drohenden Gefahren einer Eskalation analysieren, werden als »nützliche Idioten« der russischen Führung diffamiert. Kritische Kommentare führender US-amerikanischer Sicherheitsexperten und von Analytikern der internationalen Politik (wie z.B. John Mearsheimer oder Henry Kissinger), die den Anteil der USA bzw. des Westens an der Erzeugung einer Bedrohungslage für Russland seit den 1990er-Jahren hervorheben, werden beschwiegen. Auch diese Schließung der ideologischen Front nach innen erinnert an die Hochzeiten des alten Kalten Krieges, in denen die Losung »Lieber tot als rot!« die Massenstimmungen artikulierte oder die Ostermarschierer der 1960er-Jahre mit dem Ruf »Geht doch nach drüben!« konfrontiert wurden.

In der Frühphase des »*alten* Kalten Krieges« nach der Truman-Deklaration von 1947 spielte der Koreakrieg von 1950–1953 eine vergleichbare Rolle als Beschleuniger der Konstruktion der einander gegenüberstehenden Staatenbündnisse unter ihrer jeweiligen Führungsmacht im Westen wie im Osten. Vor allem der westdeutsche Bundeskanzler Konrad Adenauer nutzte die Angst vor einem neuen Krieg für seine »Zeitenwende«: die Re-Militarisierung durch den Aufbau der Bundeswehr sowie die Einbeziehung des westdeutschen Teilstaates in neue europäische Bündnisse (EGKS, EVG). Der Ausbruch des Koreakrieges im Juni 1950 hatte die »Gefahr aus dem Osten« zum beherrschenden politischen Thema gemacht. Konrad Adenauer erklärte auf dem CDU-Parteitag im Oktober 1950: »Deutschland steht unmittelbar der sowjetrussischen Macht gegenüber. Im Falle einer russischen Aggression wären wir das erste Opfer. Der Kalte Krieg wird mit aller Kraft gegen uns geführt.« Nach dem Scheitern der Europäischen Verteidigungsgemeinschaft am Widerstand der französischen Nationalversammlung im Jahre 1954, den Adenauer die »dunkelste Stunde seines politischen Lebens« bezeichnete, lösten die USA das Problem: Die Bundesrepublik und die neue Bundeswehr wurden 1955 in die NATO aufgenommen.

2. Historisierung und Kontextualisierung

Die wissenschaftliche und politische Analyse des neuen Kalten Krieges ist mitten im Kriegsgeschehen immer wieder mit jener herrschenden Meinung konfrontiert, die den »russischen Überfall auf die Ukraine« als Verbrechen anprangert und dabei die Ausweitung der Waffenlieferungen für die Ukraine sowie die Unterstützung von deren Kriegszielen (Niederlage Russlands, »Befreiung« des Donbass sowie der Krim) unterstützt. Die »Zeitenwende« erfordert höhere Rüstungsanstrengungen, die Geschlossenheit des »Westens« unter der Führung der USA sowie ein sicherheitspolitisches Konzept, das gegenüber Russland auf Abschreckung und gegenüber China auf »Eindämmung« beruht.

Der herrschende Diskurs reproduziert dabei die strukturellen Defizite jener »Ereignisgeschichte«, die sich auf die Oberfläche der politischen Machtkämpfe sowie auf die Taten der großen politischen Führer konzentriert. Mit der Parteinahme für den Angegriffenen werden schon – verbunden mit dem Druck der moralischen Empörung über die Kriegsverbrechen – Verbote für Fragen aufgebaut, die den Blick auf die historischen Wurzeln von Kriegen, und auf die Einbettung des Konfliktes zwischen zwei Staaten in übergeordnete Zusammenhänge weltpolitischer Machtkonstellationen und -konflikte richten.[2] Der Weltmarkt und die Weltpolitik sind nun einmal im Zeitalter der Globalisierung und der Hochrüstung der Großmächte durch Verhältnisse der »strukturellen Gewalt« charakterisiert, die immer wieder in Konflikten und militärischen Auseinandersetzungen auf der Oberfläche explodieren. Die internationalen Organisationen (vor allem die UNO), die einst gegründet wurden, um neue Kriege und Faschismus zu verhindern und im Sinne einer präventiven Politik der Konfliktlösung zu wirken, erweisen sich dabei in der Regel gegenüber der Machtpolitik der Großmächte und ihrer Verbündeten als relativ machtlos.

Historisierung und Kontextualisierung sind selbstverständliche Anforderungen an ernst zu nehmende politische und historische Analysen von Kriegen und anderen Konflikten im internationalen politischen System. Sie sind auch unerlässlich, um Perspektiven für den Übergang vom Kriegszustand zu Friedenslösungen zu konzipieren.[3] Die Frage nach den histori-

---

[2] In der FAZ vom 12.7.2023 (Seite 8) wurde erläutert, warum der Ministerpräsident von Georgien bei der NATO-Tagung in Vilnius »nicht willkommen« war. Er habe bei einer Konferenz in der Slowakei »über den Krieg in der Ukraine gesagt, ›einer der Hauptgründe war die NATO, die NATO-Erweiterung‹. So deutlich hatte er zuvor noch nie die russische Version über den Anfang des Konflikts übernommen.«

[3] Der junge britische Ökonom John Maynard Keynes nahm nach dem Ersten Weltkrieg an den Verhandlungen für den »Friedensvertrag« von Versailles (1919) teil. Er verließ die Konferenz aus Protest vorzeitig, schrieb ein Buch mit dem Titel »The Economic Consequences of the Peace« (Keynes 1919). Er bezeichnete den Vertrag als ein Machtdiktat der Sieger (an der Spitze Frankreich und Großbritannien) gegenüber dem

schen Voraussetzungen konkreter Ereignisse muss in dem Bewusstsein gestellt sein, dass die Geschichte sich niemals wiederholen kann, und dass die »Geschichte«, d.h. das Studium der Vergangenheit, deshalb niemals sichere Rezepte für die Bearbeitung der Gegenwartsprobleme vermittelt. Gleichwohl ist dieses Studium unverzichtbarer Bestandteil für die Bearbeitung der Gegenwartsprobleme. Im Falle des Ukrainekrieges führt eine solche Analyse auf das Ende des alten Kalten Krieges, auf den Zusammenbruch der Sowjetunion und des sozialistischen Lagers sowie auf die Politik der USA und der Ausweitung der NATO seit den 1990er-Jahren zurück.

Dabei treffen im Ukrainekrieg mehrere Entwicklungslinien der Politik seit dem Ende des vergangenen Jahrhunderts aufeinander und verbinden sich – sodass Susan Watkins unter der Überschrift »Fünf Kriege in einem« die These formuliert, dass »das Zusammenspiel der unterschiedlichen Konflikttypen – interner, defensiv-revanchistischer Konflikt, nationale Widerstandsbewegung, imperiales Primat, chinesisch-amerikanischer Konflikt – [...] eine unerbittliche Eskalationsdynamik ausgelöst hat.« (Watkins 2023: 33) Zwei dieser Linien seien kurz rekapituliert.

Der Zusammenbruch der Sowjetunion und die Auflösung ihres »Lagers« bilden die entscheidende historische Voraussetzung für die innenpolitischen Krisen in Russland sowie für die Krisen und Kriege, die sich seit 1991 an den Grenzen des Landes ereignet haben. Die 1990er-Jahre der »Jelzin-Ära« waren bestimmt durch die Krisen und Katastrophen in der Folge des politischen Zusammenbruchs und des damit verbundenen Machtverlustes, der inneren politischen Kämpfe und des wirtschaftlichen und sozialen Abstiegs für breite Bevölkerungsteile in der Folge der Transformation zu einer kapitalistischen Eigentümer- und Marktwirtschaft, in der sich eine neue Klasse von Oligarchen an dem alten, sozialistischen »Volkseigentum« bereichert hatte (vgl. dazu Jaitner 2023). Die Jelzin-Ära sah – vor allem aus der Sicht von Washington – den einstigen Rivalen »auf den Knien«; das Betteln um wirtschaftliche und finanzielle Unterstützung – etwa in der Nachfolge des

Verlierer (Deutsches Reich). Er sagte voraus, dass die Durchführung des Vertrages (Reparationen, Gebietsabtretungen, Beschränkung militärischer Macht, diplomatische Diskriminierung) sowohl die politische Rechte in Deutschland stärken werde als auch einen neuen Krieg zwischen den europäischen Mächten vorbereite. Niemand käme heute auf die Idee, Keynes als einen Sympathisanten des Faschismus und der der Politik von Adolf Hitler zu bezeichnen.

Marshallplanes – wurde nicht erhört.[4] In den 1990er-Jahren fiel das Bruttosozialprodukt von Russland um 43,3%, die Industrieproduktion verringerte sich um 56%. Die Inflation erreichte 1992 ihren Höhepunkt. Das Realeinkommen der russischen Arbeiter fiel in diesem Jahr um 46%. »Das russische Innenministerium schätze den Anteil der russischen Wirtschaft, der in den ›informellen Sektor‹ mit einer gewaltigen Ausweitung krimineller Aktivitäten abgewandert war, auf 40%.« (Achcar 2023: 144)

Die Wahl von Wladimir Putin im Jahre 2000 signalisierte einen Wendepunkt. Er positionierte sich an der Spitze eines Machtblockes, der einerseits von den Oligarchen der Energie- und Rohstoffkonzerne, andererseits von den Spitzen der staatlichen Sicherheitsapparate getragen wurde. Er schlug dem Westen weitreichende Kooperationsvereinbarungen vor, die die Sicherheit im »gemeinsamen Haus Europa« (Gorbatschow) gewährleisten und damit die Voraussetzungen für Verhandlungen über Abrüstung und Konfliktlösungen schaffen sollten. Gleichzeitig betonte er immer wieder die »roten Linien« für die russische Politik: das Heranrücken der NATO an die russischen Grenzen sowie die Intervention des Westens in ehemaligen Sowjetrepubliken, um dort durch sogenannte »bunte Revolutionen« Regime zu etablieren, die sich auf westliche Bündnisse (an der Spitze: die NATO) orientieren.

Unter dem Regime von Putin gelang eine innere Stabilisierung in Russland (politisch und sozialökonomisch). Gleichzeitig demonstrierten Militärinterventionen (z.B. in Georgien, Tschetschenien), dass die russische Führung entschlossen war, ihrer Warnung von den »roten Linien« auch praktisches Gewicht zu verleihen. Auf die Bühne der internationalen Politik kehrte Russland sowohl durch die engere Kooperation mit China (und den BRICS-Staaten) als auch durch Interventionen in Kriegsgebieten (z.B. in Syrien oder in Afrika) zurück. Dass dabei die Beziehungen zum »Westen« immer konfliktgeladener wurden, war natürlich auch eine Reaktion auf die Politik des Westens, und besonders der USA, die sich seit den 1990er-

[4] Der prominente US-amerikanische Ökonom Jeffrey Sachs, der in den 1990er-Jahren die »Schock-Therapie« in Russland begleitete, bestätigt im Interview, dass er sich damals erfolglos um eine solche Unterstützung aus den USA bemüht habe: »Meine Empfehlungen, Russland zu helfen, wurden zwischen 1991 und 1993 vom Weißen Haus abgelehnt, was den wirtschaftlichen Zusammenbruch Russlands noch verstärkte. Ich habe das auch damals immer wieder betont«. Heute vertritt er die Auffassung, dass die USA einen wesentlichen Anteil an der Entstehung des Krieges in der Ukraine hatten, der bereits 2014 – mit der »Majdan-Revolution« und dem Sturz von Janukowitsch begonnen hatte (vgl. junge welt vom 1./2.7.2023, Beilage, S. 2).

Jahren zunehmend auf Militäroperation gegen die »Feinde« des »American Empire«, und auf die Stärkung der NATO an den westlichen Grenzen Russlands konzentrierte.

Der amerikanische Journalist Charles Krauthammer veröffentlichte 1991 in der Zeitschrift *Foreign Affairs* einen Artikel unter der Überschrift: »The Unipolar Moment«. Das Ende der bipolaren Weltordnung hinterließ die USA als die einzige Supermacht, der nunmehr die Aufgabe zugefallen war, die Welt zu führen und – quasi als Weltpolizist – zu ordnen (Krauthammer 1991: 23ff.; vgl. dazu auch Deppe 1991). Diese These war nicht besonders originell. Sie bezog sich auf die einzigartige Macht, die die USA nach dem Ende des alten Kalten Krieges in der Welt bildeten. Nach Ulrich Menzel sind »die USA in ihrem zweiten Machtzyklus (nach 1991) in globaler Hinsicht weitaus präsenter als in ihrem ersten Machtzyklus, hat die Infrastruktur ihrer Macht ein nie gekanntes Ausmaß erreicht, hinter dem alles verblasst, was frühere große Mächte aufzubieten hatten [...] Jetzt [...] operieren die USA wirklich weltweit und an allen Fronten, nicht nur im Nordatlantik, in Westeuropa, im Mittelmeer und in Ostasien, sondern auch am Persischen Golf, in der Karibik, im Indik, in Osteuropa, im Nahen Osten und in Zentralasien und sogar in Afrika südlich der Sahara. Es gibt mittlerweile kaum einen Ort von strategischer Bedeutung weltweit, an dem die USA nicht präsent sind. Damit sind sie die erste globale Macht der Weltgeschichte, die selbst die britische Flottenpräsenz des späten 19. Jahrhunderts oder die mongolische Kavallerie zwischen 1260 und 1350 in den Schatten stellt. So gesehen erscheint das Bild einer Hegemonialmacht mit imperialen Ambitionen. Und schließlich gib es noch eine Struktur, die sich graphisch kaum mehr darstellen lässt, das Netz von etwa 250 Satelliten, von denen 100 militärische und 150 kommerzielle Aufgaben habe. Neben der Erde, dem Wasser und der Luft gerät so auch der erdnahe Weltraum unter Kontrolle.« (Menzel 2015: 981f.)[5]

[5] Er fügt hinzu: »Dennoch: Vieles spricht dafür, dass sich ein wachsender Teil der Erde der US-Kontrolle trotz Eindringens in den ehemaligen sowjetischen Machtbereich entzieht, weil China beginnt, in Asien und Afrika seinen Einfluss auszudehnen, vor allem aber, weil in den Zonen fragiler Staatlichkeit die weißen Flecken auf der Landkarte wieder zunehmen, weil das Phänomen der neuen oder asymmetrischen Kriege sich ausbreitet, die von den USA trotz aller technischen Überlegenheit nicht zu gewinnen sind. Der andere Trend neben der Globalisierung ist die Fragmentierung. In dem Maße, wie sich die der Kontrolle entziehenden oder gar unkontrollierbar gewordenen Zonen ausdehnen, ist dies ein Indikator für nachlassende globale Ordnungskraft, für eine ganz andere Art des American Decline, die anzeigt, dass die USA trotz der Verdoppelung

Der in London lehrende Politikwissenschaftler Gilbert Achcar hat in seiner Studie über den »Neuen Kalten Krieg« den Weg vom Ende des alten bis zur gleichsam offiziellen Eröffnung des neuen Kalten Krieges – als Reaktion auf den russischen Angriffskrieg gegen die Ukraine im Jahre 2022 – rekonstruiert. Er folgt dabei den zwei Linien der Innen- und der Außenpolitik in Russland sowie in den USA, die spezifische nationale bzw. globale Interessen verfolgen und einander wechselseitig beeinflussen: in Russland die Bemühungen um die Überwindung der inneren Krisen und Katastrophen, verbunden mit der Etablierung eines Präsidialregimes unter Putin, das zunehmend autoritäre Züge annahm und bei der Verfolgung seiner Sicherheitspolitik zunehmend auf den Einsatz militärischer Gewalt zurückgriff. Auf der anderen Seite die Politik der USA, die sich zur Rolle des Weltpolizisten bekannte und dabei zahlreiche Kriege führte. Seit Ende der 1990er-Jahre dehnte sich die NATO nach Ost- und Südosteuropa bis an die Grenzen Russlands aus[6] und ermunterte Georgien und die Ukraine, sich als Anwärter für eine NATO-Mitgliedschaft zu verstehen.

In den USA selbst wurde dieser Politik vonseiten führender Sicherheitsexperten und von prominenten Sprechern der Lehre von den internationalen Beziehungen zum Teil vehement widersprochen. Achcar zitiert aus einem Aufsatz von Kenneth Waltz, dem Nestor der »neorealistischen« Schule der internationalen Beziehungen in den USA, aus dem Jahre 2000: »Die Gründe für die Erweiterung der NATO sind schwach. Es gibt starke Gründe, sich einer Expansion zu widersetzen. Sie zieht neue Spaltungslinien in Europa, entfremdet diejenigen, die draußen bleiben und kann westlich von Russland keinen logischen Halt finden. Sie schwächt diejenigen Russen, die am meisten zu liberaler Demokratie und Marktwirtschaft neigen. Es stärkt Russen mit entgegengesetzten Neigungen. Es schmälert die Hoffnung auf weitere, deutliche Reduzierungen der Atomwaffen. Es drängt Russland in Richtung China, anstatt Russland in Richtung Europa und Amerika zu ziehen […] Russland durch die Ausweitung der NATO zu verärgern und China durch Vorträge an seine Führer darüber zu entfremden, wie sie ihr Land regieren sollen, sind Maßnahmen, die sich nur

---

der Militärhaushaltes zwischen 2002 und 2009 den Zenit ihres zweiten Machtzyklus erreicht haben«. (Ebd.)

[6] In der ersten Beitrittsrunde traten 1999 Polen, Tschechien und Ungarn bei. Bei der zweiten NATO-Osterweiterung im Jahre 2004 kamen Bulgarien, Estland, Lettland, Litauen, Rumänien, Slowakei und Slowenien dazu. Bis 2020 kamen – nun als Folge der Kriege zur Zerstörung Jugoslawiens – Albanien, Kroatien und Nordmazedonien hinzu.

ein übermächtiges Land leisten und zu deren Befolgung nur ein törichtes Land in Versuchung geraten kann. Die Vereinigten Staaten können nicht verhindern, dass sich ein neues Machtgleichgewicht bildet. Es kann diesen Prozess beschleunigen, wie es dies gerade mit der NATO-Osterweiterung ernsthaft getan hat.« (Achcar 2023: 2)

In der Studie von Medea Benjamin und Nicolas J.S. Davies wird ebenfalls auf die damalige Debatte in den USA über die NATO-Osterweiterung eingegangen. »Die Erweiterung der NATO war für die Vereinigten Staaten auch eine Möglichkeit, Frankreich und Deutschland daran zu hindern, die EU zu einer wirklich unabhängigen wirtschaftlichen und diplomatischen Macht zu entwickeln, um die unipolare Dominanz der Vereinigten Staaten in der Welt nach dem Kalten Krieg auszugleichen [...] 1997 forderten 50 prominente Außenpolitikexperten Präsident Clinton auf, die NATO-Osterweiterung zu stoppen, und nannten dies einen politischen Fehler ›historischen Ausmaßes‹, der die Stabilität Europas gefährden würde. Sie sagten auch, dass dies teuer und unnötig sei, da Russland keine Bedrohung für seine westlichen Nachbarn darstelle. Aber Clinton hatte sich bereits während der Wahlen 1996 zur Öffnung der NATO verpflichtet, angeblich aus Sorge, dass er bei einem ›Nein‹ zu Polen wichtige polnisch-amerikanische Stimmen im Mittleren Westen verlieren würde.« (Benjamin/Davies 2022: 103f.)

Die USA hatten – besonders unter demokratischen Präsidenten von Jimmy Carter bis Bill Clinton – die Rolle des »Weltpolizisten« in einer unipolaren Welt angenommen. Daher werden – so Carlo Masala – »das Ende des 20. Jahrhunderts und der Beginn des 21. Jahrhunderts [...] als das Zeitalter militärischer Interventionen in die Geschichtsbücher eingehen. In kaum einer anderen Phase der jüngeren Geschichte wurde so oft militärisch interveniert wie in den [...] Jahren nach dem Fall der Mauer. Den Auftakt zu dieser beispiellosen Serie bildete die US-Intervention in Panama im Jahre 1989. Es folgte die Koalition gegen Saddam Hussein (1991), das Debakel der Intervention in Somalia (1993), das Eingreifen in Bosnien (1994), das Engagement in Afghanistan (2001), der Angriffskrieg gegen den Irak (2003), um nur einige zu nennen. Die USA sind (allerdings) [...] nicht der einzige Staat, der in den vergangenen Jahren militärisch intervenierte. Neben einigen von EU-Mitgliedern geführten Interventionen sind in diesem Zusammenhang auch die russischen Interventionen in Georgien (2008), in der Ukraine (2014) und das saudi-arabische Eingreifen im Jemen (2015) zu nennen.« (Masala 2022: 32; vgl. auch Greiner 2021: 163ff.).

Die USA konnten mit diesen Kriegen keine stabilen Friedensordnungen schaffen; aus Afghanistan mussten sie wie in Vietnam als Verlierer fliehen. Dort hinterließen sie wie im Irak, in Syrien und Libyen Zerstörung, Chaos und Massenelend. Das könnte schon darauf hindeuten, dass der Zenit ihrer globalen Macht überschritten ist. Die gesteigerten Rüstungsanstrengungen sowie der Übergang zur offenen Konfrontation mit den neuen, »autokratischen Feinden« in der Welt wäre daher selbst noch als Ausdruck dieses Niedergangs zu begreifen. Der außenpolitische Chefkommentator der FAZ, die den neuen Kalten Krieg, die Konfrontation mit dem »Osten« und die Unterordnung Deutschlands unter die NATO und die US-Politik offensiv befürwortet, muss nun doch zur Kenntnis nehmen, dass das heutige Amerika »nicht dasselbe Amerika ist wie im 20. Jahrhundert […] Die Vereinigten Staaten zeigen Merkmale einer überdehnten Macht, vom teilweisen Rückzug aus strategisch wichtigen Weltregionen über protektionistische Tendenzen bis zum Haushaltsstreit auf dem Kapitol« (Nikolas Busse: Geborgte Sicherheit, in: FAZ vom 20.7.2023: 1).

3. Epochenbruch statt Zeitenwende

Die Rekapitulation der Vorgeschichte des Krieges führt zugleich zu der Erkenntnis, dass diese beiden Entwicklungsstränge (Russland nach dem Ende der Sowjetunion und die USA als unipolarer »Weltgendarm«) in gewaltige Strukturveränderungen eingebettet sind – sowohl in den Binnenstrukturen der entwickelten kapitalistischen Gesellschaften der westlichen Welt als auch der Veränderung der ökonomischen und politischen Machtverhältnisse zwischen den Staaten und Regionen. Die »Globalisierung« wurde im letzten Viertel des 20. Jahrhunderts von den Transnationalen Konzernen, von der Finanzwirtschaft und den Staaten selbst vorangetrieben. Sie eröffnete seit den letzten beiden Jahrzehnten des 20. Jahrhunderts eine beispiellose Wachstumskonstellation sowie eine räumliche Ausweitung kapitalistischer Produktions- und Verwertungsverhältnisse.

Einige Analytiker dieses Booms (z.B. David Harvey und Klaus Dörre) griffen daher auch auf die Analyse von Rosa Luxemburg aus dem Jahre 1913 zurück (Luxemburg 2013). Darin begriff sie die historische Tendenz des Kapitals als die fortschreitende Durchdringung nicht-kapitalistischer Wirtschaftsräume an der Peripherie des kapitalistischen Weltsystems durch die Gesetze der Warenproduktion und -verwertung. Sie verband damit allerdings auch die Vorstellung, dass der Kapitalismus geschichtlich sein Ende erreicht habe, wenn diese expansive Tendenz abgeschlossen sei. Sie war davon überzeugt, dass damit die Übergangsperiode der »proletarischen Revolutionen« eingeleitet werde. Die politischen Resultate des Ersten Weltkriegs schienen ihre Prognose zu bestätigen.

Der *alte* Kalte Krieg ab 1947 etablierte in schnellen Schritten das globale Regime der Bipolarität. Er war in beiden Systemen mit der Aufgabe konfrontiert, nach den gewaltigen Zerstörungen des Zweiten Weltkriegs in Europa ein Programm des »Wiederaufbaus« (»European Recovery«) ins Werk zu setzen. Die USA waren dabei als Führungsmacht des Westens der einzige (nicht-europäische) Staat, der aus den beiden Weltkriegen ökonomisch und politisch gestärkt hervorgegangen war. Die »fordistische« Formation des Kapitalismus (mit rationalisierter Produktion, Massenkonsum und staatlichem Interventionismus) hatte sich in den USA bereits in den 1920er-Jahren durchgesetzt. Sie diente nunmehr als Vorbild für die Entwicklung des Kapitalismus in Westeuropa.

Der Konstruktion von Fronten eines *neuen* Kalten Krieges – nach dem Ende der Sowjetunion und vor allem nach der Großen Finanzkrise der Jahre 2008/09 – ging allerdings eine gewaltige Expansions- und Prosperitätskonstellation voraus, angetrieben von den entwickelten kapitalistischen Ökonomien und Staaten des »Westens«. In den 1990er-Jahren erreichte sie ihren Höhepunkt. Diese lange Welle war mit tiefgreifenden Strukturveränderungen in der Weltwirtschaft verbunden. Die dynamische Formation des globalen Finanzmarktkapitalismus reproduzierte tiefgreifende sozialökonomische und politische Strukturveränderungen in den entwickelten Staaten des Westens. Sie ging jedoch im Rahmen des American Empire mit einer globalen Schwerpunktverlagerung der ökonomischen Macht- und Kräfteverhältnisse im Weltmaßstab einher.

In der 7. Auflage seines »Global Shift« im Jahre 2015 hat der britische Geograf Peter Dicken die dominanten Tendenzen der letzten Jahrzehnte wie folgt zusammengefasst: »Während der letzten sechs Jahrzehnte hat die Welt eine enorme zyklische Volatilität (krisenhafte Unstetigkeit) erlebt, was wir als ›Achterbahnfahrt‹ bezeichnet haben. Diesen zyklischen Trends liegen jedoch tiefer greifende, längerfristige strukturelle Veränderungen zugrunde, insbesondere in der Geografie der Weltwirtschaft, die zunehmend multipolar geworden ist. In Teilen dessen, was historisch gesehen die Peripherie und Semiperipherie der Weltwirtschaft war, sind neue Produktionszentren – neue geografische Arbeitsteilungen – entstanden. Es gab große

Veränderungen im relativen Wachstum in verschiedenen Teilen der Welt. Insgesamt hat es eine relative Verschiebung von den entwickelten zu den sich entwickelnden Volkswirtschaften gegeben, obwohl dies nicht überbewertet oder gar als selbstverständlich angesehen werden sollte. Viele Teile der Welt bleiben mehr oder weniger von den Motoren des Wirtschaftswachstums abgeschnitten […] Die größte einzelne globale Verschiebung, die die Konturen der Weltwirtschaftskarte verändert, ist zweifellos das Wiederaufleben Ostasiens zu einer Position von globaler Bedeutung, die seiner Bedeutung vor der Übernahme des ›Westens‹ im 19. Jahrhundert entspricht. Das Wiederaufleben Ostasiens in den 1960er-Jahren manifestierte sich zunächst im Aufstieg Japans, dessen spektakuläres Wachstum in einer ganzen Reihe von Fertigungssektoren die Wettbewerbsbeziehungen in der Weltwirtschaft veränderte. Der relative Niedergang der japanischen Wirtschaft in den 1990er-Jahren wurde jedoch durch den spektakulären (Wieder-)Aufstieg Chinas ausgeglichen. Gleichzeitig festigten die ursprünglichen ›Vier-Tiger‹-Volkswirtschaften weiterhin ihre Stärken. Das Ergebnis ist zweifellos eine Verschiebung des Schwerpunkts der Weltwirtschaft – eine Verschiebung, die nun auf einem soliden Fundament zu stehen scheint und nicht nur eine vorübergehende Phase ist.« (Dicken 2015: 35f.)

Im Maddison-Project, das die langfristigen ökonomischen Entwicklungstrends in der Weltwirtschaft analysiert, belegt die Darstellung der Entwicklung des Anteils von Staaten und Regionen (Westeuropa/USA auf der einen, China und Indien auf der anderen Seite) an der globalen Wertschöpfung auf beeindruckende Weise diesen »Global Shift«: Anfang des 19. Jahrhunderts wird die Weltwirtschaft von Westeuropa (mit Großbritannien) sowie von China und Indien (zusammen 60%) dominiert. Anfang des 20. Jahrhunderts dominiert nach wie vor Westeuropa, die USA befinden sich im Aufschwung. Um 1945 erreichen sie ihre Spitzenposition, während China und Indien bis 1960 (auf unter 5%) weiter absteigen. In den Jahren 1960 bis 1980 vollzieht sich die Wende: Westeuropa und die USA steigen nun kontinuierlich – bis ins 21. Jahrhundert – ab, während sich der Anteil von China und Indien ebenso kontinuierlich erhöht. Nach der Prognose des Maddison-Projects werden sie im Jahre 2060 gut 50% des Weltsozialproduktes erwirtschaften.[7] Tabelle 1 zeigt, wie sich dieser globale Trend zwischen 1991 und 2021 fortgesetzt hat. Nach 2008, also im Gefolge der Weltfinanzkrise 2008/09 geht al-

[7] Zur Entwicklung Chinas bis zum Anfang des 21. Jahrhunderts vgl. Deppe 2013: 212–244.

Tabelle 1: Anteile einzelner Länder am globalen Bruttoinlandsprodukt, an den Weltexporten und Entwicklung ihrer Exportquoten

	In % am globalen BIP, gemessen in US-$			Anteil an den Weltexporten (in %)			Exporte/BIP (in %)		
	1991	2008	2021	1991	2008	2021	1991	2008	2021
USA	25,9	23,0	24,2	13,3	9,2	9,1	9,7	12,4	10,9
China	1,6	7,2	18,4	1,2	7,5	12,7	13,4	32,6	20,0
Japan	15,1	8,0	5,1	7,9	4,4	3,3	9,8	17,2	18,4
Deutschland	7,9	5,8	4,4	9,9	8,2	7,2	23,7	43,8	47,0
Indien	1,1	1,9	3,3	0,5	1,5	2,4	8,5	24,1	21,4
Großbritannien	4,8	4,6	3,2	5,8	4,0	3,1	22,6	27,3	27,9
Frankreich	5,3	4,6	3,1	6,1	4,1	3,1	21,3	28,1	29,4
Italien	5,2	3,8	2,2	4,8	3,3	2,5	17,0	26,9	32,7
Kanada	2,6	2,4	2,1	3,3	2,7	2,2	24,4	34,1	30,7
Russland	2,2	2,6	1,8	1,5	2,6	2,0	13,3	31,3	30,9

Quelle: Sablowski 2023: 66.

lerdings in den USA sowie in China (dort sehr viel deutlicher) der Anteil der Exporte am BIP zurück. Dies gilt als ein Indikator für die inzwischen vorherrschende Tendenz zur De-Globalisierung, die auch mit der neuen Konfrontationspolitik des Westens gegenüber China verbunden ist (vgl. Schmalz u.a. 2022). China reagierte auf die Krise der Weltwirtschaft mit umfangreichen Investitionsprogrammen für die innere Modernisierung und Entwicklung des Landes im Bereich der Infrastruktur, des Wohnungsbaus sowie der Modernisierung der Landwirtschaft. Zugleich wurde gezielt eine Politik der Importsubstituierung betrieben, die die Abhängigkeit Chinas vom Westen auch im Bereich der Hightech-Industrien reduziert.

Dabei wurde der Einfluss des Staates und der Partei verstärkt – über die Rolle der Staatsunternehmen und des staatlich kontrollierten Finanzsektors, über massive Wirtschaftsprogramme zur Entwicklung der Infrastruktur sowie zur Modernisierung der Landwirtschaft, und schließlich durch die Wahl von Xi Jinping (2012), der 2018 zum »Führer« ohne Begrenzung seiner Amtszeit ernannt wurde. In den USA wurde nun begriffen, dass die mit dem Begriff »Chimerica« verbundenen Illusionen korrigiert werden mussten.[8] Ihnen zufolge würde die Einbeziehung Chinas in den kapitalistischen Weltmarkt, die Entwicklung kapitalistischer Produktions- und Ver-

[8] Adam Tooze (2018: 544) zitiert den Leitartikler Liu Chang von der Nachrichtenagentur Xinhua, der das Chaos, das in der Weltfinanz- und -wirtschaftskrise als einen

teilungsverhältnisse im Lande selbst sowie die enge Verflechtung mit der Wirtschaft der USA sowie mit dem US-Dollar zwangsläufig auch zu einer Anpassung des politischen Systems an liberale, westliche Maßstäbe führen.[9] Die amerikanischen Konzerne, die in den 1990er-Jahren Druck auf Clinton ausgeübt hatten, um Sanktionen gegen China zu verhindern, und die sich auch für den Beitritt Chinas zur WTO (2001) stark gemacht hatten, schwenkten jetzt auf die Linie jener »Falken« in der US-amerikanischen Regierung um, die mit Berufung auf die Menschenrechte (»Tibet«, »Xinjiang«) eine Politik der Konfrontation gegenüber China forderten (Ho-fung Hung 2022: 18ff.).

Gleichzeitig wurde China über seine Exportüberschüsse in US-Dollar »im Jahr 2008 der weltweit größte ausländische Inhaber von US-Staatsanleihen, und im Jahrzehnt nach der Finanzkrise 2008 verdoppelte sich Chinas Bestand an US-Staatsanleihen«. (Ebd.: 24) In dieser Periode stiegen die Ausgaben des US-amerikanischen Staates für die Kriegskosten im Irak und in Afghanistan. Dazu kamen die Kosten für die Bewältigung der Finanzkrisen bis zum Jahre 2008. »Diese Interventionen haben die Vereinigten Staaten weiter auf dem Weg zu einem kostspieligen globalen Imperium vorangetrieben […] Chinas Exporte kostengünstiger Industriegüter und Investitionen in US-Staatsschulden im Rahmen der Chimerica-Formation wurden zu einer immer wichtigeren wirtschaftlichen und fiskalischen Grundlage für die Schaffung eines US-Imperiums.« In der Blütezeit von Chimerica war China zu einem »unverzichtbaren Helfer des globalen US-Imperiums« (ebd.) geworden.

Seit der Finanzkrise 2008 hat sich also der Aufstieg Chinas fortgesetzt. Die Abhängigkeit der Wirtschaft von Importen und Exporten von Waren

---

»guten Zeitpunkt« bezeichnet, »darüber nachzudenken, eine de-amerikanisierte Welt aufzubauen«.

[9] Vgl. dazu u.a. Henry Kissinger (2011: 535f.): Ich bin mir »der realen Hindernisse bewusst, die einer kooperativen Beziehung zwischen China und den Vereinigten Staaten im Weg stehen. Doch sie ist meiner Ansicht nach für die Erhaltung von Frieden und Stabilität in der Welt unbedingt erforderlich. Ein Kalter Krieg zwischen den beiden Ländern würde den Fortschritt auf beiden Seiten des Atlantiks für eine Generation lähmen. Er würde bewirken, dass in allen Regionen interne Konflikte ausbrechen, und das zu einer Zeit, da Weltprobleme wie die Proliferation von Atomwaffen, Umweltschutz, Energiesicherheit und Klimawandel zu globaler Kooperation zwingen.« Gleichzeitig wurde China über seine Exportüberschüsse in US-Dollar »im Jahr 2008 der weltweit größte ausländische Inhaber von US-Staatsanleihen, und im Jahrzehnt nach der Finanzkrise 2008 verdoppelte sich Chinas Bestand an US-Staatsanleihen.«

wurde reduziert. Gleichzeitig nahm der Kapitalexport – in Form von Direktinvestitionen im Ausland oder von Krediten, vor allem an Entwicklungsländer – deutlich zu (ebd.: 58). Die Regierungen der entwickelten Staaten des Westens befinden sich seitdem in einem permanenten Krisenbewältigungsmodus (»Vielfachkrise«), der seinerseits die Tendenz, protektionistische Maßnahmen sowie politisch-militärische Maßnahmen gegen China zu ergreifen, verstärkt hat. Während der Corona-Krise (2020–2022) hat schließlich auch die Unterbrechung der globalen Lieferketten – insbesondere durch den Lockdown in China – die Tendenzen zur De-Globalisierung verstärkt. Im Kampf um globale Dominanz in der Hightech-Industrie hat China in den vergangenen Jahren stark aufgeholt: »Chinesische Unternehmen (sind) bereits führend bei der Produktion von Hochgeschwindigkeitszügen, Windturbinen, Supercomputern, Satellitensystemen, Flüssigkristalldisplays, Mobilfunknetzen der fünften Generation (5G) und Anwendungen der Künstlichen Intelligenz« – im Bereich der Halbleiterindustrien »ist der Aufholprozess […] noch nicht abgeschlossen«. (Sablowski 2023: 71) Darauf reagierten die USA unter Barak Obama mit der Politik der strategischen Rivalität, die neben der militärischen Einkreisung auf handelspolitische Maßnahmen der Isolierung Chinas setzten wollte. Unter Donald Trump wurde im Zeichen der Losung »Make America Great Again« ein Handelskrieg mit Strafzöllen und der Einschränkung chinesischer Direktinvestitionen in den USA eröffnet (vgl. Scherrer 2021: 53ff.; Kulow 2022). Präsident Joe Biden setzte diese Politik fort, bemühte sich allerdings darum, die Bündnispartner im Westen einzubeziehen. Diese Politik zielt nun »eindeutig darauf, den weiteren Aufstieg Chinas in der Hierarchie der internationalen Arbeitsteilung mit allen Mitteln zu verhindern und die US-amerikanische Dominanz auch mit jenen industriepolitischen und protektionistischen Maßnahmen zu verteidigen, die die US-Regierungen an der chinesischen Politik immer kritisiert hatten« (Scherrer 2021: 73; vgl. auch Müller 2023: 35ff.).

Die deutsche Außenpolitik, die sich seit dem Ukrainekrieg mit der grünen Ministerin Annalena Baerbock der amerikanischen Führung als treuester Vasall andient, hat 2023 eine neue Richtlinie zur China-Politik verabschiedet, die sich dem US-Standpunkt anschließt: »Außenpolitisch tritt China zur Verwirklichung seiner eigenen Interessen deutlich offensiver auf. China versucht auf verschiedenen Wegen, die bestehende regelbasierte internationale Ordnung umzugestalten. Dies hat Auswirkungen auf die europäische und globale Sicherheit. Gleichwohl ist China ein unverzichtbarer Partner bei globalen Herausforderungen. Vor diesem Hintergrund ist China für die Bundesregierung gleichzeitig Partner, Wettbewerber und systemischer Rivale. Unsere China-Strategie steht fest auf dem Boden der gemeinsamen Chinapolitik der EU«. Schnell wurden – wie in den 1990er-Jahren in den USA – Interessendivergenzen zwischen den am Handel mit und der Produktion in China profitierenden Konzernen und der Außenministerin deutlich, die sich gerne als eine – an den Menschenrechten orientierten – »Falke« in der Tradition der US-amerikanischen Außenministerin Albright bezeichnet. Die neue Richtlinie wurde schnell vom Präsidenten der Bundesvereinigung der deutschen Arbeitgeberverbände (BDA), Rainer Dulger, kritisch kommentiert: »Es ist grundverkehrt, auf unseren größten Wirtschaftspartner mit Moralpolitik einzutrommeln. Damit sind wir völlig auf dem Holzweg«. Dulger bezeichnet sich selbst als Freund des Landes.

Die Kommunistische Partei Chinas feierte im Jahr 2021 ihre 100-jährige Geschichte als ein Jahrhundert erfolgreicher Lernprozesse in einer »Revolution in Permanenz« sowie seit 1949 bei der Ausübung der politischen Macht. Der wirtschaftliche und politische Aufstieg der Volksrepublik China ist in der wissenschaftlichen wie in der politischen Debatte hinreichend dokumentiert. Daher sollen hier einige Stichpunkte genügen, um diese große Wende und ihre welthistorische Bedeutung zu illustrieren:

Bei der Gründung der Volksrepublik im Jahre 1949 trug China etwa 1,8% zur Wirtschaftsleistung der ganzen Welt bei; inzwischen ist dieser Anteil bis 2021 auf 18,4% gestiegen;

- pro Kopf der Bevölkerung erwirtschaftete das Land 2019 10.276 US-$ – im Jahr 2000 waren es 1.000 US-$. Das liegt noch deutlich unter dem Pro-Kopf-Einkommen in Deutschland oder den USA; dennoch hat sich in China eine Konsumgesellschaft mit Massenkaufkraft (inkl. Supermärkten und Einkaufszentren) entwickelt. Seit Jahren ist China der größte Pkw-Markt der Welt;
- die Lebenserwartung der Chines*innen hat sich seit 1979 mehr als verdoppelt;
- China hat im Kampf gegen die Armut große Erfolge zu verzeichnen: 1978 lebten noch etwa 770 Millionen Chinesen auf dem Lande in absoluter Armut; bis Ende 2018 war die Zahl auf 16,6 Millionen gefallen;
- in China wurde eine moderne Infrastruktur (inkl. eines Hochgeschwindigkeitsnetzes für den Zugverkehr) geschaffen;
- Chinesische Konzerne spielen weltweit eine führende Rolle in den Bereichen der erneuerbaren Energien, für die Hochspannungs-Stromübertra-

gung über riesige Distanzen, alternative Antriebe und autonomes Fahren, digitale Zahlungssysteme, die 5-G-Telekommunikation und für künstliche Intelligenz;
- dazu kommen Fortschritte in der allgemeinen Schulbildung – von den Grundschulen bis hin zur Universitätsausbildung. Eine große Anzahl chinesischer Studierender (2018 waren es 48% eines Jahrgangs) qualifiziert sich an den Spitzenuniversitäten in den USA, in Großbritannien oder auch in Deutschland (alle Informationen aus Müller 2021: 21–23).

Auch auf dem Gebiet der Außenpolitik kann die Volksrepublik auf zahlreiche Erfolge zurückblicken. Mit der Öffnung zum Weltmarkt, schließlich mit dem Beitritt zur WTO (2001), die von den USA dominiert wird, floss Kapital aus den USA, Japan und Taiwan in die neuen Wirtschaftszonen, in denen billige Arbeitskraft für die Massenproduktion – von Textilien bis zu mikroelektronischen Geräten – ausgebeutet wurden. Diese Produkte eroberten den amerikanischen, später auch den EU-Markt. Gleichzeitig entwickelte China vielfältige Wirtschaftsbeziehungen mit den Staaten des Südens – in Afrika und Lateinamerika. Dabei geht es nicht allein um Rohstoffe und Energie, deren China dringend bedarf. China erkennt die Souveränität der beteiligten Partner an und bietet mit der Übernahme von Entwicklungsprojekten (vor allem im Infrastrukturbereich: Straßen, Eisenbahnen etc.) »Win-win-Projekte« für beide Seiten an. »China will die Entwicklung von Ländern durch die Finanzierung und den Bau von Infrastruktur fördern. Das wird zugleich Märkte für Chinas Produkte schaffen. Das ist auch der simple strategische Gedanke bei der ›Neuen Seidenstraße‹.« (Ebd.: 25) Seit 2013 – also seit dem Amtsantritt von Xi Jinping als Staatspräsident – werden unter diesem Namen Projekte zum Auf- und Ausbau interkontinentaler Handels- und Infrastruktur-Netze zwischen der Volksrepublik China und über 60 weiteren Ländern Afrikas, Asiens und Europas zusammengefasst.

Der britische Journalist Mark Leonard registrierte bereits 2009, dass die »Merkmale des chinesischen Modells – Gelber-Fluss-Kapitalismus, deliberative Diktatur im Innern und ›Beijing-Konsensus‹ in der internationalen Politik – inzwischen auch international attraktiv geworden sind […] Während nach dem Washington-Konsensus staatliche Eingriffe in die Wirtschaft tabu sind und Privatisierung, Stärkung der Eigentumsrechte und wirtschaftliche Schocktherapie befürwortet werden, sollen im Gelben-Fluss-Kapitalismus staatliche Mittel zur Innovationsförderung eingesetzt, öffentliches Eigentum geschützt und durch die Einrichtung von Sonderwirtschaftszonen ein schrittweiser Reformprozess durchgesetzt werden.« (Leonard 2009: 158 und 162).

China arbeitet seit Jahrzehnten in internationalen Organisationen – in der UNO, im Weltsicherheitsrat, in Unterorganisationen der UNO sowie in der WTO. An sogenannten Peace-Keeping-Aktionen der UNO nimmt das Land regelmäßig teil. 2001 wurde die *Shanghai Cooperation Organisation* (SCO) gegründet, eine Internationale Organisation mit Sitz in Beijing. Ihr gehören die Volksrepublik China, Indien, Iran, Kasachstan, Kirgisistan, Pakistan, Russland, Tadschikistan und Usbekistan an. Die SCO beschäftigt sich mit der sicherheitspolitischen Zusammenarbeit der Mitgliedstaaten sowie mit Wirtschafts- und Handelsfragen und der Stabilität in der Region. Es liegt auf der Hand, dass es dabei vor allem auch um sicherheitspolitische Fragen in den asiatischen Randregionen der ehemaligen Sowjetunion gehen soll. Seit Dezember 2004 hat die SCO Beobachterstatus bei den Vereinten Nationen.

Seit 2002 arbeiten die BRICS-Staaten (Brasilien, Russland, Indien, China und – seit 2010 – Südafrika) wirtschaftlich enger zusammen. Es handelt sich dabei um die größten und bevölkerungsreichsten Staaten des »Südens«, in denen mehr als 40% der Weltbevölkerung leben. Die New Development Bank (ehemals BRICS Development Bank) wurde als eine multilaterale Entwicklungsbank am 15. Juli 2014 von den BRICS-Staaten als eine Alternative zu den bereits existierenden Institutionen (Weltbank und Internationaler Währungsfonds) gegründet. Analysten aus dem Westen registrieren, dass sich seit dem Ukrainekrieg die BRICS-Staaten darum bemühen, sich als eine politische Alternative zur »G7«, also der reichsten Staaten des Westens, zu formieren. Die Mitglieder haben sich bei den Abstimmungen zum Ukrainekrieg in der UNO der Stimme enthalten. Vor dem BRICS-Gipfel 2023 in Südafrika haben insgesamt 19 weitere Staaten ihr Interesse an einer Mitgliedschaft geäußert, darunter Ägypten, Bahrain, Indonesien, Mexiko, Nigeria und die Vereinigten Arabischen Emirate. Einen offiziellen Aufnahmeantrag haben inzwischen Algerien, Argentinien, Iran und Saudi-Arabien gestellt.

Die wirtschaftliche und politische Macht Chinas hat sich also – auch über Grenzen des Landes hinaus – in den vergangenen beiden Jahrzehnten, vor allem aber nach der Finanzkrise 2008/9 – erheblich ausgeweitet. Und es ist gerade diese langfristig expansive Tendenz, die die Politik der USA und des Westens gegenüber China seit dieser Zeit verändert hat. China wird nicht länger als »Partner« in der Weltwirtschaft, sondern als »Rivale« im Kampf um die Weltherrschaft bzw. um die machtpolitische Veränderung der Weltordnung betrachtet. Das ist der Kern des epochalen Wandels, der der »Zeitenwende« (die sich auf den Ukrainekrieg bezieht) und der Tendenz zu einer neuen Blockkonfrontation – als neuer Kalter Krieg – zugrunde liegt.

Die Konfrontationspolitik aus den USA bzw. dem Westen stützt sich auf die Behauptung, dass das autokratische Regime der KP Chinas auf der Basis des wirtschaftlichen Aufschwungs der vergangenen Jahrzehnte nunmehr nach der Weltherrschaft strebe und damit nicht nur seine Nachbarn, sondern vor allem die USA und ihre Verbündeten bedrohe (vgl. dazu kritisch Jacques 2009 sowie Zhao Tingyang 2020). Von chinesischer Seite wird dagegen argumentiert, dass zunächst einmal die innenpolitischen Ziele, bis 2050 zu den 30 reichsten Ländern der Welt zu gehören und eine »harmonische Gesellschaft« errichtet zu haben, absolute Priorität genießen. Aufgrund seiner weltwirtschaftlichen Bedeutung will das Land aber auch geopolitisch als Großmacht anerkannt werden. Schließlich erfordert die Finanzierung von infrastrukturellen Großprojekten im Rahmen der »Neuen Seidenstraße« natürlich auch bi- und multilaterale Vereinbarungen zur Absicherung dieser Investitionen. Wolfgang Müller interpretiert in diesem Sinn die »Rhetorik von Xi Jinping« zum »Wiederaufstieg Chinas«: »China will international als Großmacht respektiert werden, die zur Neugestaltung einer bislang US-dominierten Weltordnung beitragen will« (Müller 2021: 27).

Im Juni 2022 lud der deutsche Bundeskanzler Olaf Scholz die Regierungschefs der G7-Staaten (USA, Deutschland, Großbritannien, Frankreich, Italien, Japan und Kanada) auf Schloss Elmau – vor der imposanten Kulisse der bayrischen Alpen – zu einem Treffen ein. Dort wurde die neue Einheit der sieben mächtigsten Industriestaaten des Westens unter der Führung der USA demonstriert. Russland wurde aufgefordert, den Krieg gegen die Ukraine zu beenden. Die Teilnehmer versprachen unisono, Putin zur Rechenschaft zu ziehen, die Sanktionen gegen den Aggressor und seine Unterstützer zu verschärfen und die Ukraine militärisch und materiell zu unterstützen. Im Abschlusskommuniqué des Gipfels war von einem »entscheidenden Wendepunkt für die Weltgemeinschaft« die Rede: »Als offene Demokratien, die sich an die Rechtsstaatlichkeit halten, werden wir von gemeinsamen Werten angetrieben und sind an unser Bekenntnis zur regelbasierten multilateralen Ordnung und zu den universellen Menschenrechten gebunden. Wie wir in unserer Erklärung zur Unterstützung der Ukraine dargelegt haben, stehen wir geeint zur Unterstützung der Regierung und des Volkes der Ukraine in ihrem Kampf für ein friedliches, wohlhabendes und demokratisches Leben. Wir werden dem Regime von Präsident Putin für seinen ungerechtfertigten Angriffskrieg gegen die Ukraine weiterhin schwere und unmittelbare wirtschaftliche Kosten auferlegen«. Es ist unser »Ziel, zur Sicherung der weltweiten Energie- und Ernährungssicherheit sowie zur Stabilisierung der Wirtschaft beizutragen«.

Zur gleichen Zeit fand in Beijing ein virtuelles Gipfeltreffen der Staatschefs der BRICS-Staaten statt. Dabei wurde eine umfangreiche Deklaration verabschiedet, die zunächst einmal den Wert der Zusammenarbeit hervorhob: »Wir erinnern uns daran, dass die BRICS-Länder in den letzten 16 Jahren durch die Wahrung des BRICS-Geistes, der sich durch gegenseitigen Respekt und Verständnis, Gleichheit, Solidarität, Offenheit, Inklusivität und Konsens auszeichnet, das gegenseitige Vertrauen gestärkt, die für beide Seiten vorteilhafte Zusammenarbeit innerhalb der BRICS vertieft und die Menschen einander näher gebracht haben [...] Wir bekräftigen, wie wichtig es ist, die Solidarität und Zusammenarbeit der BRICS-Staaten auf der Grundlage unserer gemeinsamen Interessen und Hauptprioritäten auszubauen, um unsere strategische Partnerschaft weiter zu stärken.« Als Felder der Zusammenarbeit werden benannt: »Wirtschaft, Frieden und Sicherheit, zwischenmenschlicher Austausch, öffentliches Gesundheitswesen und nachhaltige Entwicklung.«

In Bezug auf die Weltpolitik wird festgestellt: »Wir bekräftigen unser Bekenntnis zum Multilateralismus durch die Wahrung des Völkerrechts, einschließlich der in der Charta der Vereinten Nationen als unverzichtbaren Eckpfeiler verankerten Ziele und Grundsätze, sowie der zentralen Rolle der Vereinten Nationen in einem internationalen System, in dem souveräne Staaten zur Wahrung des Friedens zusammenarbeiten, um Sicherheit und Frieden zu erhalten, um eine nachhaltige Entwicklung zu fördern und die Demokratie, die Menschenrechten und Grundfreiheiten für alle zu gewährleisten und zu schützen sowie die Zusammenarbeit im Geiste des gegenseitigen Respekts, der Gerechtigkeit und der Gleichheit zu fördern.« Zum Ukrainekrieg findet sich die folgende Erklärung, die zugleich deutlich macht, warum sich die BRICS-Staaten der Verurteilung Russlands durch die Generalversammlung der UNO nicht angeschlossen haben. »Wir haben die Situation in der Ukraine erörtert und wiederholen unsere nationalen Positionen, wie sie in den entsprechenden Foren, nämlich dem UN-Sicherheitsrat und der UN-Generalversammlung, zum Ausdruck gebracht wurden. Wir unterstützen Gespräche zwischen Russland und der Ukraine. Wir haben auch unsere Besorgnis über die humanitäre Lage in und um die

Ukraine besprochen und unsere Unterstützung für die Bemühungen des UN-Generalsekretärs, der UN-Agenturen und des Internationalen Komitees des Roten Kreuzes zum Ausdruck gebracht, humanitäre Hilfe im Einklang mit den Grundprinzipien der Menschlichkeit zu leisten.«

In einem Kommentar der *Global Times* vom 24.6.2022, der die Position der chinesischen Regierung wiedergibt, wurde das Bekenntnis zum Multilateralismus hervorgehoben. Damit soll unterstrichen werden, dass »globale Governance (d.h. politische Steuerung und Regulierung der Weltordnung) inklusiver, repräsentativer und partizipatorischer gestaltet werden sollte und dazu verpflichtet sein muss, das Völkerrecht und die zentrale Rolle der Vereinten Nationen im internationalen System zu wahren«. Der chinesische Präsident Xi Jinping bezeichnet die BRICS-Länder als »eine große Familie der gegenseitigen Unterstützung und der Partnerschaft für Win-win-Zusammenarbeit«, vor allem für die Länder des »Südens«. Versuche des Westens, diese »Familie« zu spalten – vor allem durch Druck auf Indien – seien misslungen. Mit Blick auf den G7-Gipfel von Elmau, aber auch auf die jüngsten Aktivitäten der EU und der NATO, werden – so betont der chinesische Kommentar – »zwei unterschiedliche Konzepte bzw. Angebote von Global Governance« erkennbar: »Die USA und der Westen bilden kleine Kreise, bauen Mauern und errichten hierarchische Lager, während Schwellen- und Entwicklungsländer sich aktiv für die Praxis eines echten Multilateralismus einsetzen, für Offenheit und Inklusivität sowie für Zusammenarbeit und Win-Win-Ergebnisse [...] das zukünftige Schicksal der Menschheit hängt in hohem Maße vom Ausgang dieses historischen Wettlaufs ab«.

Schließlich wird präziser auf den Kern der Konfrontation und die Lagerbildung im »Wettlauf« um die Gestaltung der Ordnung der Welt eingegangen. Der Begriff des Multilateralismus selbst wird nämlich – so resümiert der chinesische Kommentar – zwischen den USA/Westen und den BRICS-Staaten und ihren Freunden sehr unterschiedlich interpretiert: »An den von den USA eingerichteten Mechanismen scheinen zwar viele Parteien beteiligt zu sein, die USA sind jedoch die einzige dominierende Kraft. Gestützt auf ihre Stärke und Position dominieren die USA völlig die Formulierung institutioneller Regeln, und die Regeln der USA sind in ihrem kleinen Kreis die obersten Regeln«. Wenn die Presse im Westen die Gipfel von G7 und NATO als Beweis für eine bislang »beispiellose Einheit« des Westens bei den »großen Herausforderungen« und als »Schutz für das US-zentrierte westliche demokratische Lager« feiert, so hat es den »Anschein, als würden die Menschen »zurück in die Ära des Kalten Krieges gebracht«. Allerdings: »Die Fähigkeit des kleinen Kreises, internationale Themen zu dominieren, wird zwangsläufig weiter abnehmen. Der Rest der Welt wird diese gefährlichen kleinen Kreise (d.h. G7, EU und NATO) mit Sorge/Angst betrachten.«

4. Differenzen zwischen dem alten und dem neuen Kalten Krieg

An dieser Stelle gelangt die vergleichende Analyse des alten mit dem neuen Kalten Krieg zu einer ersten Schlussfolgerung. Die Sowjetunion hatte sich nach 1945 vor allem aufgrund der Bedeutung der Roten Armee für den Sieg der Anti-Hitler-Koalition als Führungsmacht des »Ostblocks« qualifiziert. Sie war – das wurde im zweiten Kapitel dargelegt – den USA (und dem Westen) vor allem ökonomisch unterlegen: Die USA hatten den Gipfel ihrer ökonomischen und militärischen Macht erreicht, die Sowjetunion war durch die Folgen des Krieges – die Kriegszerstörungen und die Menschenverluste – um Jahrzehnte zurückgeworfen. Die Politik der Industrialisierung, die in den 1930er-Jahren große Erfolge erzielt hatte, musste von einem extrem niedrigen Niveau neu starten. Die Landwirtschaft befand sich in einer schweren Krise – nicht nur aufgrund der Kriegsfolgen, sondern auch aufgrund der Fehler bei der Sozialisierung der Landwirtschaft seit den späten 1920er-Jahren.

Der neue Kalte Krieg, in dem die USA und der Westen China zum Hauptrivalen und Gegner erklärt haben, muss aber als Reaktion auf den spektakulären wirtschaftlichen Aufstieg der Volksrepublik China (und von Ostasien) seit dem Ende des 20. Jahrhunderts verstanden werden. Sollte er sich fortsetzen, wäre für die zweite Hälfte des 21. Jahrhunderts eine gewaltige ökonomische Übermacht von China und Indien sowie ihrer Verbündeten zu erwarten. China ist militärisch kein ebenbürtiger Gegner der USA, obwohl das Land in den letzten Jahren die Militärausgaben deutlich gesteigert und Anstrengungen zur Modernisierung der Streitkräfte unternommen hat. Die Militärausgaben Chinas stiegen von 32,14 Mrd. US-$ im Jahr 2007 auf 291,96 Mrd. US-$ im Jahr 2022 – die Vergleichswerte für die USA lauten: 589,59 Mrd. US-$ (2007) und 876,94 US-$ (2022).

Während also der alte Kalte Krieg in letzter Instanz durch die ökonomische Übermacht des Westens entschieden wurde, könnte der neue Kalte Krieg durch die strategischen Überlegungen bestimmt werden, die die herrschenden Gruppe des jeweiligen »Blocks« mit dieser langfristigen Tendenz des ökonomischen Niedergangs der westlichen Vorherrschaft, aber auch aus der Verflechtung des westlichen Kapitals mit der chinesischen Ökonomie und dem Aufstieg Ostasiens verbinden. Sollen sie mit Gewalt korrigiert werden? Oder werden sie eher einer Logik der ökonomischen und politischen Kooperation folgen? Auf jeden Fall versprechen sich die BRICS-Staaten durch ihre ökonomische Zusammenarbeit »Win-win-Ergebnisse« – die Sowjetunion musste ihre ökonomischen Defizite durch militärische Gewalt und ideologische Führungsversuche (Marxismus-Leninismus) kompensieren.

Es wäre allerdings naiv, für die weitere Entwicklung der globalen Kräfteverhältnisse zwischen den Großmächten eine lineare Fortsetzung der bisherigen Wachstumstrends der chinesischen Wirtschaft zu prognostizieren. Auf der einen Seite ist diese über den Weltmarkt mit den Krisenprozessen der kapitalistischen Weltwirtschaft (und ihrer führenden Staaten, vor allem aber mit den globalen Finanzmärkten verflochten. Nach der Finanzkrise 2008/09 gelang es, die Binnenwirtschaft anzukurbeln und nach außen das Projekt der »Neuen Seidenstraße« auf den Weg zu bringen. Die Entfesselung von Markt und Privateigentum hat allerdings auch zur Verschärfung der Ungleichheit geführt: »China hat heute mehr Milliardäre als die USA. Der Trend zur Anhäufung immer neuer Vermögen ist bislang ungebrochen. Allein in 2020 sollen bis zum Herbst 275 neue Milliardäre dazu gekommen sein. Eine beunruhigende Entwicklung, weil im gleichen Zeitraum viele Millionen Chinesen durch die Auswirkungen der Corona-Pandemie ärmer geworden sind [...] Wird China ebenso eine Plutokratie wie die USA mit der Folge einer tief gespaltenen Gesellschaft und einer Wirtschaft, die ihre Potenziale nicht weiter entfalten kann, weil ein großer Teil der Bevölkerung wirtschaftlich, sozial und kulturell abgehängt ist? Oder wird die KP die Macht der etablierten mächtigen Interessengruppen und Kapitale beschränken können?« (Müller 2021: 151)

Neue Krisen in der Weltwirtschaft und im Weltfinanzsystem können die chinesische Politik vor unlösbare Aufgaben stellen, wenn sie keine neuen Investitionsfelder erschließen kann und die Vermögenswerte – zum Beispiel über den Absturz der Börsenkurse und Immobilienpreise – stark abgewertet werden. Solche Gefahren werden auf der anderen Seite durch die inneren Widersprüche und Risikopotenziale des chinesischen Entwicklungspfades verstärkt. Die Tendenzen zur Überakkumulation und zu Überkapazitäten in Sektoren, die durch den bisherigen Aufschwung besonders gefördert wurden (z.B. in der Stahlindustrie und im Maschinenbau; vgl. Ho-fung Hung 2022: 49), haben natürlich in dem Maße zugenommen, wie der Anteil des privaten Kapitals in der Wirtschaft, das auf die Erzielung von Profit ausgerichtet ist (vgl. Wemheuer 2022: 208ff.), zyklische Krisentendenzen (»Überakkumulation«) reproduziert, die massive Interventionen des Staates erfordern. Dazu steigt das Risiko spekulativer Blasen im Finanzsektor wie z.B. im Bereich des Wohnungsbaus. Schließlich kann die ausgeprägte soziale Ungleichheit im Land bei gleichzeitig steigender Arbeitslosigkeit vor allem bei Jugendlichen auch zur Artikulation von Unzufriedenheit führen, die sich nicht nur zur Kritik an der Regierung, sondern auch am politischen System insgesamt steigern könnte. Die Massenproteste vom Frühjahr 1989 auf dem Platz des Himmlischen Friedens und deren militärische Niederschlagung waren eine frühe Warnung.

Die Zukunftsperspektiven werden auch von den Modernisierungsprozessen der chinesischen Gesellschaft in der Folge von Industrialisierung, Wachstum des Dienstleistungs- und des Hochtechnologiesektors bestimmt. Die Überwindung der Armut und die Steigerung des Lebensstandards erzeugt nicht nur über den Arbeitsprozess, sondern auch über die Konsumorientierung der Menschen neue Kulturen und Lebensweisen, die in Widerspruch zur Ideologie und Selbstbeschreibung der herrschenden Kommunistischen Partei führen können. Schon die demografische Entwicklung (in der Folge der »Ein-Kind-Politik« der KPCh in den vergangenen Jahrzehnten) wird mit Problemen einer überalterten Gesellschaft nicht nur auf dem Arbeitsmarkt, sondern auch im Bereich der Sozialpolitik mit neuen Aufgaben konfrontiert. Die herrschende KP – als Staatspartei – will bis 2050 erreichen, dass China zu den reichen Ländern in der Welt gehört; dann würde sich das Pro-Kopf-Einkommen dem der entwickelten kapitalistischen Staaten des Westens annähern.

Die Partei setzt dabei auf das Wachstum einer Mittelklasse, die Träger der »harmonischen Gesellschaft« sein soll. Diese Vision erinnert an die Thesen von einflussreichen Soziologen aus den USA (W. W. Rostow), die im Kalten Krieg den Ländern der »Dritten Welt« ein Wachstumsmodell (nach dem Vorbild der USA) empfahlen, das seine politische Stabilität durch eine möglichst zahlreiche Mittelklasse sichern könnte. In Afrika und Lateinamerika ist diese Politik gescheitert. In China wächst nicht nur die Zahl der Milliardäre, sondern auch die Mittelklasse. Aktuell zählen 109 Millionen Menschen zur Mittelschicht, das entspricht 10,7% der Gesamtbevölkerung. Wer über mehr Einkommen verfügt, hat gleichzeitig mehr Möglichkeiten und vor allem einen besseren Zugang zur Bildung. Der Lebensstandard der Angehörigen dieser Mittelklasse schließt Eigentumswohnungen, Automobile höherer Klassen, Auslandsreisen, Zugang der Kinder zu Privatschulen und privaten Universitäten (im Ausland), auch eine bessere medizinische Versorgung ein. Viele dieser Angehörigen der Mittelklasse sind Mitglieder der KP. In der Partei ist der Anteil der Arbeiter und Bauern als Folge der Modernisierungen beständig zurückgegangen.

Inzwischen bilden die jüngeren Akademiker, die im Staatsdienst, in Forschungseinrichtungen, aber auch in den Führungsstäben der Wirtschaftsunternehmen und der Banken tätig sind, die am stärksten wachsende Gruppe der Parteimitglieder. Diese werden sich kaum für die kommunistischen Gleichheitsideale, wie sie Mao Tse-tung (für eine arme Agrargesellschaft) vertreten hatte, begeistern können. Sie werden eher von nationalistischen Ideologien, aber auch von technokratischen Visionen der sozialistischen Modernisierung (die auch den individuellen materiellen Erfolg einschließt) angesprochen. Auf jeden Fall birgt die Ausweitung dieser Mittelklasse auch Risiken für die herrschende KP. Die Milliardäre werden einen Großteil ihres Vermögens im Ausland deponieren, um sich gegen ökonomische Risiken, aber auch gegen Eingriffe durch die Partei zu schützen. Sollten die Arbeits- und Lebensperspektiven der neuen Mittelklasse durch ökonomische und soziale Krisen bedroht werden, könnte deren Loyalität gegenüber der KP schnell ins Wanken geraten.

Eine zweite Differenz erschließt sich über eine vergleichende Betrachtung der Prozesse der Blockbildung. Zwischen 1948 und den frühen 1950er-Jahren entstanden zwei Blöcke von Staaten, die im Westen von den USA, im Osten von der UdSSR geführt wurden (»bipolare Ordnung«). Die Blockbildung vollzog sich über transnationale Organisationen – im Westen: OEEC, NATO, IWF sowie die westeuropäischen Bündnisse: EGKS, EWG, Euratom), im Osten mit einer geringen Zeitverzögerung über die Militärorganisation des Warschauer Paktes sowie des Rats für gegenseitige Wirtschaftshilfe (RGW). Die beiden Blöcke waren durch einen »Eisernen Vorhang« (so hatte es der britische Kriegspremier Winston Churchill schon 1946 formuliert) – vor allem auf europäischem Boden – getrennt. Dort standen sich die atomaren Waffensysteme gegenüber. Das Wettrüsten war darauf angelegt, den jeweils gegnerischen Block von einem militärischen und atomaren Erstschlag abzuschrecken.

Der systemische Antagonismus zwischen den Blöcken und der Primat der militärischen Sicherheit, der durch die atomare Abschreckung gesichert sein sollte, war durch den Antagonismus zwischen den Wirtschafts- und Gesellschaftsordnungen sowie der politischen Systeme grundiert: Privateigentum gegen Staats- und Genossenschaftseigentum, Markt gegen zentralstaatliche Planung; repräsentative Demokratie (auf der Basis der Erklärungen der Menschenrechte) gegen sozialistische Demokratie in der Form der Diktatur des Proletariats, die nicht nur die revolutionäre Umwälzung der Eigentumsverhältnisse absichern soll, sondern auch die Bedrohung durch den Imperialismus von außen abwehren muss. Sie wurde auch – unter Berufung auf die Schriften von Marx, Engels und Lenin – als die höhere Stufe einer von der Arbeiterklasse beherrschten »Volksdemokratie« bezeichnet.

Dabei wurden die »ideologischen Staatsapparate« (zusammen mit den jeweiligen Sicherheitsorganen des Staates) aufgewertet: in den Medien, im Bildungs- und Wissenschaftssystem sowie in der öffentlichen Selbstdarstellung des Staates tobte ein heißer und kalter ideologischer Krieg. Die propagandistische Mobilisierung bewegte sich in Polarisierungsprofilen: Sieg oder Niederlage; Krieg oder Frieden; Freiheit oder Gulag; Wohlstand oder Versorgungsmängel, VW oder Trabi, gut oder böse; tot oder lebendig!

Erst in den 1960er-Jahren entwickelte sich in beiden Systemen eine differenzierte Betrachtung der Gegner. Diese stand auch im Zusammenhang von politischen Überlegungen, den gefährlichen Zustand der wechselseitigen atomaren Bedrohung und damit der Gefahr eines atomaren Weltkrieges zu reduzieren. Zweck dieser ideologischen Kriegsführung im eigenen Block war es im Westen, ein klassenübergreifendes Bündnis des Antikommunismus zu festigen, in das auch die Sozialdemokratie sowie die ihr verbundenen Gewerkschaften einbezogen sein sollten. In Ländern mit starken kommunistischen Parteien (wie in Frankreich und Italien), am linken Rand der sozialdemokratischen Parteien und Gewerkschaften – z.B. in Großbritannien – sowie unter den Intellektuellen gab es allerdings kritische Stimmen und Aktionen des Widerstandes gegen die Übermacht der Politik und Ideologie des Kalten Krieges. Die Friedensbewegungen dieser Zeit (Campaign for Nuclear Disarmament in GB seit 1957, »Kampf dem Atomtod« in der BRD 1958, Ostermärsche ab 1960) brachten ihre Kritik in Massendemonstrationen zum Ausdruck. Sie wurden meist als »nützliche Idioten« des Sowjetkommunismus diffamiert.

Wie stellen sich im Vergleich dazu die Prozesse der Blockbildung dar, die sich heute mit der Herausbildung des neuen Kalten Krieges vollziehen? Die Einteilung der Welt in »Demokratien« und »Autokratien«, der Anspruch des Westens und der USA auf »World Leadership«, die Reaktionen auf den

Ukrainekrieg und das Feiern der Erneuerung der NATO scheinen direkt an das historische Vorbild angelehnt. Auch der weltweite »Rüstungs-Tsunami« des vergangenen Jahrzehnts erinnert an den Rüstungsboom im Gefolge des Koreakrieges (Solty 2023b).[10] Dennoch fällt sofort eine fundamentale Differenz auf. Der »Westen« ist nicht nur im Bereich des Atlantiks, sondern inzwischen auch im Indo-Pazifik militärisch hoch gerüstet und in Bündnissen organisiert. Diese richten sich gegen Russland im Westen sowie gegen den Herausforderer und Rivalen China im Osten. Bei den »Autokratien« hingegen fehlt bislang eine solche Politik zur militärischen Blockbildung. Russland ist eine Militär- und Atommacht, die sowohl an ihren Grenzen als auch in Krisenregionen (z.B. im Nahen Osten bzw. in Afrika) interveniert. China hat im vergangenen Jahrzehnt deutlich aufgerüstet, verstärkt seine Militärpräsenz im südostasiatischen Pazifik und droht mit militärischem Eingreifen, falls Taiwan – mit Unterstützung der USA und des Westens – seine politische Unabhängigkeit erklären sollte. Und gewiss gibt es auch strategische Kooperation mit Russland und Nord-Korea im Bereich der Verteidigungspolitik in Ostasien. China ist allerdings – ebenso wenig wie Russland – in kein Militärbündnis integriert, das sich gegen den »Westen« richtet. Geradezu absurd erscheint die Vorstellung, an der Grenze zu den USA würden Manöver mit Truppen aus Mexiko, aus Russland, China und Kuba stattfinden, um die Abwehr eines militärischen Angriffs aus den USA auf Lateinamerika zu üben – das perfekte Szenario für die Eröffnung des dritten, vielleicht letzten Weltkrieges!

Auch auf dem Felde des ideologischen Kalten Krieges zeigen sich bedeutsame Unterschiede. Die »Falken« unter den Kalten Kriegern des Westens verteufeln China als ein unter der Diktatur der Kommunistischen Partei stehendes Land, das nach dem wirtschaftlichen Aufschwung der vergangenen Jahrzehnte, den »der Westen« durch Direktinvestitionen sowie durch die Öffnung für Billigimporte aus China mitgetragen hat, im 21. Jahrhundert den Anspruch auf die »Weltherrschaft« formulieren würde. Damit verbunden ist die Infragestellung der »World Leadership« durch die USA und den Westen. Das kommunistische Regime in China wird als totalitäre Despotie begriffen, die die Menschenrechte unterdrückt – vor allem in Regionen (wie Tibet und Xinxiang, wo Ethnien mit eigener Religion und Kultur zum »Reich der Mitte« gehören). Diese Verteufelung ist mit der Auffor-

[10] Dabei muss immer wieder daran erinnert werden, dass die Militärausgaben der USA die ihrer Verbündeten und Gegner bei Weitem übersteigen.

derung verbunden, sich der (auch international) expansiven Tendenz der wirtschaftlichen und politischen Macht des Landes entgegenzustellen und dabei die Werte der westlichen, liberalen Demokratien zu verteidigen.

Die »Falken« in den konservativen und liberalen Regierungen des Westens, die den Konflikt mit China befeuern, befinden sich nicht immer in der Mehrheit. Vertreter von Konzernen und Wirtschaftsverbänden, die vom wirtschaftlichen Aufstieg Chinas profitieren und auf dem chinesischen Markt gewaltige Gewinne realisieren, plädieren eher für Kooperation und diplomatische Konfliktlösungen. Sie werden von Wissenschaftlern unterstützt, die z.B. die Auffassung vertreten, dass der Aufstieg Chinas zur Weltmacht (und das Anknüpfen an eine zweitausendjährige Tradition des »Reiches der Mitte«) keineswegs als ein aggressives Weltherrschaftsprojekt, sondern als ein Angebot für die friedliche Kooperation zwischen den Staaten in einer multipolaren Weltordnung begriffen werden muss (so z.B. der britische Journalist Martin Jacques [2009], einst Redakteur der Zeitschrift »Marxism today«). Die Realisten unter den großen Experten für Internationale Politik (wie Henry Kissinger und John Mearsheimer) raten dazu, die militärische Konfrontation zu vermeiden, die ökonomische Kooperation zu intensiveren und den Anspruch Chinas auf eine weltpolitisch bedeutende Rolle anzuerkennen.

Darüber hinaus verhehlen Analytiker des Aufstiegs Chinas nicht ihre Bewunderung für die enorme Leistungsfähigkeit, aber auch Flexibilität der regierenden kommunistischen Partei,[11] deren Leistungen offensichtlich auch von breiten Mehrheiten in der Bevölkerung anerkannt werden. Der erfolgreiche Kampf gegen die Armut wird dabei ebenso positiv bewertet wie die Entwicklung einer modernen Infrastruktur sowie die Anstrengungen der Regierung im Bereich der Klima- und Umweltpolitik. Dazu kommen die Erfolge beim Aufbau des Bildungs-, des Wissenschafts- und des Gesundheitssystems. Erst nach der globalen Finanz- und Wirtschaftskrise nach 2008, dem davon unberührten Aufschwung Chinas und dessen Vordringen im Bereich der Hochtechnologien, aber auch angesichts der zunehmenden Krisentendenzen in der inneren Ordnung der Staaten des Westens hat sich die Position der »Falken« immer mehr durchgesetzt.

Der linke britische Journalist Martin Jacques hatte schon am Anfang der Großen Depression von 2008/09 ein solches Szenario für möglich gehal-

---

[11] Im Gegensatz zu den im Zuge des Niedergangs der Sowjetunion und ihres Lagers erstarrenden Hierarchien der regierenden kommunistischen Parteien.

ten: »Der Welthandel schrumpft rapide, die Kapitalströme ebenfalls, und die Arbeitslosigkeit steigt weltweit steil an. Die gegenwärtige Ära der Globalisierung ist abrupt zum Stillstand gekommen – und hat den Rückwärtsgang eingelegt. Wie weit dieser Prozess gehen wird, bleibt völlig unklar. Fast überall versuchen Regierungen, Formen der Unterstützung und Subventionierung für ihre bedrohten Industrien bereitzustellen. Es gibt wachsende Forderungen nach Schutz [...] China, als zweitgrößter Exporteur der Welt (direkt hinter Deutschland), wird unweigerlich ein Hauptziel dieser Forderungen sein. Unter diesen Umständen ist ein Handelskrieg, begleitet von einem Rückzug in rivalisierende Handelsblöcke, durchaus möglich.« (Jacques 2009: 193)

Der Krieg der Ideologien spielte im alten Kalten Krieg – auch auf der Seite der kommunistischen Weltbewegung – eine zentrale Rolle. Moskau, d.h. die KPdSU, begriff sich als das steuernde Zentrum. Die Kommunistische Internationale (KI), die im Ergebnis der Oktoberrevolution des Jahres 1917 entstanden war, wurde im Zweiten Weltkrieg aufgelöst. Die kommunistischen Parteien vertraten nach dem XX. Parteitag der KPdSU (1956) eine Politik der »friedlichen Koexistenz« mit den imperialistischen Staaten und die Bewahrung des Friedens als zentrale Aufgabe der Außen- und Weltpolitik. In ihren Grundsatzprogrammen vertraten sie jedoch die Überzeugung, in einer Epoche des weltweiten Übergangs vom Kapitalismus zum Sozialismus zu wirken. Die sozialistischen Länder unter der Führung der Sowjetunion, die antiimperialistischen Befreiungsbewegungen in der »Dritten Welt« der ehemaligen Kolonien und Halbkolonien sowie die demokratischen und Arbeiterbewegungen in den Kapitalmetropolen des Westens galten dabei als die Träger und Subjekte jener gewaltigen Transformation. Die Sowjetunion gab das Tempo und die einzelnen Schritte dieses Prozesses vor. Sie unterstützte die Befreiungsbewegungen in der Dritten Welt mit Geld, Beratern und Waffen; dabei wurde diese Unterstützung zwischen den verschiedenen sozialistischen Staaten abgesprochen und aufgeteilt. An der Lumumba-Universität in Moskau studierten mit Vollstipendium junge Menschen, die in der Führung ihrer je nationalen Befreiungsbewegungen in der »Dritten Welt« eine wichtige Rolle spielen sollten. Die führenden Kader kommunistischer Parteien – auch im Westen – besuchten zum Abschluss ihrer Ausbildung als »Berufsrevolutionäre« die Internationale Lenin-Schule in Moskau, die einst eine Ausbildungsstätte der KI gewesen war, aber nach dem Zweiten Weltkrieg bis 1990 weiterhin Kommunist*innen aus aller Welt ausbildete. Schon seit den 1950er-Jahren verzichten allerdings einige große Parteien im Westen darauf, ihre Kader in Moskau ausbilden zu lassen.

Die chinesische KP geriet seit dem XX. Parteitag immer mehr in offenen Gegensatz zur Politik und Ideologie der KPdSU. Allerdings vertrat die Partei unter Mao Tse-tung nach wie vor das Ziel einer Weltrevolution als eines Prozesses der gewaltsamen revolutionären Umwälzung. Die »revisionistischen« Positionen z.B. der italienischen Kommunisten unter Palmiro Togliatti oder der jugoslawischen Kommunisten unter Josip B. Tito wurden einer scharfen Kritik unterzogen. Li Biao (1907–1971) wurde 1969 als Verteidigungsminister in der Kulturrevolution Stellvertreter von Mao. Unter seinem Namen erschien eine Schrift mit dem Titel »Es lebe der Sieg im Volkskrieg« (1968). Darin wurde der weltrevolutionäre Prozess nach dem Vorbild der chinesischen Revolution (»Die Dörfer erobern die Städte«) als Krieg der Völker der ehemaligen Kolonien des Südens gegen die Imperialisten des Nordens und die »Revisionisten« in Moskau beschrieben. Lin Biao kam auf der Flucht vor Mao, der ihn offenbar entmachten wollte, im Jahre 1971 ums Leben.

In den 1970er-Jahren gab es in der ganzen Welt kommunistische Parteien, die sich – als Abspaltung von der alten KP bzw. als Neugründung von revolutionären Studenten der 68er-Generation (vgl. für die Bundesrepublik Koenen 2001) – auf diese Thesen von Lin Biao und auf das Vorbild der VR China bezogen.[12] Dabei waren besonders viele Intellektuelle vertreten, die ihre Illusionen und falschen Vorstellungen über das revolutionäre Potenzial im eigenen Lande als auch über die Ereignisse in China spätestens mit dem Beginn der Reformen unter Deng Xiaoping ab 1978 aufgeben mussten. Viele von ihnen nahmen diese Gelegenheit schnell wahr, um sich fortan (z.B.in der Partei *Die Grünen*) als Antikommunisten der herrschenden Meinung zur Verfügung zu stellen.

Von solchen revolutionären Traditionen ist die Politik der KPCh heute weit entfernt. Die chinesischen Kommunisten wollen ihren Weg zum Sozialismus weder als »Modell« für andere Parteien und Bewegungen anerkannt wissen, noch arbeiten sie am »Export der Revolution«. Mit dem Blick auf die eigene Geschichte verweisen sie immer wieder darauf, dass das Land (das einstige »Reich der Mitte«) im 19. und 20. Jahrhundert von den Kolonialmächten des Westens sowie von Japan ausgeplündert wurde. Erst mit

[12] Von den regierenden Parteien in Europa war die von Albanien – unter Enver Hodscha – auf diese pro-chinesische Position eingeschwenkt.

dem Sieg der Revolution im Jahr 1949 hat sich ein »chinesischer Sozialismus« entwickelt, der das Land zu einer der führenden Industrienationen der Welt geführt hat. Der Weg des Sozialismus verlief über verschiedene Phasen, für die die Namen von Mao, Deng und nunmehr Xi stehen. Diese zeichneten sich einerseits durch eine enorme Dynamik aus; andererseits reproduzierten sie Widersprüche, die in der Gesellschaft und immer wieder in heftigen Auseinandersetzungen und Machtkämpfen im Parteiapparat programmatisch und personell bearbeitet und überwunden werden mussten.

In der gegenwärtigen Phase eines »Sozialismus 3.0« stehen das Land und die Partei – so die Redaktion der *Beijing Cultural Review* im April *2015* – vor großen Herausforderungen: »Die Marktwirtschaft drängt das sozialistische politökonomische Prinzip des gesellschaftlichen Eigentums und der Verteilung nach Leistung sukzessive zurück. Die Realität der Polarisierung von Armut und Reichtum, des moralischen Niedergangs, des Mangels an Glauben macht es immer schwieriger, ein klares Verständnis von Sozialismus zu gewinnen.« (Beijing Cultural Review 2021: 37) In dieser neuen Phase, deren Entwicklungsziele bis zum Jahre 2050 angegeben werden, will das Land international als eine »Großmacht respektiert werden, die zur Neugestaltung der Weltordnung« beitragen will. Dazu gehört nicht das Ziel, weltweit einen »Sozialismus chinesischer Prägung« zu verbreiten. (Müller 2023: 26ff.)

In dem bereits zitierten Kommentar der *Global Times* vom 24. Juni 2022 zum BRICS-Gipfel in Beijing wird daher auch die von den USA ausgehende Konstruktion einer globalen Blockbildung zurückgewiesen. »Es ist nicht verwunderlich, dass in der öffentlichen Meinung der USA und des Westens einige engstirnig glauben, dass die BRICS-Mechanismen eine ›Anti-US-Allianz‹ schaffen wollen. Dabei handelt es sich nicht nur um eine bewusste Wortwahl, sondern es wird auch ein ›imaginärer Feind‹ konstruiert. Um im kleinen Kreis (der G7 oder der NATO) absoluten Gehorsam aufrechtzuerhalten, müssen die USA zwangsläufig ständig Feinde suchen und schaffen. Da dies jedoch zunehmend von globalen gemeinsamen Interessen abweicht, wird die Fähigkeit des kleinen Kreises, die nationalen Angelegenheiten zu dominieren, zwangsläufig weiter abnehmen. Der Rest der Welt wird diese gefährlichen kleinen Kreise mit Sorge betrachten.«

Die Bündnisse, in denen sich die Politik der VR China bewegt, können kaum – im Vergleich mit der NATO – als »Blöcke« bezeichnet werden. Die militärische Kooperation mit Russland hat zugenommen. Im Ukrainekrieg vertritt die politische Führung die Auffassung, dass der Angriff Russlands auch als eine Antwort auf die Osterweiterung der NATO begriffen werden muss und dass sich dieser Krieg schnell in einen »Stellvertreterkrieg« entwickelt habe (vgl. Becker 2022). Die USA und der Westen unterstützen die Ukraine gegen Russland und in Ostasien neue Militärbündnisse (Japan, Australien, USA) gegen China, das mit Provokationen um Taiwan konfrontiert wird. Bei der Eröffnung der II. Internationalen Sicherheitskonferenz im August 2023 in Moskau sagte der chinesische Verteidigungsminister Li Shangfu, beide Länder hätten den »Wunsch nach einer gerechten Weltordnung, die jedem Staat Souveränität und das Recht auf Entwicklung garantiere. Wenn sie weiter ›Hand in Hand und mit festem Schritt‹ auf diesem Weg vorangingen, sei der Erfolg sicher. Li sagte, sein Land sei an militärischer Zusammenarbeit und Vertrauensbildung mit allen Ländern der Welt interessiert«. Die USA wurden dabei nicht benannt (vgl. Reinhard Lauterbach: Festen Schrittes Hand in Hand, in: junge Welt vom 17.8.2023).

Der Verteidigungsminister bedient sich hier der offiziellen Sprachregelung, die bei den Gipfeltreffen der BRICS-Staaten kommuniziert wird. Darin drückt sich zugleich eine differenzierte Position Chinas aus. Der Angriffskrieg Putins wird nicht vorbehaltlos unterstützt; das Insistieren auf der Souveränität der Staaten beinhaltet auch eine Kritik an dem russischen Einmarsch. Zugleich enthielt sich China – wie die anderen BRICS-Partner – bei einer vom Westen eingebrachten Verurteilung Russlands durch die Generalversammlung der UNO. Damit soll nicht nur auf den Anteil des Westens an diesem Krieg aufmerksam gemacht werden. China und seine Verbündeten bieten sich zugleich für die Beteiligung an Verhandlungen über einen Waffenstillstand sowie schließlich über einen Friedensvertrag an. Im Westen (G7) musste diese Abstimmung einen Schock auslösen, denn die BRICS-Staaten repräsentieren immerhin 41% der Weltbevölkerung sowie 31% des globalen BIP (nach Kaufkraftparitäten). Gleichzeitig musste zur Kenntnis genommen werden, dass dieses Bündnis offenbar doch schon eine Bedeutung für die internationale Politik gewonnen hat, die weit über die Ansätze der wirtschaftlichen Kooperation und die Gründung einer gemeinsamen Bank hinausgeht.

Die Attraktivität von BRICS als »Stimme des Südens« hat zugenommen. Beim Gipfeltreffen im August 2023 in Südafrika wurde der Beitritt neuer Staaten zum Bündnis vorbereitet.[13] Dabei fallen erneut die Diktaturen (z.B.

[13] Mitgliedschaft bei BRICS wurde inzwischen beantragt von Algerien, Ägypten, Saudi-Arabien, Iran, Indonesien, Thailand, Senegal, Argentinien und Venezuela.

der Iran und Saudi-Arabien) auf, die zugleich im vorderen Orient in heftige Konflikte, im Jemen und Syrien in militärische Auseinandersetzungen verwickelt sind. BRICS mit einer starken Position von China bietet offenbar wirtschaftliche Vorteile (»Win-Win«). Russland liefert billige Energie und Waffen und kann sich dabei zum Teil dem Druck der westlichen Sanktionen entziehen. Das weltpolitische Gewicht des BRICS-Bündnisses, das sich gegen die Hegemonie des Westens und für einen neuen Multilateralismus von gleichberechtigten souveränen Staaten ausspricht, würde allerdings erheblich aufgewertet, falls es gelingen sollte, im Bündnis Konfliktlösungen zu realisieren und friedliche Beziehungen zwischen verfeindeten Staaten herzustellen, z.B. zwischen Saudi-Arabien und Iran oder beim Grenzkonflikt zwischen China und Indien.

Marcus Schneider, Büroleiter der Friedrich-Ebert-Stiftung im Nahen Osten, hat in einem Kommentar zum BRICS-Gipfel in Südafrika im August 2023 auf die weltpolitischen Machtveränderungen hingewiesen, die mit der Eröffnung der Beitrittsperspektive für wichtige Länder des Nahen Ostens (Ägypten, Iran, Saudi-Arabien) verbunden sind. Eine »Mitgliedschaft im transaktionalen Club der BRICS ist nicht zwangsläufig mit einer antiamerikanischen Schlagseite gleichzusetzen […], auch ältere Mitgliedstaaten wie Indien, Brasilien und Südafrika unterhalten sehr ausdifferenzierte Beziehungen zu Washington. Mindestens jedoch ist der Beitritt zu diesem Verbund ein Misstrauensvotum gegen die amerikanisch dominierte Weltordnung. Kein Geringerer als UN-Generalsekretär Antonio Guterres durfte auf dem BRICS-Gipfel in Johannesburg das Hohelied auf die Verheißungen der multipolaren Welt singen. Die heutigen Global-Governance-Strukturen reflektierten die Welt von gestern, dies sei im Besonderen zutreffend für den Sicherheitsrat und die Bretton-Woods-Institutionen. Dass der oberste UN-Vertreter sich derart äußert, zeigt, dass das BRICS-Narrativ außerhalb des Westens längst hegemonial geworden ist.« (Schneider 2023)

Dennoch bilden die BRICS-Staaten keinen »Block« mit einer eigenen Organisation und mit dem Primat der militärischen Konfrontation gegenüber dem Westen, der NATO, der G7 oder der EU. Sie verfügen nicht einmal über ein zentrales Sekretariat. Die jährlichen Gipfeltreffen wurden durch die weltweite Corona-Pandemie unterbrochen. Wichtigste Institution ist die 2014 gegründete Neue Entwicklungsbank (NDB), die über einen Notfallfonds verfügt. Die Bank fördert vor allem Infrastrukturprojekte, die bilateral zwischen BRICS-Mitgliedern vereinbart werden und die in Mehrzahl globalen Nachhaltigkeitszielen dienen sollen. Über die Bank wird auch das Ziel verfolgt, dass die beteiligten Staaten ihren Zwischenhandel nicht mehr in US-Dollar, sondern den jeweiligen Landeswährungen abwickeln – ein Projekt, das vor allem in den USA mit großer Sorge verfolgt wird.

Selbstbewusstsein und die offensichtliche Attraktivität von BRICS zeigen jedoch an, dass dieses Bündnis auch im Westen als eine Stimme des aufsteigenden »Südens« und als »Aufkommen einer postwestlichen Welt mit multipolarem Charakteristika« begriffen werden muss. »Tragend ist nun weniger eine gemeinsame Identität als das Interesse an einer neuen globalen Ordnung, die am besten durch die strategische Bündelung von Kräften in einer Gruppe vorangetrieben werden könne. Damit hat das Transformationsinteresse an Gewicht gewonnen, während das Aufstiegsnarrativ immer mehr in den Hintergrund getreten ist.« (Maihold/Müller 2023)

In der gemeinsamen Erklärung des Beijing-Gipfels von BRICS im Juni 2022 wird der »Geist« dieser seit 16 Jahren bestehenden Organisation mit den folgenden Begriffen charakterisiert: »gegenseitiger Respekt und Verständnis, Gleichheit, Solidarität, Offenheit, Inklusivität und Konsens«. In diesem Geist haben die BRICS-Staaten »gegenseitiges Vertrauen, vertiefte, für beide Seiten vorteilhafte Zusammenarbeit innerhalb der BRICS-Staaten und einen engeren Austausch zwischen den Völkern (people-to-people exchanges) verstärkt.« Diese Selbstbeschreibung lässt erkennen, dass die Absicht des Bündnisses als »nicht-hegemonial« begriffen ist. Die Ordnung der Bipolarität in den Zeiten des alten Kalten Krieges war klar hegemonial strukturiert – über die Führungsmächte USA und Sowjetunion. Jetzt positionieren sich die Teilnehmer von BRICS gegen die vom Westen – und vor allem von den USA und von der Rolle des US-Dollar als Weltgeld dominierte Weltordnung.

Darin reflektiert sich einerseits das Selbstbewusstsein aufsteigender Ökonomien (wie die von China und Indien), die die Regeln einer »freien« Ordnung der Weltwirtschaft und des Weltfinanzsystems unter der Dominanz der USA und des Westens infrage stellen – und insbesondere die für zahlreiche Staaten des »Südens« katastrophalen Folgen des »Washington Consensus«, also der Bearbeitung der Schuldenkrisen durch den IWF seit den 1980er-Jahren beklagen. Die ungleiche Verteilung von Medikamenten und Impfstoffen während der Corona-Krise wird dabei – mit dem Hinweis auf die Verhältnisse in Afrika – vor allem von der südafrikanischen Regierung kritisiert. Für die meisten Staaten des Südens verbindet sich diese Kritik freilich auch mit der Erinnerung an die nachhaltigen Folgen kolonialer bzw. semikolonialer Herrschaftsverhältnisse, vor allem in Afrika.[14]

In der Erklärung von Beijing werden die Ziele einer nicht-hegemonialen, multipolaren Weltordnung wie folgt umschrieben: »Die Instrumente der globalen Governance sollen integrativer, repräsentativer und partizipatorischer gestaltet werden, um eine stärkere und sinnvollere Beteiligung von Entwicklungs- und am wenigsten entwickelten Ländern, insbesondere in Afrika, an globalen Entscheidungsprozessen und -strukturen zu ermöglichen und sie besser an die gegenwärtigen Realitäten anzupassen [...] Basierend auf inklusiver Konsultation und Zusammenarbeit zum Wohle aller, unter Wahrung der souveränen Unabhängigkeit, Gleichheit, der gegenseitigen legitimen Interessen und Anliegen, um die multilateralen Organisationen reaktionsfähiger, effektiver, transparenter und glaubwürdiger zu machen.« Die Institutionen einer globalen Governance – die UNO und ihre Organisationen, IWF, G20 – werden nicht infrage gestellt. Die Stimme der BRICS-Staaten, damit die des »Südens« insgesamt, soll in ihnen allerdings ein größeres Gewicht erhalten.

Dieses Gewicht bemisst sich allerdings nicht durch die wohltönenden Deklarationen, sondern durch die gemeinsamen ökonomischen und politischen (Macht)Interessen in Bezug auf die Gestaltung der globalen Ordnung und ihrer Machtverhältnisse, sondern auch durch die praktischen Erfolge, die durch die bilaterale Zusammenarbeit von BRICS-Staaten auf dem Gebiet der wirtschaftlichen Entwicklung erreicht wurden. »Die BRICS-Allianz wird [...] als Chance gesehen, gemeinsam mit anderen Staaten ein Korrektiv gegen die bestehende multilaterale Ordnung aufzubauen, die als von den USA dominiert betrachtet wird und vor allem westliche Interessen befördere [...] Man sieht in Peking insoweit eine ›goldene Dekade‹ der BRICS anbrechen, als es zunehmend gelinge, den Verbund zur weltweit einflussreichsten Plattform für Süd-Süd-Kooperation zu machen« (Maihold/Müller 2023). Alle diese Vorstellungen unterlaufen das Projekt der westlichen Staaten unter der Führung der USA, analog zum alten Kalten Krieg eine Blockkonfrontation zwischen »Demokratien und Autokratien« zu konstruieren und die Ausschaltung der »Rivalen« China und Russland dabei als das Hauptziel dieser Jahrhundertschlacht zu fixieren.

---

[14] Mali, Guinea, Burkina Faso, Tschad, Niger: Die Liste der Putsche und Putschversuche in der Sahel-Region – einst französische Kolonien – wird seit rund vier Jahren immer länger.

Damit ist der politische Charakter des Bündnisses umschrieben, das allerdings sehr heterogene Staaten vereint – nach ihrer Wirtschaftskraft wie nach ihrem politischen System bzw. nach den politischen Kräfteverhältnissen. Immerhin posierten bei dem Gipfel von Beijing neben Xi Jinping die Herren Putin, Bolsonaro (damals noch Staatspräsident von Brasilien, der kurz danach von Lula abgelöst wurde), Modi (Indien) und Cyril Ramaphosa (Südafrika).

Die Regierungen der beteiligten Staaten repräsentieren auch die herrschenden Klassen ihrer Länder mit dominanter kapitalistischer Produktionsweise sowie mit Großgrundbesitz, die sich allerdings von imperialistischer Abhängigkeit und Gängelung aus den alten Zentren befreien möchten. Dass mit BRICS eine neue »Internationale der Armen« entstanden sei, die den »Reichen« in der Welt den Krieg angesagt habe, mag sich bald als Illusion erweisen. In der Frontstellung gegen den »Westen« und die USA nehmen Russland und China eine Spitzenposition ein – eine Reaktion auf die Feinderklärungen aus dem Westen. Andere Regierungen halten sich hier deutlich zurück.

Die Hoffnung auf eine »goldene Dekade« könnte sehr schnell unter dem Einfluss weltwirtschaftlicher Krisenprozesse und von militärischen Konflikten enttäuscht werden. In den beteiligten Staaten – vor allem auch in China und Russland selbst – könnten solche Krisen innere Auseinandersetzungen freisetzen, die die Stabilität der politischen Herrschaft, die in China von der »eisernen Hand« der Kommunistischen Partei gewährleistet wird, schnell infrage stellen könnten. Der Westen wird erhebliche Anstrengungen unternehmen, um solche inneren Destabilisierungsprozesse zu fördern und Regierungen wichtiger BRICS-Staaten – vor allem Indien und Brasilien – in den westlichen »Block« zurückzuholen. Auf jeden Fall macht diese neue globale Machtkonstellation deutlich, dass sie sich von den Blockbildungen zwischen erster, zweiter und dritter Welt in der zweiten Hälfte des 20. Jahrhunderts grundlegend unterscheidet. Weder die Bewegung der »Blockfreien« noch die Versuche von Staaten der »Dritten Welt«, im Rahmen der UNO in den 1970er-Jahren über eine neue Weltwirtschaftsordnung im Rahmen der UNCTAD – z.B. über die Beschränkung der Macht der internationalen Konzerne – zu diskutieren, können bei der Erarbeitung von politischen Antworten auf diese neue Konstellation als Vorlage dienen. Eher noch könnte die Erinnerung an die globalisierungskritische Bewegung um die Jahrtausendwende und die dabei erarbeiteten Konzepte einer demokratischen De-Globalisierung für den Begriff der gegenwärtigen Strukturveränderungen der Weltordnung hilfreich sein (vgl. dazu Bello 2004; Streeck 2021).

5. Niedergang des Westens?

In seinen Reden zur Begründung des Krieges gegen die Ukraine hat der russische Präsident Putin – neben nationalistischen Argumenten in der Tradition des imperialen Zarismus[15] – auch den »Niedergang des Westens« als eine der Ursachen des Krieges bezeichnet. Er mag dabei an die Bilder von der Flucht der US-Amerikaner und ihrer Verbündeten aus Afghanistan im August 2021 gedacht haben, vielleicht sogar an die Bilder von der amerikanischen Evakuierung der südvietnamesischen Hauptstadt Saigon am 29. und 30. April 1975. Dabei musste er allerdings zunächst einmal zur Kenntnis nehmen, dass seine »Operation« in der Ukraine den »Westen« unter Führung der USA enorm gestärkt hat: Die NATO präsentiert sich in neuer Einheit, die Europäer übernehmen die US-amerikanische Deutung des neuen Kalten Krieges und die massive militärische und materielle Unterstützung der Ukraine durch den Westen verhindert den Vormarsch bzw. den Sieg der russischen Truppen, verwandelt den Krieg in einen zermürbenden und zerstörerischen Stellungskrieg, der Erinnerungen an die festgefahrenen Fronten und Materialschlachten im Ersten Weltkrieg weckt. Putin könnte sich fragen, ob er mit seinem Krieg nicht das Gegenteil des »westlichen Niedergangs« provoziert habe.

Beim Vergleich mit dem alten Kalten Krieg muss allerdings noch einmal kurz in Erinnerung gerufen werden, dass nach dem Zweiten Weltkrieg – etwa seit 1947/48 – jene lange Aufschwungsperiode der kapitalistischen Weltwirtschaft erfolgte, die später als das »Goldene Zeitalter« des Kapitalismus bezeichnet wurde (Hobsbawm 1998: 285ff.). Die 1970er-Jahre wa-

---

[15] In der TV-Ansprache, in der er am 24. Juni 2023 die Bevölkerung Russlands von der Revolte der Wagner-Söldner in Kenntnis setzte, kam er auch auf eines seiner historischen Lieblingsthemen zu sprechen: den »Schlag, der Russland 1917 zugefügt wurde«, als es sich den Mittelmächten ergab. »Der Sieg wurde ihm gestohlen«, erklärte der Präsident. »Intrigen, Zank, politische Machenschaften hinter dem Rücken der Armee und dem Rücken des Volkes führten zum größten Schock, zur Zerschlagung der Armee und zum Zusammenbruch des Staates.« Und Putin versicherte: »Wir werden nicht zulassen, dass sich so etwas wiederholt.« Die Oktoberrevolution war also der »Dolchstoß« in den Rücken des Heeres – so hatte auch Adolf Hitler die »Novemberrevolution« im Deutschen Reich 1918/19 bezeichnet.

ren durch das krisenhafte Ende dieses Zyklus charakterisiert: die Krise des »Fordismus« auf der Basis struktureller Überakkumulation von Kapital auf der einen (vgl. u.a. Streeck 2013), der Aufschwung der Klassenkämpfe, die kulturrevolutionären Jugendbewegungen seit 1968, die Siege antikolonialer Befreiungsbewegungen und die Wahlerfolge sozialistischer bzw. kommunistischer Parteien in Westeuropa auf der anderen Seite.

Seit Ende der 1970er-Jahre setzte aber jene gewaltige Expansionswelle des Kapitalismus an, die sich durch eine globale »Landnahme« (auch in der Folge des Zusammenbruchs der Sowjetunion und der Reformen in der VR China), durch »Finanzialisierung«, d.h. die Vorherrschaft der Finanzmärkte unter der Regie der Wall-Street, sowie durch innere Angriffe auf die sozialstaatlichen Errungenschaften der Golden-Age-Periode auszeichnete. Diese Expansion der Produktionsstandorte (Verlagerung von arbeitsintensiven Industrien an die Peripherie) sowie von Lieferketten stützte sich auf die Revolutionierung der Produktivkräfte im Bereich der Informations- und Kommunikationstechnologien, ohne die die internationalen Finanzmärkte, das Management der transnationalen Konzerne sowie die Logistik der Transportsysteme überhaupt nicht funktionieren konnte.

Die Wirtschafts- und Gesellschaftspolitik in den entwickelten kapitalistischen Staaten des Westens passten sich (seit Ronald Reagan und Margaret Thatcher) an die Gesetze der globalen Konkurrenz an, die von den transnationalen Konzernen sowie durch die globalen Finanzmärkte bestimmt wurde. Die Politik des »disziplinierenden Neoliberalismus« folgte einem »neuen Konstitutionalismus«, der die Aufgaben des Staates möglichst reduziert (»Austeritätspolitik«) und dabei – als »Markt-Demokratie« – die Privatisierung (von öffentlichem Eigentum), die Deregulierung (Senkung der Steuern und anderer Abgaben bzw. Auflagen für die Unternehmen) sowie die Flexibilisierung des Arbeitsmarktes (mit Ziel der Schwächung von Gewerkschaftsmacht) vorantreibt (vgl. u.a. Gill 2003: 130f. sowie Deppe 2013). Auf diese Weise sollten die nationalen Wirtschaftsräume für die international operierenden Kapitalinvestoren attraktiv gemacht werden.

Diese »lange, expansive Welle« des Neoliberalismus erreichte in den 1990er-Jahren ihren politischen Höhepunkt. Angesichts des Zusammenbruchs der Sowjetunion und ihres Lagers, aber auch angesichts der tiefen Krise der sozialistischen und kommunistischen Arbeiterbewegung in Westeuropa reflektierte die These von Fukuyama über das »Ende der Geschichte« – als das Scheitern aller Versuche jenseits von »Marktwirtschaft« und der repräsentativen Demokratie (nach US-amerikanischem Vorbild) –

durchaus das Selbstbewusstsein jener sozialen und politischen Kräfte, die die Ideologie und Politik des Neoliberalismus vertraten.

In einem Vortrag zum 150. Jahrestag des Erscheinens des »Manifestes der kommunistischen Partei« von Marx und Engels im Jahre 1998 erzählte Eric Hobsbawm die Geschichte von jungen Bankern, die vor einer Buchhandlung in der Wall Street diskutierten. Dort war die Neuausgabe des »Manifestes« (mit einem Vorwort von Hobsbawm, siehe Hobsbawm 1998) ausgestellt. »Das ist ein tolles Buch«, sagt einer. Da steht schon vor 150 Jahren genau das drin, was wir heute tun. Dieser Marx und sein Kompagnon Engels hatten allerdings noch eine komische Idee. Sie glaubten daran, dass es da eine »Arbeiterklasse« gäbe, die als »Totengräber des Kapitalismus« ihre »historische Mission« erfülle. Daraufhin lachten sie alle – funny fellow, good joke!

Die Passage, auf die sich die jungen Banker bezogen, würdigt die »höchst revolutionäre Rolle der Bourgeoisie«: »Die fortwährende Umwälzung der Produktion, die ununterbrochene Erschütterung aller gesellschaftlichen Zustände, die ewige Unsicherheit und Bewegung zeichnet die Bourgeoisepoche vor allen anderen aus. Alle festen eingerosteten Verhältnisse mit ihrem Gefolge von altehrwürdigen Vorstellungen und Anschauungen werden aufgelöst, alle neugebildeten veralten, ehe sie verknöchern können. Alles Ständische und Stehende verdampft, alles Heilige wird entweiht, und die Menschen sind endlich gezwungen, ihre Lebensstellung, ihre gegenseitigen Beziehungen mit nüchternen Augen anzusehen. Das Bedürfnis nach einem stets ausgedehnteren Absatz für ihre Produkte jagt die Bourgeoisie über die ganze Erdkugel. Überall muß sie sich einnisten, überall Verbindungen herstellen.« (MEW 4: 465).

Die neoliberale »Revolution« besiegte nicht nur ihre antikapitalistischen Gegner, sondern auch jene Kräfte der sozialdemokratischen Arbeiterbewegung, die für einen sozialstaatlich regulierten »demokratischen Kapitalismus« (Streeck) gekämpft hatten. Erfolgreiche sozialdemokratische Politiker wie Tony Blair und Gerhard Schröder waren am Ende des alten Jahrhunderts bereit, unter diesen Bedingungen den »neuen Konstitutionalismus« zu akzeptieren. Dass sie Wahlen gewannen und dabei insbesondere von Wähler*innen aus den subalternen Volksklassen unterstützt wurden, ließ freilich schon erkennen, dass die lange Welle der neoliberalen Expansion ihren Höhepunkt überschritten hatte, denn die Legitimation der Politik im Namen der Globalisierung, freier Märkte und der individuellen Selbstverwirklichung erodierte, verlor an Zustimmung »von unten«.

Die Zunahme sozialer Ungleichheit manifestierte sich vor allem im Anwachsen der Einkommen und des Vermögens der oberen 10% bzw. 1% der Bevölkerung und dem gleichzeitigen Anwachsen einer neuen Unterklasse, eines »Prekariats« von bis zu 20% der Erwerbstätigen. Facharbeiter, die im Fordismus zur »Arbeiteraristokratie« gehört hatten, mussten mit dem Verlust ihrer Arbeitsplätze rechnen (vgl. Raphael 2019). So breitete sich zusammen mit einer skeptischen Zukunftsbetrachtung eine Wahrnehmung sozialer Ungerechtigkeit aus, die sich gegen die »politische Klasse« oder gegen Gruppen (z.B. Frauen, Akademiker, Migranten, Schwarze) richtete, die von linksliberaler Politik privilegiert schienen. Die zunehmende Distanz gegenüber der »politischen Klasse« reflektierte sich über das Wahlverhalten (sinkende Wahlbeteiligung, Stimmverluste für die großen Regierungsparteien der Mitte). Vor allem unter den unteren Gesellschaftsklassen machte sich eine zunehmende Unsicherheit im Hinblick auf die eigene Zukunft bzw. die der nachwachsenden Generationen im Arbeitsleben sowie bei der Alterssicherung breit. Negative Erfahrungen als Folge des Rückzugs des Staates (Austeritätspolitik) akkumulierten sich allerdings auch im Bereich des Gesundheits- und Bildungswesens sowie verschiedenen Lebensbereichen außerhalb der Arbeit, die den Gesetzen des Marktes, der Konkurrenz und der Profitproduktion unterworfen wurden. Der Begriff »Globalisierung« war zunehmend negativ besetzt; auch Einstellungen zur Europäischen Union in den unteren Volksklassen wandelten sich mit der Einführung des Euro und des europäischen Binnenmarktes zunehmend ins Negative (vgl. Deppe 2021).

Am Anfang des neuen Jahrtausends – vor allem nach den Ereignissen vom 11. September 2001 in den USA – haben die Kriege der USA und ihrer Verbündeten in Afghanistan, im Irak, und in Libyen ihrem Ansehen schweren Schaden zugefügt. Die Begründung für den Überfall auf den Irak (»Massenvernichtungswaffen«) erwies sich als plumpe Lüge. Die Kriege erzeugten schwere Verwüstungen und Menschenverluste. Sie wurden nicht gewonnen und schufen weder Ordnung noch Sicherheit. Nach dem Rückzug bzw. der Flucht der Amerikaner herrschte in diesen Gebieten Chaos, Elend, Bandenkriminalität. Radikalislamische Gruppen setzten sich in den Ruinen der »Failed States« fest. So konnte es nicht verwundern, dass in den Analysen und Debatten über das »American Empire« einerseits eine internationale Debatte über den »neuen Imperialismus« aufkam (vgl. dazu Harvey 2003 und 2005 sowie Deppe u.a. 2004). Andererseits wurde in diesem Kontext auch die Debatte über den Niedergang (»Decline«) der globalen Führungsrolle der USA wieder aufgenommen, die in den 1970er- und 1980er-Jahren den Aufstieg konkurrierender Rivalen im westlichen Lager (BRD/EU und Japan), die Konsolidierung der Macht der Sowjetunion in der »Breschnew-Ära« bis zur Helsinki-Konferenz für Sicherheit und Zusammenarbeit in Europa (1975), aber auch das selbstbewusstere Auftreten von Staaten des »Südens« in der UNO als Ausdruck schwindender US-amerikanischer »World Leadership« interpretierten.

Der britische Historiker Paul Kennedy hatte 1987 in einem großen Werk – »Aufstieg und Fall der großen Mächte. Ökonomischer Wandel und militärischer Konflikt von 1500 bis 2000« – den Niedergang der bipolaren Ordnung der zweiten Hälfte des 20. Jahrhunderts vorausgesagt. Die großen Mächte, so schlussfolgerte er aus seiner historischen Analyse, tendieren beim Ausbau ihrer imperialen auf den Weltmarkt und die militärischen Kräfteverhältnisse gerichteten Macht immer wieder dazu, diese im Verhältnis zu den inneren Machtressourcen zu »überdehnen«. Im Fall der Sowjetunion sah er ein »grimmiges Dilemma« in ihrer massiven militärischen Stärke. Im Fall der USA konstatierte er einen »relativen Verfall« ihrer Macht. Sie haben »wie das spanische Reich um 1600 oder das britische Empire um 1900 – eine enorme Reihe von strategischen Verpflichtungen geerbt, die sie Jahrzehnte zuvor übernahmen, als die politischen, wirtschaftlichen und militärischen Fähigkeiten der Nationen so viel gesicherter erschienen. Folglich unterliegen die Vereinigten Staaten heute jener Gefährdung, die Historikern, die sich mit dem Aufstieg und Fall ehemaliger großer Mächte beschäftigen, so vertraut ist und die grob ›imperiale Überdehnung‹ genannt werden könnte. Die Entscheidungsträger in Washington müssen nun der unangenehmen Tatsache ins Auge sehen, dass die Gesamtsumme der globalen Interessen und Verpflichtungen der Vereinigten Staaten heutzutage weit größer ist als die Kraft des Landes, sie alle gleichzeitig zu erfüllen.« (Kennedy 1989: 758f.)

Robert Gilpin, einer der führenden Vertreter der Internationalen Politischen Ökonomie (IPÖ) in den USA, stellte ebenfalls im Jahre 1987 fest: »Die Vereinigten Staaten zeigen in den 1980er-Jahren [...] die klassischen Erscheinungsformen des Niedergangs ihrer wirtschaftlichen und politischen Macht: übermäßige Besteuerung, chronische Inflation, und Zahlungsbilanzschwierigkeiten [...] der falsche Wohlstand des Reagan-›Wirtschaftswunders‹ verbarg vor dem amerikanischen Volk die Realität ihrer wahren Situation und die Tatsache, dass sie nur mit dem Geld anderer Völker erfolgreich waren.« (Gilpin 1987: 349) Die »wohlwollende Hegemonie« hatte sich schon mit der Auflösung des Währungssystems von Bretton Woods im Jahre 1973 in einen Führungsanspruch verwandelt, der zunehmend Tribut vonseiten der Staaten einforderte, die im American Empire den Schutz der US-Militärmacht genießen wollen.

Als Donald Trump im Jahre 2016 zum Präsidenten der USA gewählt wurde, hatte er mit seiner Losung »Make America Great Again« genau diesen Sachverhalt des Niedergangs der globalen Macht der USA – jetzt aber im Zusammenhang der sozialen und politischen Verwerfungen in den USA selbst – ins Zentrum gerückt und eine protektionistische Politik der wirtschaftlichen Wiederaufrüstung in Angriff genommen. Im Jahre 2007 schrieb Paul Kennedy: »Amerikanische Exceptionalism-Allüren werden also zwangsläufig mit globalen Kräften kollidieren, die stärker sind« (Kennedy 2007). In der Zeitschrift »Foreign Affairs« fragte 1987 der amerikanische Ökonom und Politikberater Fred Bergsten: »Kann die größte Schuldnernation der Welt die führende Macht der Welt bleiben?« (Zitiert nach Arrghi 1994: 352)

Die Vertreter der Weltsystemtheorie um Emmanuel Wallerstein haben die Geschichte des kapitalistischen Weltsystems seit dem Jahre 1500, den Aufstieg und den Niedergang der Großmächte – vor allem des British Empire zwischen dem 18. und dem frühen 20. Jahrhundert – eingehend untersucht und dabei die gewaltigen Transfers von Reichtum aus der Peripherie des »Südens« in die Zentren des Nordens, die Gesetzmäßigkeit von letztendlich Kriegen zwischen absteigenden und aufsteigenden Großmächten analysiert. Für das 20. Jahrhundert mit den beiden Weltkriegen standen dabei der Niedergang des British Empire und der Aufstieg des Deutschen Reiches nach 1871 als »Herausfordererstaat« im Zentrum. Dieser Kampf um Weltmacht zwischen der deutschen Landmacht in der Mitte Europas und der globalen Seemacht Großbritannien erschöpfte sich im Ergebnis des Zweiten Weltkrieges, aus dem die USA und die Sowjetunion als Sieger und als Führungsmächte zweier Systeme hervorgingen.

Das »lange amerikanische Jahrhundert« erreichte nach 1945 seinen Höhepunkt. Im letzten Viertel des 20. Jahrhunderts – darin stimmten die Autoren der Weltsystemtheorie überein – zeigten sich »Abnutzungserscheinungen« der US-amerikanischen Hegemonie sowie erste Zeichen eines Niedergangs, verbunden mit dem Aufstieg von »Herausforderern«. Giovanni Arrighi hatte am Ende seiner Studie über das »lange zwanzigste Jahrhundert« (1994) drei mögliche Resultate der »anhaltende[n] Krise des US-Akkumulationsregimes« skizziert: eine Verzögerung des Niedergangs durch die Expansion der Finanzmärkte – oder: »das ostasiatische Kapital könnte eine führende Position in systemischen Prozessen der Kapitalakkumulation einnehmen« – oder: die Weltordnung wird »in den Schrecken (oder in den Herrlichkeiten) der eskalierenden Gewalt verbrennen, die mit der Auflösung der Ordnung des Kalten Krieges einhergegangen ist.« (Arrighi 1994: 355f.) Wallerstein vertrat 2012 die Auffassung, dass »durch das poltisch-militärische Fiasko des neokonservativen Programms (unter George W. Bush) eines unilateralen militärischen Machismus [...] der Verfall der US-Hegemonie irreparabel« sei (Wallerstein 2014: 42f.). Arrighi hatte schon vorher mit seiner Analyse »Adam Smith in Beijing« des »neuen asiatischen Zeitalters« die große Verschiebung innerhalb des kapitalistischen Weltsystems im 21. Jahrhundert nach Ostasien konstatiert: Es ist die »Tatsache, dass China die USA als die am schnellsten wachsende große Ökonomie der Welt abgelöst hat und den gleichen Zugang zu US-amerikanischen Märkten anstrebt, wie andere Länder ihn haben. [...] Das Problem ist die weitverbreitete Auffassung in den USA, dass ein ›roter Sturm‹ mit China in seinem Zentrum [...] ›auf unsere Küsten trifft‹« (Arrighi 2008: 347).

Der Westen ist seit der großen Finanzkrise der Jahre 2008/2009 in eine anhaltende Krisenperiode geraten – gekennzeichnet durch Wirtschafts- und Finanzkrisen, die die nationalen Regierungen, aber auch die Notenbanken wie die FED in den USA und die EZB in der EU zu gewaltigen Rettungsprogrammen zwingen (zur Polykrise vgl. Tooze 2018 und 2021). Dazu kommen die Auswirkungen der Klimakrise und der Kriege (vor allem im Nahen Osten und in der Ukraine). Die Folgen der Klimakrise (Hitzewellen, Brände, Überschwemmungen und Dürreperioden) fordern staatliche Hilfs- und Schutzmaßnahmen heraus. Sie tragen aber auch dazu bei, Wellen der Migration aus den armen Ländern und aus den Kriegsregionen in die reichen Regionen des Westens zu treiben. Diese scheitern allerdings zunehmend daran, die Kosten dieser Migration – in der Perspektive der Eingliederung/Integration von Flüchtlingen (Erklärung der Menschenrechte) – zu bewältigen.

In den Großstädten in Westeuropa nimmt die Ghettobildung zu. Die Einwanderer kommen als Billiglöhner und als Konkurrenten auf den Arbeitsmarkt. Frühere Generationen leisteten über ihre Arbeit (z.B. in der Automobilindustrie bzw. im Baugewerbe) einen wichtigen Beitrag zum Wirtschaftswachstum, aber auch zur Finanzierung der Sozialsysteme. Mit den neuen Wellen der Migration geraten diese Systeme allerdings an ihre Grenzen. Die Institutionen des Bildungssystems und des Sozialstaates sind vielfach überfordert. Gescheiterte Integration drückt sich in der Zunahme von Kriminalität auf der einen, religiöser Radikalisierung (vor allem im Herkunfts- und Kulturbereich des Islam), aber auch in der Zustimmung von Teilen der unteren Volksklassen zu rechtspopulistischen Parteien aus, die die Kritik an der Migrationspolitik – verbunden mit nationalistischen und völkisch-rassistischen Argumenten – in den Vordergrund stellen.

Die Regierungen befinden sich im permanenten Modus des Krisenmanagements. Seit dem russischen Angriffskrieg auf die Ukraine haben die Sanktionen gegen Russland – vor allem aus der EU und aus Deutschland – zu gewaltigen Preissteigerungen auf den Energiemärkten, schließlich auch für Agrarprodukte geführt. Sie haben Wellen der Inflation ausgelöst, die die unteren Einkommensgruppen sehr viel stärker belasten als die oberen. Die gleichzeitige Erhöhung der Rüstungsausgaben führt jedoch dazu, dass die staatlichen Mittel für den Kampf gegen die Inflation und die Klimakrise auf der einen und für die Bewältigung der Kosten der Migration und dem Ausbau einer Infrastruktur (Wohnen, Verkehr, Bildung, Gesundheit) auf der anderen Seite begrenzt und umkämpft sind. Mächtige Streikbewegungen haben im Jahre 2023 – von Großbritannien über Frankreich bis nach Portugal – vor allem diesen Widerspruchskomplex zwischen der Anpassung an geopolitische Herausforderungen im Zuge des neuen Kalten Krieges und der Bearbeitung der mit der Politik des Neoliberalismus verbundenen Krisen und Widersprüche im Inneren der westlichen Gesellschaften deutlich werden lassen.

Schließlich hat die Corona-Pandemie nicht nur über den Zusammenbruch von Lieferketten die Weltwirtschaft belastet. Nach Adam Tooze wurde »die Welt von einer Krankheit erschüttert, die innerhalb von 12 Monaten mehr als 2,2 Millionen Menschen tötete und dutzende Millionen schwer erkranken ließ […]. Die Pandemie […] brachte einen Großteil des öffentlichen Lebens zum Erliegen, führte zu Schulschließungen, trennte Familien, unterbrach den Reiseverkehr innerhalb und zwischen Ländern und brachte die Weltwirtschaft ins Wanken. Um die Auswirkungen einzudämmen, nahm die staatliche Unterstützung für Haushalte und Unternehmen und Märkte Ausmaße an, wie es sie außerhalb von Kriegszeiten nicht gegeben hatte. Es handelte sich nicht nur um die bei weitem schärfste wirtschaftliche Rezession seit dem Zweiten Weltkrieg, sie war qualitativ einzigartig. Nie zuvor hatte es eine kollektive Entscheidung gegeben […] große Teile der Weltwirtschaft stillzulegen […], eine ›Krise ohne Beispiel‹ (IWF)« (Tooze 2021: 9).

Allerdings muss der Vermutung widersprochen werden, dass der Westen unter der Führung der USA inzwischen in eine durch Krisen und Katastrophen charakterisierte Entwicklungsphase eingetreten ist, in der sich sein Niedergang, sogar Tendenzen zum Zusammenbruch des Systems beschleunigen. Die Krisenprozesse zeichnen sich durch enorme Spaltungen und Fragmentierung aus. Die USA z.B. sind nicht nur einsame Spitze im Bereich der Rüstungsproduktion und der Hightech-Industrien, sondern führen auch im Bereich der Informations- und Kommunikationstechnologien, der künstlichen Intelligenz und vor allem im Finanzsektor (»Dollar-Wall-Street-Regime«). Das Silicon Valley gilt nach wie vor als einsames Zentrum der Kreativität, wenn es um Projekte profitabler Innovation jenseits des Industriezeitzeitalters, aber auch jenseits der Grenzen nationalstaatlicher Regulation geht.

Unternehmer wie Elon Musk (Tesla, Twitter), Jeff Bezos (Amazon), Mark Zuckerberg (Facebook) oder Galionsfiguren der internationalen Finanzindustrie wie Larry Fink (Blackrock) oder Warren Buffet werden als super-erfolgreiche Kapitalisten oder Investmentbanker bewundert. Die Spitzenuniversitäten in den USA ziehen nicht nur Forscher aus der ganzen Welt, sondern auch Studierende aus der Volksrepublik China an. Nach Göran Therborn erwirtschaften »nur zwei Länder, die USA und China, [...] jährlich ein höheres Bruttoinlandsprodukt (BIP) als das von BlackRock verwaltete Vermögen, das sich auf rund 10 Billionen Dollar beläuft. Die zehn größten Vermögensverwaltungsunternehmen kontrollieren zusammen 44 Billionen Dollar, was der Summe des jährlichen BIP der USA, Chinas, Japans und Deutschlands entspricht. 15 der 20 größten Unternehmen haben ihren Sitz in den USA. Die Regenten und Eigentümer dieser Digital- und Finanzkonzerne gehören trotz ihres Geschäftssinns und ihrer betont legeren Kleidung zu den gierigsten und rücksichtslosesten Kapitalistenklassen seit der Zeit der Raubritter und Sklavenplantagen. Einmütig verweigern sie ihren Beschäftigten die elementarsten Gewerkschaftsrechte, und mit ihren ausgeklügelten Steuervermeidungsplänen greifen sie öffentliche Subventionen ab, wo immer sie können.« (Therborn 2023: 14f.)

Dennoch gibt es einen wichtigen Unterschied gegenüber der Periode des »Golden Age of Capitalism« der Nachkriegszeit, die die materielle Grundlage des alten Kalten Krieges bildete. Es gab in den Staaten Westeuropas eine starke, überwiegend sozialdemokratisch orientierte Arbeiterbewegung mit starken Gewerkschaften, die sich für Lohnerhöhungen, aber auch für den Ausbau des Sozialstaates einsetzte. In den USA sicherte das Wirtschaftswachstum zusammen mit der Ideologie und Politik des »Fordismus« eine Erhöhung der Einkommen der Lohnarbeiter*innen, die aus der Sicht ihrer westeuropäischen Kolleg*innen den Lebensstil einer Mittelklassefamilie ermöglichten. Schelskys in den 1950er-Jahren aufgestellte These von »nivellierten Mittelstandsgesellschaften« hatte in dem »Klassenkompromiss« zwischen Wirtschaftswachstum auf der einen und dem Ausbau des Wohlfahrtsstaates auf der anderen Seite – also zwischen Kapitalinteressen und Sozialreformismus – als Bedingung für das »Wirtschaftswunder« der Nachkriegszeit seine reelle Grundlage. Im Glauben an die Lehren von John Maynard Keynes vertat die Mehrheit der Ökonomen (vor allem in den USA) die Auffassung, dass durch eine antizyklische Wirtschaftspolitik sowohl schwere Wirtschaftskrisen als auch Massenarbeitslosigkeit verhindert werden können. So festigte sich eine gesellschaftliche Kohäsion, die dazu noch ideologisch durch das Zusammenrücken im Kampf gegen den inneren und äußeren kommunistischen Feind gesteigert wurde.

Diese gesellschaftliche Kohäsion war in den USA stets geringer – einerseits aufgrund der sozialen Spaltungen, die durch die Diskriminierung des afroamerikanischen Bevölkerungsteils, andererseits aufgrund der Abstufungen und kulturellen Abgrenzungen zwischen den verschiedenen Generationen der Immigranten verstärkt wurden, aber auch die Bildung einer »Klasseneinheit von unten« blockierten. In den USA hat sich allerdings seit der Präsidentschaft von Ronald Reagan (1981–1989) dieser Prozess der Zerstörung von gesellschaftlicher Kohäsion als Folge der neoliberalen Politik der sozialen Spaltung und der verschiedenen Krisen noch verstärkt.

Am 6. Januar 2021 stürmten Anhänger des abgewählten Präsidenten Donald Trump in Washington das Kapitol, den Sitz des Kongresses. Nachdem Trump die Lüge vom Wahlbetrug in die Welt gesetzt hatte, wollten die Demonstranten verhindern, dass der Sieg von Joe Biden bestätigt würde. Nach einer aufstachelnden Rede Trumps drangen zwischen 800 und 1.200 Demonstranten ins Kapitol ein; fünf Menschen kamen ums Leben; 140 Polizisten wurden verletzt. Die Selbstzerstörung des Images von »Freedom and Democracy« war Resultat eines längeren Prozesses der sozialen, politischen und kulturellen Spaltung. Die Journalisten Brinkbäumer und Lamby sprechen von einer »dysfunktionalen Nation«. Es kommt zwischen den verfeindeten Parteien und Gruppen »zu keinen Einigungen mehr, nicht einmal zu einer Verständigung über Zahlen und andere Wahrheiten; und die sind politisch scheintot, nicht mehr handlungsfähig, da sie sich selbst ihre Kraft geraubt haben.« (Brinkbäumer/Lamby 2020: 286)

Die Partei der Republikaner hat sich seit der Tea Party Bewegung des Jahres 2009 immer weiter nach rechts bewegt – bis hin zu offen faschistischen, gewaltbereiten Strömungen. Donald Trump repräsentiert diese Wende nach rechts. Einerseits agierte er als Präsident als offener und höchst primitiver Interessenvertreter der Milliardäre, denen er Steuergeschenke machte. Andererseits stellte er sich seinen Anhängerinnen als Kämpfer gegen die Staatsmacht aus Washington dar. Nach seinen Worten wurde diese von einer politischen Klasse monopolisiert, die ihre linksliberale Politik der Förderung von Minderheiten (Frauen, Migranten, Schwarze, Schwule) und von sozialpolitischen Reformen (z.B. eine allgemeine Krankenversicherung) gegen die Mehrheit der Amerikaner – vor allem außerhalb von New York/Ostküste und Kalifornien – durchsetzen wollen und dabei den Niedergang des Landes sowohl auf dem Feld der internationalen Politik als auch bei den inneren Herrschaftsverhältnissen (Vorherrschaft der »weißen, christlichen Männer«) beschleunigen (vgl. dazu Hochschild 2016). Die faschistoiden Tendenzen verbinden ihre Kritik an der Politik einer linksliberalen akademisch gebildeten Mittelklasse gerne mit der Beschwörung der Gefahren des Kommunismus bzw. Sozialismus, der die »Freiheit« der Amerikaner bedrohe. Der demokratische Sozialist Bernie Sanders wurde bei den Vorwahlen für den Präsidentschaftskandidaten der Demokraten im Jahre 2016 vor allem von jungen Menschen gefeiert. »Vor allem für junge Amerikaner*innen ist ein demokratischer Sozialismus schlichtweg das Einzige, das noch Sinn ergibt, in der Erspürung einer Zukunft, die mehr bereithält als Schulden und Verwüstung« (Hermesmeier 2022: 101; vgl. auch Sanders 2016).

Dabei hat die Gewaltbereitschaft jener, die sich diesem rechten Lager zuordnen, drastisch zugenommen. Die US-amerikanischen Wissenschaftler Phil Gorski und Samuel Perry konstatieren in ihrer Analyse des weißen, christlichen Nationalismus die Bedrohungen für die amerikanische Demokratie: »Gewalt kann als der Versuch verstanden werden, die Ordnung aufrechtzuerhalten, wenn (implizit weiße) Polizisten oder ›Gutmenschen mit Waffen‹ gegen (implizit nicht-weiße) ›Bösewichte‹ vorgehen. Es kann sogar als Versuch gelesen werden, die Ordnung wiederherzustellen, wie beim Aufstand im Kapitol im Januar 2021. Aber es wird als moralische Erniedrigung und dystopisches Chaos angesehen, wenn die Gewalt Black Lives Matter, Antifa oder den Bewohnern von Innenstädten zugeschrieben wird. Weiße Gewalt ist die ultimative Quelle der Ordnung. Im Gegensatz dazu ist schwarze oder linke Gewalt die ultimative Quelle der Unordnung. Weiße christliche Gewalt ist auch der grundlegendste Ausdruck der Freiheit. Die

Gewalt von Minderheiten oder vermeintlichen Sozialisten stellt die größte Bedrohung für die Freiheit dar. ›Weiße Patrioten‹ müssen ›bereit sein, Gewalt gegen Latino-Banden und schwarze Kriminelle anzuwenden.‹ Das ist es, was im Universum von Trump's ›Make America Great Again‹ als ›politische Philosophie‹ gilt.« (Gorski/Perry 2022: 102)

Natürlich wird die Regierung auch für den sozialen Abstieg verantwortlich gemacht, der im Ergebnis der »Globalisierung« Teile der Facharbeiterschaft erfasst hat, die in der Folge der Verlagerung der Automobilproduktion und der Zulieferindustrien nach China, aber auch nach Mexiko (im Rahmen von NAFTA) ihre Arbeitsplätze verloren haben. Sie unterstützen nationalistische Losungen (»Make America Great Again«), die über die »De-globalisierung« und über eine protektionistische Wirtschaftspolitik den »Standort USA« schützen und wieder aufbauen wollen.[16] Anne Case und Angus Deaton haben in ihrer empirischen Studie über das Ansteigen der Zahl der Selbstmorde »aus Verzweiflung« in den USA vor allem die Prozesse des sozialen Abstiegs, aber auch der Schwächung der Gewerkschaften im Bereich der industriellen Arbeit hervorgehoben. »Die guten Löhne, die einst die Arbeiteraristokratie unterstützten, sind weitgehend verschwunden, und das verarbeitende Gewerbe wurde durch Dienstleistungsjobs ersetzt – zum Beispiel im Gesundheitswesen, bei der Zubereitung und Bedienung von Lebensmitteln, bei Hausmeister- und Reinigungsdiensten sowie bei Wartung und Reparatur […] Wenn Arbeit zerstört wird, dann kann auch das Leben der Arbeiterklasse nicht überleben. Es ist der Verlust des Sinns, der Würde, des Stolzes und der Selbstachtung, der mit dem Verlust der Ehre und der Gemeinschaft einhergeht, der zur Verzweiflung führt, und nicht nur oder auch nur in erster Linie der Verlust von Geld.« (Case/Deaton 2020: 4 und 8)

[16] Auch der Demokrat Joe Biden, der 2020 zum Präsidenten gewählt wurde, hat unter der Losung »Build Back Better« von der Notwendigkeit eines gewaltigen nationalen Wiederaufbau-Programms gesprochen. Die Maßnahmen im Rahmen des Wirtschaftskrieges gegen China hat er noch verschärft. Dazu hat er ein äußerst umfangreiches Investitionsprogramm für den »Wiederaufbau« der Infrastruktur in den USA aufgelegt, das darauf gerichtet ist, verschiedene Ziele zu verbinden: Investitionsförderung für die US-Industrie, Schaffung von Arbeitsplätzen sowie einzelne Maßnahmen im Bereich des Klimaschutzes. Die weitergehenden Forderungen von Bernie Sanders oder der Linken im Kongress (Green New Deal) sind dabei untergegangen; denn Biden musste mit Republikanern eine Mehrheit für sein Programm finden, was dem rechten Flügel der Demokraten sehr gelegen kam

Dabei hat in den USA die Gewaltbereitschaft im Namen der Verteidigung der »Freiheit« drastisch zugenommen – nicht nur in der Gewalt gegen Schwarze und andere Minderheiten, sondern auch in Angriffen auf die Institutionen des demokratischen Systems selbst. Diese Tendenzen werden sowohl durch rechtsextreme Privatsender, vor allem aber durch die neuen sozialen Medien unterstützt. Die Freiheit des Individuums vermag sich nun darin zu bestätigen, dass es sich über die neuen sozialen Medien eine Öffentlichkeit schaffen kann, in der dem Hass auf politische Gegner sowie auf die demokratischen Institutionen – zusammen mit Gewaltfantasien – freie Bahn gegeben wird. Zu dieser Zerstörung einer demokratischen Kultur gehört schließlich, dass mit dem Kampfbegriff des »Fake« der Anspruch auf Wahrheitskriterien im politischen Diskurs total diskreditiert wird und skrupellose Lügen die Massenveranstaltungen des Ex-Präsidenten beherrschen, der immer wieder behauptet, dass ihm der Wahlsieg gestohlen worden sei und dass nur er in der Lage sei, »Amerika (wieder) groß zu machen«.

Die Vertiefung der gesellschaftlichen Krisenprozesse in den USA hat auch die Attraktivität des »American Way of Life« beschädigt. In den Zeiten des alten Kalten Krieges galt dieser nicht nur in Europa als die Utopie von Wohlstand und Freiheit für die Mehrheit der Bevölkerung. In den Filmwelten von Hollywood wurde nicht nur das Leben der amerikanischen Mittelklasse idealisiert. In den Westernfilmen wurden starke Männer vorgeführt, die für die Landnahme im Westen, die Vernichtung der indigenen Bevölkerung, aber auch – als gute Christen – für den Kampf um Eigentum (Land) und die Anerkennung des Gesetzes einstehen konnten. Diese Utopien vom »guten Leben«, die auch immer wieder leuchtende Beispiele für die individuelle Freiheit als Triebkraft des demokratischen Gemeinwesens präsentierten, haben im Zuge des Niedergangs und der Zerstörung des »American Dreams« deutlich an Strahlkraft verloren. Im alten Kalten Krieg, im ideologischen Krieg der Systeme, spielten diese Utopien eine außerordentliche Rolle im Alltagsbewusstsein vor allem junger Menschen. Im neuen Kalten Krieg hat diese »soft power« von »Freedom and Democracy« im Systemvergleich an Bedeutung verloren. Die weltweit gefeierten Rock-Bands und Rap-Gruppen aus den USA sind keine Propagandisten von »Freedom and Democracy«, sondern thematisieren eher die Widersprüche der US-Gesellschaft. Immerhin steht die Beschwörung dieser Ideologie im Mittelpunkt der Unterscheidung und Entgegensetzung von demokratischen und autokratischen Staaten, die der amerikanische Präsident Joe Biden ins Zentrum seiner Begründung einer neuen Systemkonfrontation gestellt hatte.

Wie die USA und ihre Verbündeten auf diese Herausforderungen im Zusammenhang einer »neuen Weltordnung« reagieren werden, hängt zunächst einmal von der politischen Entwicklung im eigenen Lande ab. Die Innen- und die Außenpolitik der Großmächte – das gilt für die USA ebenso wie für Russland und China – steht in einem Verhältnis der wechselseitigen Abhängigkeit. Die Präsidentschaftswahlen in den USA im Jahre 2024 könnten von Donald Trump oder einem anderen rechtsradikalen Kandidaten der Republikaner gewonnen werden, die die Bündnispartner z.B. in Europa eher als Konkurrenten einstufen und auf die (unipolare) militärische Überlegenheit des Landes setzen. Neue Krisenprozesse im Weltfinanzsystem (z.B. eine Immobilienkrise, deren Zentrum derzeit in China schwelt) könnten Tendenzen zur »De-Globalisierung«, zur nationalen Abschottung sowie zu einer protektionistischen Wirtschaftspolitik weiterbefördern.

Entscheidend aber bleibt – auch im Hinblick auf die Gefahren von militärischen Konflikten – der große Widerspruch zwischen der Spitzenposition der USA im Bereich des Weltfinanzsystems sowie der militärischen Macht auf der einen und den inneren Zerfalls- bzw. Zersetzungsprozessen gesellschaftlicher und politischer Kohäsion in den USA selbst auf der anderen Seite. So könnte die Zuspitzung der gesellschaftlichen Krisenprozesse in den USA eine Politik stärken, die militärische Abenteuer außerhalb des eigenen Landes vermeiden möchte, um den Prozess des »build back better« (Joe Biden) nicht zu gefährden. Jedoch droht ein katastrophisches, extrem gefährliches Szenario: die Bereitschaft zu militärischen Interventionen gegen die »Autokratien« könnte in dem Maße zunehmen, wie die innere Krise und die politische Instabilität anwächst.

Dabei kann die Demokratische Partei keineswegs als Sachwalter einer Politik des Wiederaufbaus eines »demokratischen Kapitalismus« im eigenen Lande angesehen werden. Im Gegenteil – im State Department unter Außenminister Antony Blinken (und seiner Stellvertreterin Victoria Nuland) haben sich jene »Falken« durchgesetzt, die einst – wie Dick Cheyney und Howard Rumsfield unter George W. Bush – am rechten Flügel der Republikaner das Projekt eines »neuen amerikanischen Jahrhunderts« und die Kriege nach 9/11 unterstützten (vgl. dazu Greiner 2021:179f.). Robert Kagan, einst ideologischer Propagandist dieses Projektes, formuliert heute unter einem demokratischen Präsidenten Leitlinien für die Politik des US Außenministeriums (Kagan 2018).

Schließlich muss bei der vergleichenden Analyse des alten und des neuen Kalten Krieges eine weitere Differenz in den Blick genommen werden. Mit dem Wahlsieg von Joe Biden, der Verbesserung der transatlantischen Beziehungen und der geschlossenen Reaktion des Westens und der NATO auf den russischen Angriff auf die Ukraine wird von den Leitmedien natürlich die These vom »Niedergang des Westens« bzw. der USA – als eine Art Kriegserklärung aus Moskau und Beijing – scharf zurückgewiesen. Der Sozialdemokrat Jens Stoltenberg aus Norwegen, Generalsekretär der NATO, würde vor allem auf den Beitritt von Finnland und Schweden und die Geschlossenheit des Bündnisses in der Solidarität mit der Ukraine verweisen. Im historischen Vergleich wird allerdings schnell deutlich, dass sich die Beziehungen zwischen der Führungsmacht und einzelnen Mitgliedstaaten inzwischen deutlich verändert hat.

In den frühen 1950er-Jahren waren weder die BRD in Europa noch Japan im Fernen Osten souveräne Staaten. Sie waren von Truppen besetzt. In Westdeutschland galten die »Vorbehaltsrechte«[17] bis zur deutschen Wiedervereinigung im Jahr 1991. Japan musste 1952 im Friedensvertrag mit den USA nicht nur den US-Militärstützpunkten im Lande zustimmen, sondern bis heute auf eine eigene Sicherheitspolitik verzichten. Seit den 1970er-Jahren wurde der wirtschaftliche Aufschwung der beiden Länder in den USA als Herausforderung wahrgenommen. Der »Exportweltmeister« BRD hat vor allem nach der Wiedervereinigung im Rahmen der erweiterten Europäischen Union (EU) – Binnenmarktprogramm, EU-Ost-Südosterweiterung, Einführung des Euro – eine wirtschaftliche und politische Führungsposition eingenommen, die im Jahrzehnt nach der Finanz- und Wirtschaftskrise 2008/09 und der Eurokrise 2011 noch ausgebaut wurde.

---

[17] Die Drei Mächte (USA, Großbritannien, Frankreich) nahmen eine Reihe von Sonderbefugnissen für sich in Anspruch, zum Beispiel: Abrüstung und Entmilitarisierung; Reparationen, Kontrollmaßnahmen bezüglich des Ruhrgebiets; Kontrolle von und Eingriffe in Wirtschaftsleben und Industrie (auch: Außenhandel); auswärtige Angelegenheiten »einschließlich völkerrechtlicher Abkommen, die von Deutschland oder mit Wirkung für Deutschland abgeschlossen werden«; Schutz, Sicherheit, Finanzierung und Versorgung der alliierten Streitkräfte; Beachtung des Grundgesetzes und der Landesverfassungen. Außerdem war festgelegt: »Die Besatzungsbehörden behalten sich jedoch das Recht vor, auf Anweisung ihrer Regierungen die Ausübung der vollen Regierungsgewalt ganz oder teilweise wieder aufzunehmen, wenn sie der Ansicht sind, dass dies aus Sicherheitsgründen oder zur Aufrechterhaltung der demokratischen Regierungsform in Deutschland oder in Verfolg der internationalen Verpflichtungen ihrer Regierungen unumgänglich ist. Bevor sie dies tun, werden sie die zuständigen deutschen Behörden von ihrem Entschluss und seinen Gründen offiziell unterrichten.« (nach Wikipedia).

Dabei war die Politik der BRD-Regierungen stets darauf gerichtet, über diese Führungsrolle in der EU zum »Global Player« in den Auseinandersetzungen um eine neue Weltordnung nach dem Ende des Kalten Krieges aufzusteigen. Zahlreiche Ansätze, die EU auch durch eine militärische Komponente zu stärken, scheiterten oder verharrten auf niedrigem Niveau. Großbritannien hatte vor dem Austritt aus der EU in Absprache mit den USA die Aufgabe übernommen, den Ausbau eigner Militärmacht in Europa zu verhindern. In den 1990er-Jahren setzten sich die USA dafür ein, dass Polen und die baltischen Staaten vor ihrem Beitritt zur EU Mitglieder der NATO wurden. Seitdem haben sich die Beziehungen zwischen der extrem rechten PIS-Regierung und den USA nicht nur über die Ausrüstung der polnischen Armee ständig verbessert. Dabei soll auch ein Gegengewicht gegen die Achse Berlin–Paris in der EU geschaffen werden, die immer wieder auf das Projekt einer auch militärisch aufgerüsteten europäischen Weltmacht zurückkommt.

In der Politik von Japan und Deutschland herrschte allerdings – wie Georg Friedman betont – in der Nachkriegszeit als Alternative zum Militarismus vergangener Zeiten ein »Ökonomismus« vor: »Nationale Interessen wurden [...] in erster Linie dadurch verfolgt, dass man geradezu besessen am wirtschaftlichen Fortschritt arbeitete. Wirtschaftliche Entwicklung machte in diesem Denkansatz Militarismus unnötig.« (Friedman 2015: 217) Vertreter der neorealistischen Schule der internationalen Beziehungen – wie z.B. John Mearsheimer oder auch Marxisten wie Leo Panitch – amüsierten sich gelegentlich über Thesen, nach denen sich die EU (unter deutscher Führung, z.B. angetrieben durch den deutsch-grünen Außenminister Joseph Fischer) auf dem »Weg zur Weltmacht« befinde. Deutschland sei keine Atommacht und in Bezug auf ihre militärische Macht sei die EU »unbedeutend«, in Fragen der Sicherheit nach wie vor von den USA als Juniorpartner abhängig.

In den USA gab es allerdings immer Politiker, die den wirtschaftlichen Aufstieg Deutschlands und den Ausbau der EU unter deutscher Führung misstrauisch als ein Projekt verfolgten, das in letzter Instanz auf die Infragestellung der US-amerikanischen Unipolarität gerichtet war und dazu auch noch den wirtschaftlichen Interessen der USA zuwiderlief. Die starke Position der deutschen Exportwirtschaft war u.a. darauf gegründet, billige Energie (Erdöl, Gas) aus Russland zu beziehen und auf dem chinesischen Markt – im Bereich der Automobilproduktion, der Großchemie und Pharmazeutik sowie der Elektrotechnik stark vertreten zu sein.

Mit dem Krieg in der Ukraine und den vom Westen verhängten Sanktionen wurde nun vor allem die deutsche Wirtschaft getroffen. Präsident Joe Biden hatte schon früh verkündet, seine Regierung werde dafür sorgen, dass die unter der Ostsee verlegte russische Gaspipeline North Stream II niemals ihren Betrieb aufnehmen werde; die Zerstörung des Objektes nach dem Beginn des Ukrainekrieges wurde höchstwahrscheinlich von den USA veranlasst. Deutschland ist nunmehr auf teure Energieimporte u.a. aus den USA angewiesen. Die Welle der Inflation seit 2022 wird u.a. durch die gestiegenen Energiepreise angeheizt. Der Bundeskanzler und seine Regierung beschweigen diesen Vorfall im Geiste der neuen transatlantischen Partnerschaft. Die »Ampel«-Regierung von Kanzler Scholz muss sich daher zusätzlich – zu den Herausforderungen durch die Politik der Energiewende (als Abkehr von den fossilen Energieträgern) – mit einer Rezession auseinandersetzen, die durch die steigenden Energiepreise sowie die Preise für Lebensmittel, insgesamt aber durch die sinkende Nachfrage aus dem Ausland (vor allem aus China) verursacht wird.

Davon profitieren die USA in mehrfacher Hinsicht: zunächst die Energiekonzerne, die teures Fracking-Gas nach Deutschland liefern, und die amerikanischen Rüstungskonzerne, für die ein erheblicher Teil des 100-Milliarden-Fonds für die Aufrüstung der Bundeswehr vorgesehen ist. Auch der US-Binnenmarkt zieht durch die protektionistischen Maßnahmen des Biden'schen Infrastrukturprogramms Direktinvestitionen deutscher Konzerne an. So zeigt sich, dass der westliche »Block« unter der Führung der USA nicht nur durch gemeinsame Interessen zusammengehalten wird. Zwischen den Mitgliedstaaten und ihrer Beziehung zu den USA bestehen zugleich rivalisierende ökonomische und politische Interessen im Hinblick auf die Gestaltung einer multipolaren Weltordnung. Der italienische Soziologe Marco D'Eramo betrachtet daher das »Absinken« (man könnte es auch als »das Versenken« übersetzen) von Deutschland als eine mögliche Folge des Ukrainekrieges. Das betrifft nicht allein die Energieabhängigkeit von Russland, sondern die Herausbildung eines »deutschen Blockes« in der EU.[18] Dieser dominiert nicht nur den EU-Binnenmarkt, sondern ist mit der chinesischen Wirtschaft eng verflochten. Im »Seidenstraßen-Projekt« spielte die Zugverbindung zwischen China und Duisburg am Niederrhein

---

[18] Mit Österreich, der Schweiz und den Niederlanden als »Westflanke« und Tschechien, Slowakei, Ungarn, Polen und Slowenien im »Osten« – mit Deutschland als hegemonialem Zentrum.

eine wichtige Rolle. Innerhalb der neuen Weltordnung besäße ein solcher »eurasischer Block« – mit Deutschland und China an den Rändern, Russland als dem »unverzichtbaren Verbinder« (»indispensable connector«) – ein großes Gewicht. »Das erklärt die Beharrlichkeit, mit der sich die Deutschen gegen die Interessen Washingtons und der NATO für die Gaspipeline North Stream 2 eingesetzt haben. Die erste spürbare geopolitische Auswirkung des Ukraine-Krieges war das Scheitern dieses Projekts.« (D'Eramo 2022) Das Verhältnis zwischen der EU und den USA, aber auch die zukünftige Rolle Deutschlands wird also im Kontext der »Polykrise« und der Unsicherheit, die mit der US-Präsidentschaftswahl im Jahre 2024 verbunden ist, noch zahlreichen Herausforderungen und Umwälzungen unterworfen sein. Die schnelle Unterwerfung der Regierung Scholz unter die US-amerikanische Führungsrolle im Kampf gegen Russland und China könnte sich schnell als Fehlkalkulation erweisen.

6. Eine Epoche imperialer geopolitischer Rivalität?

Der Vergleich zwischen dem alten und dem neuen Kalten Krieg hat schnell deutlich werden lassen, dass sich die Geschichte niemals in den gleichen Bahnen wiederholt. Er hat aber auch gezeigt, dass wesentliche Bedingungen, die den Sieg des Westens im alten Kalten Krieg ermöglicht haben, inzwischen nicht mehr wirken. Im Gegenteil: Die ökonomische Überlegenheit des Westens im globalen Finanzmarktkapitalismus, die die expansive Welle des Neoliberalismus getragen hat, wird durch den Aufstieg des neuen asiatischen Zentrums der Weltwirtschaft mit China als dem »Aufsteiger« herausgefordert. Und: der »Westen« kämpft seit 2008/09 mit der »Polykrise«, in der sich wirtschaftliche und finanzielle Instabilität, soziale Ungleichheit, die Klima- und Umweltkrise, der Druck der Migration mit den Defiziten nationalstaatlicher Antikrisenpolitik, dem Aufschwung rechtsnationalistischer Bewegungen und Parteien sowie mit dem Ausbreiten pessimistischer Zukunftserwartungen in der Bevölkerung – vor allem bei jungen Menschen – verbinden.

Die Konstruktion einer neuen Blockkonfrontation ist ein Versuch, zu den ideologischen Schlachten des alten Kalten Krieges zurückzukehren und dabei die inneren (gesellschaftlichen und politischen) Krisen- und Spaltungsprozesse durch ideologische Schließung, klare Freund-Feind-Verhältnisse (gut/böse) und die Anerkennung des Primats der Hochrüstung zu neutralisieren. Allerdings ist – wie die Betrachtung des BRICS-Bündnisses gezeigt hat – der gegnerische »Block« weit weniger gefestigt und ideologisch profiliert als das früher von der Sowjetunion geführte »Lager«. Ihn eint ein Interesse an einer multipolaren Weltordnung jenseits der Hegemonie des Westens. Das kommunistisch regierte China wirbt nicht für die sozialistische Weltrevolution, sondern für ökonomische »Win-Win«-Beziehungen zwischen den Staaten sowie für eine geeinte, aber auch starke Stimme des »Südens« in den internationalen Organisationen. »Friedliche Koexistenz« jenseits der Hegemonie des Westens steht dabei ebenso im Zentrum wie das Ziel, Kriege, vor allem atomare Auseinandersetzungen, zu verhindern.

Der politische Niedergang der USA manifestiert sich nicht allein im Verlust der Kontrolle über die BRICS-Staaten[19] und in den gescheiterten Militäraktionen der letzten beiden Jahrzehnte, sondern auch in den inneren Spaltungs- und Krisenprozessen in der Gesellschaft wie im politischen System der USA. Das massive Anwachsen rechtsradikaler, präfaschistischer Strömungen in und um die Partei der Republikaner und den Ex-Präsidenten Trump hat zugleich auch bei den Bündnispartnern die Unsicherheit über die künftige Stabilität im »American Empire« verstärkt. Die Chancen auf eine »goldene Dekade« des American Empire werden eher negativ bewertet. Auch der weitere Aufstieg Chinas könnte allerdings wegen des Vormarsches kapitalistischer Eigentums- und Produktionsverhältnisse im eigenen Lande, sowie aufgrund der binnen- und außenwirtschaftlichen Integration in das vom Westen dominierte globalkapitalistische Wirtschafts- und Finanzsystem bedroht werden. Dann könnte ein Szenario von Chaos, zugespitzter Konfrontation und Kriegsgefahr zwischen den Hauptrivalen (z.B. in der Taiwan-Frage), aber auch von Krisen- und Zerfallsprozessen innerhalb des BRICS-Bündnisses Realität werden. Nicht nur die indische Regierung wird danach streben, im Machtkonzert der internationalen Politik eine eigenständige Rolle zwischen den Kontrahenten zu spielen. Auf dem Felde der sozialwissenschaftlichen Zukunftsforschung ist der Begriff der »Krise« längst durch den der »Katastrophe« verdrängt worden (Urry 2016).

---

[19] Am Vorabend des Treffens der G-20-Staaten in Indien im September 2023 muss die journalistische Fanfare der »freien Welt« und des Neoliberalismus, die FAZ, konstatieren, dass »der Versuch, 2009 die wichtigsten Schwellenländer in die damals noch weitgehend vom Westen dominierte Weltordnung einzubeziehen, [...] Opfer der neuen Multipolarität werden« könnte. Der BRICS-Gipfel in Südafrika habe gezeigt, »dass der Westen (d.h. G7) bei vielen Themen international in der Defensive ist« (N. Busse: Opfer der Multipolarität, FAZ, 9.9.2023: 1).

Der Historiker Tony Judt rezensierte im Jahre 2006 das Buch von John L. Gaddis über den alten »Kalten Krieg«. Gaddis galt als der »Doyen der (amerikanischen) Historiker des Kalten Krieges«. Dieser – so Gaddis – war »unvermeidlich und notwendig«. Am Ende hat schließlich »dank größerer Ressourcen, eines politisch und ökonomisch entschieden attraktiveren Modells und der Initiative einiger entschlossener Männer (und einer Frau) [...] die richtige Seite gewonnen«. Judt unterzieht dieses Buch, das die amerikanische Politik idealisiert, einer scharfen Kritik. Es wäre allerdings falsch, die »Geschichte des Kalten Krieges« als »naive, selbstgefällige Darstellung abzutun«; denn: »Gaddis' Version ist genau das Richtige für das Amerika von heute, ein verunsichertes Land, das den Bezug zur Vergangenheit wie zur übrigen Welt verloren hat und nach einem ›Märchen mit gutem Ausgang‹ hungert« (Judt 2010: 375). Der Sicherheitsberater von Präsident Joe Biden, Jake Sullivan, hebt hervor, dass die USA die ökonomische Weltführerschaft nur dann erfolgreich verteidigen kann, wenn sie die Krisen bewältigt, die in den vergangenen Jahrzehnten das Modell der alten Hegemonie untergraben haben: »Eine sich verändernde Weltwirtschaft hat viele arbeitende Amerikaner und ihre Wohngemeinden zurückgelassen. Eine Finanzkrise erschütterte die Mittelschicht. Eine Pandemie hat die Fragilität unserer Lieferketten deutlich gemacht. Ein sich veränderndes Klima bedrohte Leben und Lebensgrundlagen. Der Einmarsch Russlands in die Ukraine hat die Gefahr einer übermäßigen Abhängigkeit verdeutlicht.«[20]

Viele der Thesen, die nach dem Ende des alten Kalten Krieges über die Zukunft des Weltsystems formuliert wurden, haben sich nicht bestätigt. Fukuyamas These vom »Ende der Geschichte« implizierte die These von der weltweiten Akzeptanz von »Marktwirtschaft« (liberaler Kapitalismus) und repräsentativer Demokratie. Sie wurde schon im »Krieg gegen den Terrorismus« nach 9/11 durch die Thesen von Samuel Huntington abgelöst. Danach würden die etablierten Mächte des Westens – an der Spitze die USA – in einem großen Krieg der Kulturen mit der zunehmenden wirtschaftlichen, politischen und kulturell-religiösen Macht im Fernen Osten (China) und in der muslimischen Welt (des Nahen Ostens) konfrontiert (Huntington 1996).

Dieser Konflikt hält bis heute an, wird allerdings überlagert durch den wirtschaftlichen und politischen Aufstieg Chinas. Dieser hat sich nach

[20] Remarks by National Security Advisor Jake Sullivan on Renewing American Economic Leadership at the Brookings Institution, April 27, 2023.

einer Epoche der »USA-China Symbiose« (1990–2010) in eine »USA-China-Rivalität« (nach 2010) verwandelt. China und Russland sind enger zusammengerückt, die Bedeutung des Bündnisses der BRICS-Staaten hat zugenommen. Die militärische Aggression Russlands gegen die Ukraine seit dem Februar 2022 hat massive Gegenreaktionen des Westens (Waffenlieferungen, finanzielle Unterstützung, scharfe wirtschaftliche und politische Sanktionen gegen Russland etc.) ausgelöst. Die schnelle Verwandlung des Krieges in eine globale Blockkonfrontation hat also den Übergang in einen neuen »Kalten Krieg« als bestimmende Formation der Weltordnung nach dem Big Crash der Wirtschafts- und Finanzkrise nach 2008 beschleunigt (vgl. Solty 2023b: Achcar 2023).

Anhänger der neorealistischen Schule der internationalen Beziehungen sagen voraus, dass der Konflikt zwischen der absteigenden alten Weltmacht und einem neu aufsteigenden Herausforderstaat« zum Krieg führen muss (vgl. u.a. Mearsheimer 2001: 334ff.). Aus der Thukydides-Falle[21] könne man sich nur durch einen Krieg befreien. Das 21. Jahrhundert steuere demzufolge auf einen Krieg bzw. auf eine Entscheidungsschlacht zwischen den USA (und ihren Verbündeten) und China zu. Die steigenden Rüstungsausgaben (an der Spitze in den USA) signalisieren das Streben nach militärischer Überlegenheit, um den Gegner – wie im alten Kalten Krieg – abzuschrecken und ggf. totzurüsten. Die europäischen NATO-Staaten forcieren die Aufrüstung, um Russland von weiteren militärischen Aktionen an seinen Grenzen abzuschrecken: Polen und die baltischen Staaten spielen dabei eine besondere Rolle.

Der globale Konflikt zwischen den USA und China im Hinblick auf die Gestaltung der Weltordnung im 21. Jahrhundert konzentriert sich freilich auf die Frage, wer den Wettlauf um die Beherrschung und Anwendung der Hochtechnologien und der künstlichen Intelligenz, um die Bewältigung der Klima- und Umweltkrise, um die Vermeidung des Crashs im Weltfinanzsystem und schließlich um die innere politische Stabilität gegen Aufstände

[21] Die »Thukydides-Falle« (Graham T. Allison) soll die hohe Wahrscheinlichkeit eines Krieges bezeichnen, wenn eine aufstrebende Macht eine bestehende Großmacht als regionalen oder internationalen Hegemon zu verdrängen droht. Sie soll – in der aktuellen Debatte – einen potenziellen militärischen Konflikt zwischen den Vereinigten Staaten und der Volksrepublik China beschreiben. Der Begriff wurde auch schon vom chinesischen Parteichef Xi Jinping verwendet. Er basiert auf einem Zitat des antiken athenischen Historikers und Strategen Thukydides, wonach der Peloponnesische Krieg zwischen Athen und Sparta aufgrund der Furcht Spartas vor der wachsenden Macht Athens unvermeidlich gewesen sei.

der Unzufriedenen in den eigenen Ländern gewinnen wird. Wie aber sehen die Fronten und Strukturen in diesem neuen Kalten Krieg aus?

Einige Marxisten vertreten mit dem Blick auf China und die BRICS-Staaten die Auffassung, dass der Kampf der »arme(n) Welt gegen (die) reiche Welt [...] die neue Linie des internationalen Klassenkampfes« (Schuhler 2023) bilde. Dabei wird einerseits die Kohärenz eines von China geführten anti-westlichen »Blockes« überschätzt. Auf der anderen Seite wäre zu hinterfragen, inwieweit die Interessen von Staaten mit überwiegend kapitalistischer Produktionsweise an einer gerechten Gestaltung der Weltwirtschaftsordnung mit dem Hinweis auf das »Manifest der kommunistischen Partei« (von Marx und Engels aus den Jahren 1847/48) und mit dem Begriff des »Klassenkampfes« adäquat zu begreifen sind. Wladimir Putin würde sich eine solche Zuordnung verbieten, obwohl er sie sicher aufgrund seines Bildungsstandes aus früheren Zeiten leicht nachvollziehen könnte.

Andere Autoren charakterisieren die Konfrontation zwischen den USA und China als »Clash of Empires« und beziehen sich dabei auf die Erkenntnisse der sog. Weltsystemtheorie von Emmanuel Wallerstein u.a. Im Innern der chinesischen Wirtschaft und Gesellschaft hat sich mit der Reformpolitik eine gewaltige Transformation vollzogen, die – so Felix Wemheuer – mit der Marxschen Theorie der »sogenannten ursprünglichen Akkumulation des Kapitals« begriffen werden kann (Wemheuer 2019: 176ff.). Chinesisches Kapital ist aber über die globalen Verflechtungen transnationaler Konzerne, Waren- und Kapitalexporte sowie durch weltweit gestreute Investitionen im Bereich der Logistik und Infrastruktur (Häfen, Straßenprojekte usw.) darauf angewiesen, dass der chinesische Staat mit seiner Außen- und Militärpolitik diesen expansiven Prozess stützt und absichert – bis hin zu militärischen Überlegungen, die der Sicherheit der Handelsrouten oder auch von einzelnen Konzernen (die unter den Druck der westlichen Sanktionspolitik geraten) betreffen.

Insgesamt muss der chinesische Staat (d.h. die KP Chinas) auf die gegen ihn gerichteten Aktivitäten der USA und ihrer Verbündeten im indopazifischen Raum reagieren. So entsteht die klassische, imperialistische Konstellation einer Politik, die durch externe Machtexpansion ein inneres Regime absichern muss (vgl. Deppe u.a. 2011). Diese Politik kollidiert unvermeidlich und permanent mit der imperialen Politik anderer Großmächte. Geopolitik als Sicherung der Grenzen, als Sicherung des ökonomischen und politischen Einflusses einer Großmacht in Räumen (Land und See) und auf Märkten sowie bei der Bildung von Bündnissen und Koalitionen zwischen Staaten wird – wie in der Epoche der Herausbildung des Imperialismus (und der Bildung der Kolonialreiche) am Ende des 19. Jahrhunderts – zu einem Schlüsselbegriff der Außenpolitik von großen Mächten. Dabei werden Konflikte erzeugt, die bis zu militärischen Auseinandersetzungen eskalieren, aber stets auch zu atomaren Großkonflikten entgleiten können. Der in Baltimore/USA lehrende chinesische Autor Ho-fung Hung diagnostiziert in diesem Sinne einen »Zusammenstoß der Großmächte« – USA und Volksrepublik China – als bestimmendes Merkmal der gegenwärtigen Epoche des Kampfes um die Neuordnung der globalen wirtschaftlichen und politischen Machtverhältnisse (Ho-fung Hung 2022).

Die verschiedenen Erklärungsversuche des neuen Kalten Krieges (mit der Gefahr der Eskalation zum »heißen Krieg«) bemühen sich, in den wirtschaftlichen, politischen und ideologischen Auseinandersetzungen um die »neue Weltordnung« bzw. um die »neue Weltunordnung« (vgl. Masala 2022) nach dem Ende des Kalten Krieges dominante Kräfteverhältnisse, Entwicklungstendenzen/Triebkräfte und Konfliktfelder ausfindig zu machen. Sie stimmen oft in der Diagnose überein, dass im vergangenen Jahrzehnt in der »Polykrise«, die die Zentren des Westens erfasst hat, sowie in den Reaktionen der chinesischen Regierung auf den Big Crash von 2008/09 (Reduzierung der Abhängigkeit vom Export sowie gewaltige Programme zur Entwicklung der Infrastruktur sowie der inneren Nachfrage) die Wende zur Konfrontation eingeleitet und angetrieben wurde. Der globale Konflikt zwischen den USA und China im Hinblick auf die Gestaltung der Weltordnung im 21. Jahrhundert konzentriert sich freilich auf die Fragen, wer bei der Beherrschung und Verwertung der neuesten Technologien, bei der Transformation von Wirtschaft und Gesellschaft mit dem Ziel eines »Green New Deal«, also der Bewältigung der Klima- und Umweltkrise und beim Umgang mit den wirtschaftlichen Krisentendenzen, den spekulative »Blasen« und den sozialen Spaltungen im eigenen Lande dem Rivalen überlegen sein wird.

Dabei wird immer deutlicher, dass offenbar der Höhepunkt der »Globalisierung«, die seit dem letzten Viertel des 20. Jahrhunderts als bestimmende Tendenz in der Weltwirtschaft diagnostiziert wurde, überschritten ist. Im Gefolge der Corona-Pandemie und des Lockdowns in China wurden Lieferketten unterbrochen, die in den alten Metropolen des Kapitals gravierende Störungen im Bereich der industriellen Produktion hervorriefen. Zusammen mit einer Politik der Sanktionen, mit denen der Westen gegenüber China und Russland auf die Zuspitzung politischer Konflikte reagiert, werden dabei Elemente einer nationalen, protektionistischen Politik aufgewertet.

Diese operiert zum Teil mit dem Versprechen, die durch die »Globalisierung« (Verlagerung arbeitsintensiver Produktion an die Peripherie der sogenannten Billiglohnländer) verlorenen industriellen Arbeitsplätze zurückzuholen. »Die Diagnose einer ›gescheiterten Globalisierung‹, einer ›gefesselten Globalisierung‹ oder eines ›globalization backlash‹ hat mittlerweile auch Einzug in der einschlägigen wissenschaftlichen Literatur gehalten. Die globalisierungskritische Konjunktur in den Sozialwissenschaften hat durch die Covid-19-Pandemie und die russische Invasion in der Ukraine einen weiteren Schub bekommen. Denn die Abhängigkeiten und Störpotenziale, die durch die internationale Arbeitsteilung geschaffen wurden, sind heute deutlich sichtbar. Die Krisenphänomene äußern sich in verschiedenen Bereichen wie Lieferengpässen an Halbleitern aus Ostasien oder mangelnder Versorgungssicherheit mit russischem Erdgas.« (Schmalz 2022; vgl. dazu auch Arbeitsgruppe Alternative Wirtschaftspolitik 2023: 80ff.)

Die De-Globalisierung geht einher mit der Aufwertung der Rolle und Bedeutung des Nationalstaates. Die aufsteigende »lange Welle« des Neoliberalismus, in der sich die Formation des internationalen Finanzmarktkapitalismus erfolgreich etablierte, stand ganz im Zeichen eines Globalisierungsdiskurses, der – als Abschied vom Keynesianismus – den Rückzug des Staates auf dem Felde der Wirtschafts-, Beschäftigungs- und Sozialpolitik einforderte. Ronald Reagan beteuerte 1981 in seiner Antrittsrede, dass für die Politik der USA der Staat »nicht die Lösung, sondern das Problem« sei. Auch für linke Kritiker, die sich teilweise auf die Marxsche Staatskritik bezogen, ging die »Globalisierung« mit einer gravierenden Schwächung des Nationalstaates einher. Peter Dicken fasst die Position der »Hyperglobalisten« gut zusammen: »Wir leben in einer grenzenlosen Welt, in der das ›Nationale‹ keine Rolle mehr spielt. In einer solchen Welt ist die Globalisierung die neue wirtschaftliche (sowie politische und kulturelle) Ordnung. Es ist eine Welt, in der Nationalstaaten keine bedeutenden Akteure oder bedeutenden Wirtschaftseinheiten mehr sind und in der die Vorlieben und Kulturen der Verbraucher durch die Bereitstellung standardisierter globaler Produkte, die von globalen Konzernen ohne Bindung an einen Ort oder eine Gemeinschaft geschaffen werden, homogenisiert und befriedigt werden […] Diese hyper-globalistische Sichtweise […] ist jedoch ein Mythos ohne Bezug zur Wirklichkeit […] Dennoch hat seine Rhetorik nach wie vor einen äußerst starken Einfluss auf Politiker, Wirtschaftsführer und viele andere Interessengruppen. Es ist eine Weltanschauung, die sowohl auf der politischen Rechten als auch auf der politischen Linken von vielen geteilt wird« (Dicken 2015: 4).[22]

Leo Panitch und Sam Gindin hatten in ihrer Analyse des »American Empire« die Vernachlässigung der Staatsfrage auch im linken Globalisierungsdiskurs bzw. in den klassischen Imperialismusanalysen kritisiert. Die Expansion der transnationalen Konzerne sowie der Finanzmärkte war ohne die aktive Rolle des amerikanischen Staates, aber auch der mit ihm verbündeten Staaten, die dem »neuen Konstitutionalismus« freier Märkte folgten, nicht zu verstehen.[23] Mit dem Eintritt in die Periode der Polykrise seit dem Big Crash von 2008/09 wurde die Funktion des Nationalstaates als unverzichtbarer Reparaturbetrieb für die Krisen und selbstzerstörerischen Tendenzen des globalen Kapitalismus aufgewertet.

Die Permanenz der Krisen lässt freilich erkennen, dass diese Reparaturen (z.B. die Rettung der Banken 2009 durch gewaltige Interventionen der Zentralbanken, FED und EZB oder der Kampf gegen die Inflation im Gefolge des Ukrainekrieges) nur partiell und zeitweilig erfolgen. Gleichzeitig wird der Staat mit der Aufgabe konfrontiert, den Umbau der Wirtschaft im Zeichen der Digitalisierung und der Herausforderungen durch die Klima- und Umweltkrise voranzutreiben. Dazu kommen Aufgaben des Wiederaufbaus (»Build Back Better«) im Bereich der Infrastruktur, des Verkehrs- und Gesundheitswesens, des Bildungs- und Wissenschaftssystems sowie des Wohnungswesens. Diese Bereiche waren durch die neoliberale Austeritäts- und Privatisierungspolitik systematisch vernachlässigt worden.

---

[22] Von vielen Linken wurde Anfang des Jahrtausends die Schrift »Empire« von Hardt/Negri (2003) zum Teil begeistert zur Kenntnis genommen; denn die Autoren vertraten die These, dass der »Imperialismus als Stadium des Kapitalismus« (Lenin u.a.) endgültig überwunden sei. Souverän seien nicht mehr die Nationalstaaten, sondern das Kapital selbst, das über drei Machtinstrumente verfüge: die Atombombe, das Geld und den »Äther«, verstanden als transnationale Kommunikationssysteme. In dieser Neuordnung befänden wir uns – so die für einige Junge mitreißende These – allerdings schon in einem Übergangsstadium zum Kommunismus. Die These vom Bedeutungsverlust des Nationalstaates im Zuge der Globalisierung wurde allerdings auch von prominenten Soziologen wie Jürgen Habermas, Antony Giddens oder Manuel Castells vertreten. Neoliberales Denken verband sich hier mit den Resten einer marxistischen oder sogar anarchistischen Staatskritik.

[23] »Während der amerikanische Staat den Kapitalexport und die Expansion multinationaler Konzerne unterstützte, übernahm er zunehmend die Verantwortung für die Schaffung der politischen und rechtlichen Bedingungen für die allgemeine Ausbreitung und Reproduktion des Kapitalismus auf internationaler Ebene.« (Panitch/Gindin 2013: 6).

Schließlich belastet die Verpflichtung zur Steigerung der Rüstungsausgaben – vor allem nach dem Ukrainekrieg – die Fiskalpolitik und die politischen Auseinandersetzungen um die Verteilung der Staatsausgaben zwischen den verschiedenen Aufgabenbereichen staatlicher Politik. Vor allem die Ausgaben für die sozialen Sicherungen der Lohnarbeiter*innen und der Reproduktion der Arbeitskraft geraten dabei noch mehr unter Druck, obwohl sozialdemokratische Parteien in zahlreichen Staaten der EU die Regierung mit dem Versprechen übernahmen, die gröbsten Verstöße gegen Prinzipien der Sozialstaatlichkeit und der sozialen Gerechtigkeit zu korrigieren. Für die große Mehrheit der lohnabhängig Arbeitenden können auch Lohnerhöhungen, die in Streiks erkämpft wurden, das Absinken der Reallöhne nicht mehr aufhalten.

Der kapitalistische Staat kann diese Vielfalt der Aufgaben nicht bewältigen; die Zunahme der Staatsverschuldung – unterschiedlich zwischen den entwickelten kapitalistischen Staaten selbst – ist Ausdruck dieser strukturellen Überforderung. Dazu kommt, dass nicht nur verschiedene Kapitalfraktionen politischen Einfluss auf die Prioritäten staatlicher Intervention zu nehmen versuchen, sondern dass die Widersprüche zwischen Kapital und Arbeit – wie sie sich etwa in den gegensätzlichen Forderungen der Kapitalverbände und der Gewerkschaften an die staatliche Politik artikulieren – als Klassenkonflikte im System des staatlichen Handelns ausgetragen werden, soweit es sich um Auseinandersetzungen im Bereich des Gesundheitswesens, des Verkehrs, der Bildung, der Sozialpolitik usw. handelt. Die strukturelle Überforderung des Staates, zusammen mit dem Scheitern des Krisenmanagements, führt jedoch dazu, dass die Zustimmung zu den Regierungsparteien im Volk beständig zurückgeht. Die Verachtung gegenüber der »politischen Klasse« und ihrer medialen Inszenierung nimmt in dem Maße zu, wie sich die Regierung auf neue Krisen einstellen muss.

Der Aufschwung des Rechtspopulismus seit der Großen Krise von 2008/09 ist Ausdruck dieser Krise im politischen System der westlichen Demokratien selbst. Die sozialistische und kommunistische Arbeiterbewegung hat im 20. Jahrhundert solche Krisen des Kapitalismus und der herrschenden Politik mit einem Programm der Vergesellschaftung und der sozialen Demokratie sowie mit dem Druck von Massenprotesten »von unten« konfrontiert. Dieser Zusammenhang wurde – »von unten« durch strukturelle Veränderungen in der Zusammensetzung der Arbeiterklasse, »von oben« durch den »neuen Konstitutionalismus« – aufgebrochen. Nach Göran Therborn hat »die neoliberal-kapitalistische Globalisierung […] der

Linken des 20. Jahrhunderts ein Ende bereitet, aber durch ihre Exzesse, ihre Arroganz und ihre wirtschaftlichen Zusammenbrüche hat sie auch eine neue Linke des 21. Jahrhunderts hervorgebracht« (Therborn 2023: 12; vgl. auch Deppe 2022).

Diese neue Linke ist allerdings – von kurzzeitigen Aufschwüngen und partiellen Erfolgen abgesehen – immer noch zu schwach, um gesellschaftliche und politische Kräfteverhältnisse nach links zu verschieben. Daher verbindet sich die Angst vor der Zukunft und der Unmut über die Misserfolge staatlicher Krisenbewältigung – vor allem bei den unteren Volksklassen einschließlich von großen Teilen der lohnabhängigen Mittelschichten – mit dem Aufschwung rechtspopulistischer Bewegungen und Parteien. In deren Programmatik setzen sich mehr und mehr nationalistische und völkisch-rassistische Positionen durch, die vor allem im Hinblick auf die Abwehr der Migration z.B. auf die pro-faschistische Demokratiekritik eines Carl Schmitt (1923) zurückgreifen. Sie stehen dem russischen Ultranationalisten Putin offenbar näher als einem US-amerikanischen Präsidenten, der im Namen von »Freedom and Democracy« den Anspruch seines Landes auf »World Leadership« vertritt. In einigen Staaten sind diese Kräfte bereits in den Regierungen vertreten. Sie verstärken die objektiven Tendenzen der De-Globalisierung und der Stärkung nationalstaatlicher Politik.

Die US-amerikanische Politik, die auf eine »unipolare Weltordnung« ausgerichtet war, ist auf jeden Fall gescheitert. Die Versuche, diese Unipolarität als »Weltpolizist« durchzusetzen, haben Chaos, Elend und Antiamerikanismus erzeugt und den Übergang in eine multipolare Ordnung mit dem »Big Shift« nach Ostasien und dem Aufstieg von China beschleunigt. Jetzt verfolgen die USA das Ziel der »World Leadership«, allerdings in der Führung von Bündnissen auf der einen und einer klaren Gegner- und Feinddefinition, die sich auf die Rolle von China und Russland konzentriert. Die USA, China, Indien, Russland und Deutschland (in der EU) sind nunmehr diejenigen Großmächte, die im Kampf um die neue Weltordnung eine bedeutende Rolle spielen wollen.[24] Dabei stehen die führende Weltmacht USA sowie der Aufsteiger und Herausforderer China an der Spitze. Russland gilt als absteigende Großmacht, die sich allerdings unter der Präsidentschaft von Putin seit 2000 stabilisiert hat und nach wie

---

[24] Dazu kommen regionale Großmächte wie z.B. Südafrika und Brasilien, die dem Bündnis der BRICS-Staaten angehören und in Afrika bzw. Südamerika eigene Machtzentren bilden.

vor über ein beachtliches Potenzial an atomaren Waffen verfügt. Durch das engere Bündnis mit China hat Russland (als Junior-Partner) weltpolitisch wieder an Bedeutung gewonnen. Dass nach Militärputschen gegen korrupte – westlich orientierte – Regierungen in Afrika (Sahel-Zone: Mali, Burkina Faso, Niger) bei anti-französischen Demonstrationen auch russische Fahnen geschwenkt wurden, mag darauf hindeuten, dass militärische Unterstützung aus Russland (durch »Wagner-Söldner«) von den nunmehr regierenden Putschisten als Hilfe empfunden wird, um sich von der Hegemonie des Westens – hier vor allem von der ehemaligen Kolonialmacht Frankreich – zu befreien.

Deutschland hat aufgrund seiner starken Position als »Exportweltmeister eine Führungsrolle in der Europäischen Union eingenommen, die sie im Bereich der Sicherheitspolitik stets in Abstimmung mit Frankreich und auch den anderen EU-Mitgliedstaaten ausüben muss. Als »Global Player« ist die EU den anderen Großmächten – vor allem militärisch – unterlegen. In Deutschland wurde daher – vor allem nach dem Beginn des Ukrainekrieges – die politische Position der »Transatlantiker« gestärkt. Deren fanatischste (bellizistische) Propagandisten sind inzwischen Politikerinnen und Politiker der Regierungspartei *Die Grünen* – an der Spitze die Außenministerin Annalena Baerbock. Deutschland soll den Mangel an militärischer Macht durch schnelle Nachrüstung, vor allem aber die Unterordnung unter die USA ausgleichen. Dabei formieren sich auch in der EU Koalitionen gegen die deutsche Hegemonie. Die USA unterstützen immer wieder solche Koalitionen, um eigene wirtschaftliche Interessen (z.B. im Bereich der Energiewirtschaft) durchzusetzen (North Stream II), und um den Anspruch auf eine eigenständige Rolle der EU (unter deutscher Führung) im Prozess der globalen Neuordnung zu schwächen.

Der Charakter der imperialen Rivalität wird einerseits durch die wirtschaftliche, finanzielle und militärische Macht der Großmächte, andererseits durch »soft power« bestimmt, die sich durch das Ansehen eines Landes, die Attraktivität seines Regierungs- und Gesellschaftssystems, sowie die Ausstrahlungsfähigkeit seiner Kultur (die über global agierende Medien vermittelt wird) und die Leistungsfähigkeit seines Wissenschaftssytems definiert. Auch das Image ihrer Führer und Eliten spielt dabei eine Rolle. Im globalen System der imperialen Rivalität konkurrieren allerdings Großmächte um Macht und Einfluss, in denen die (politisch-ideologische, rechtliche und institutionelle) Regulation der Beziehungen zwischen Staat, Ökonomie und Gesellschaft erhebliche Unterschiede aufweist.

Die imperiale Rivalität wird zwischen mächtigen Nationalstaaten ausgetragen; diese bilden zugleich das Terrain des Kampfes der sozialen und politischen Kräfte um die Ausgestaltung dieser Regulation. Dabei findet innerhalb des herrschenden Blocks im Westen eine wichtige Neudefinition der Rolle des Staates statt: vom neoliberalen Minimalstaat zum regulierenden nationalen Wettbewerbsstaat.

Natürlich fällt dabei in erster Linie die Spezifik dieser Regulation in der Volksrepublik China auf, die von einer kommunistischen Staatspartei beherrscht wird, die sich zur Tradition der Oktoberrevolution, des Leninismus und der »Diktatur des Proletariats« bekennt. Diese Partei blickte gerade stolz auf ihre 100-jährige Geschichte zurück, die von Siegen und Widersprüchen gekennzeichnet ist: Siege im Bürgerkrieg bis 1949 und beim Aufbau des Sozialismus, Siege in der Umsetzung der »Deng Xiao-ping Reformen« seit 1978, Aufstieg zur Weltmacht, Erfolge beim Kampf gegen die Armut, zugleich Widersprüche wie die Kulturrevolution in der Endphase des Maoismus, Widersprüche die aus der Integration der Wirtschaft in den kapitalistischen Weltmarkt resultieren, soziale Ungleichheit im eigenen Lande sowie die Anfälligkeit für die Tendenzen zur Überakkumulation und der Weltwirtschaftskrisen. Unter der Führung von Xi Jinping soll der Aufstieg des Landes mit Kontinuität von Wirtschaftswachstum, Überwindung der Armut und Festigung einer »harmonischen Gesellschaft« bis 2050 erreicht werden.

Die Spezifik des chinesischen Sozialismus besteht darin, dass neben den privaten Eigentumsverhältnissen und den global aktiven Konzernen immer noch ein breiter Sektor staatlichen Eigentums existiert, der zusammen mit der staatlichen Kontrolle des Finanzwesens die Umsetzung von staatlichen Planungszielen unterstützt und in Krisensituationen politisches Gegensteuern erleichtert. Dazu bildet die Armee eine Säule der Staatsmacht, die sich in besonderer Weise der Erfolgsgeschichte und den ideologischen Traditionen des chinesischen Kommunismus verpflichtet weiß. Die Vorherrschaft der Partei garantiert zugleich, dass mit dem wirtschaftlichen Aufstieg zugleich die Ziele der gesellschaftlichen Entwicklung definiert werden: der Kampf gegen die Armut, die Entwicklung der Infrastruktur (einschließlich des Verkehrswesens, des Gesundheits- und Bildungssystems), aber auch die Entwicklung sozialer Sicherungssysteme und die Regulierung der Arbeitsbeziehungen in den Betrieben sowie die Rolle der Gewerkschaften.

Der »eiserne Griff« der Partei soll gewährleisten, dass dieser Zusammenhang zwischen wirtschaftlichen und gesellschaftlichen Entwicklungszielen gewährleistet wird. Dabei wird von Beobachtern oft übersehen, dass die Umsetzung dieser Ziele auf der lokalen und regionalen Ebene in dem riesigen Land zugleich eine Flexibilität der praktischen Umsetzung ermöglicht, die in den starr zentralistischen Planungssystemen in der UdSSR oder der DDR niemals bestand.

Allerdings kann der Erfolg dieses Modells eines staatlich (kommunistisch) regulierten Kapitalismus immer auch durch den Einfluss externer und interner Krisen, durch das Scheitern der politischen Umsetzung der Ziele der Partei sowie durch den Zerfall der Loyalität im Volk infrage gestellt werden. Die politische Repression vonseiten des Staates, die sowohl gegen innere Kritik und Widerstand als auch gegen externe Einflüsse zur Destabilisierung des Regimes gerichtet ist, würde dann mehr und mehr ihre Ziele verfehlen. Die Entwicklung im Tibet, Xinjiang und in Hongkong, wo sich der Staat und die Partei mit Repressionsmaßnahmen, aber auch mit gewaltigen wirtschaftlichen und gesellschaftlichen Entwicklungsprojekten gegen religiöse und westlich-liberale Opposition/Systemgegner durchsetzt, kann daher als Probefall auch für die Bewährung des »chinesischen Modells« in der Rivalität der Großmächte um die Neuordnung von Weltwirtschaft und Weltpolitik im 21. Jahrhundert angesehen werden.

Die Regulation der Beziehungen zwischen Staat, Ökonomie und Gesellschaft in den USA wird durch den Primat einer privatkapitalistischen Marktwirtschaft und ein politisches System bestimmt, in dem Mehrheits- und Machtverhältnisse durch allgemeine Wahlen und konkurrierende Parteien entschieden werden. Das American Empire mit seinen transnationalen Konzernen und dem »Dollar-Wall-Street-Regime« (Peter Gowan) erfordert gewaltige staatliche Stützen: im Bereich der Militärausgaben und der Rüstungsproduktion sowie im Bereich von Forschung und Entwicklung und der Infrastruktur einerseits, bei der Zinspolitik der FED sowie bei Maßnahmen zur Stützung des Dollar-Kurses andererseits.

Der »Verteidigungskeynesianismus« avancierte schon im alten Kalten Krieg durch die Rüstungsausgaben und dem »militärisch-industriellen Komplex« zu einer zentralen Stütze des US-amerikanischen Kapitalismus. Die Machtstrukturen im politischen System werden von den Vertretern der globalen Finanzwirtschaft (Wall Street), der Rüstungsindustrien sowie des Hightech-Sektors (Silicon Valley) und den großen IT Konzernen bestimmt. Die sozialstaatlichen Apparate (im Bereich der Arbeitsmarktpolitik, des Gesundheitswesens und der Alterssicherung) sind in den USA schwächer entwickelt als zum Beispiel in den entwickelten kapitalistischen

Staaten Westeuropas, in denen die Sozialdemokratie und die Gewerkschaften eine größere Rolle spielen.

In den kapitalistischen Staaten des Westens haben sich im Gefolge der Poly-Krise, der Herausforderungen durch Klima- und Umweltkrise sowie der zunehmenden Bedeutung der imperialen Rivalität zwischen den Großmächten auch die inneren Auseinandersetzungen um die Prioritäten bei der staatlichen Intervention zugespitzt. Die Krisen im Verkehrs- und Wohnungswesen, im Gesundheitssystem und im Bildungssystem haben – neben den Reallohnsenkungen durch die Inflation – politische Unzufriedenheit vor allem bei unteren Gesellschaftsklassen verstärkt. Die Zahl der Streiks hat erheblich zugenommen. Mit dem Anstieg der rechtsradikalen Parteien – mit Ausbrüchen von offenem Rassismus, mit Mordanschlägen auf Schwarze und Migranten und schließlich dem Ansturm auf das Kapitol am 6. Januar 2021 – hat das Ansehen der Demokratie, das ja in der Blockkonfrontation zwischen Autokraten und Demokraten eine besonders wichtige Rolle spielen soll, erheblichen Schaden genommen.

Zwischen den Linien eines Staatssozialismus chinesischer Prägung und eines liberalen staatsmonopolistischen Kapitalismus amerikanischer Prägung nimmt das Modell der Regulation von Ökonomie, Staat und Gesellschaft in Russland eine besondere Stellung ein. Das Land fiel mit der Auflösung der Sowjetunion und der »Schock-Therapie« des Übergangs vom Staatssozialismus zum Kapitalismus in eine tiefe Krise. In der »ursprünglichen Akkumulation« in den 1990er-Jahren (Jelzin-Ära) stiegen die »Oligarchen«, die sich mit staatlicher Protektion wesentliche Teile des einst sozialistischen »Volkseigentums« aneigneten, zur wichtigsten Fraktion der herrschenden Klasse auf, die zusammen mit den Spitzen der Staatskonzerne (im Energiebereich) und mit den Spitzen der staatlichen Exekutive, des Militärs und der Sicherheitsorgane den »herrschenden Machtblock« bilden, an dessen Spitze seit 2000 Putin steht. »Die neue herrschende Klasse bereicherte sich auf Kosten der Mehrheit der Bevölkerung und nutzte die staatlichen Institutionen gezielt zur Vermögensbildung. Dabei scheute sie nicht davor zurück, ihre Politik notfalls mit Gewalt durchzusetzen. Auf diese Weise behinderte sie die demokratische Entwicklung und schuf ein autoritäres präsidentielles Herrschaftssystem« (Jaitner 2023: 115).

Unter der Präsidentschaft von Wladimir Putin gelangen seit 2000 eine relative Stabilisierung und eine leichte Verbesserung der sozialen Lage der Bevölkerung; gleichzeitig setzte sich die Tendenz zur »Militarisierung« der russischen Innenpolitik durch einen »autoritären Sicherheitsstaat« durch (ebd.: 150). Dieser stützt sich ökonomisch auf die Exporte von Gas und Öl (und anderen Rohstoffen), ist damit aber auch abhängig von der Preisentwicklung auf dem Weltmarkt, und von politischen Sanktionen im Zuge der sich seit mehr als zwei Jahrzehnten zuspitzenden geopolitischen Konflikte mit den USA und der EU, die zugleich mit Konflikten in den Grenzbereichen der alten Sowjetunion – vor allem in Europa – verbunden sind. Die Abhängigkeit von diesem extraktivistischen Wirtschaftsmodell führt allerdings auch dazu, dass die notwendige Modernisierung der russischen Wirtschaft (über den Bereich der Rüstungsproduktion hinaus) blockiert bleibt. »Die Rückkehr des Staates als zentraler gesellschaftlicher Akteur, der wirtschaftliche Prozesse reguliert und selber durch Firmenbeteiligungen an das ressourcenextraktivistische Modell gebunden ist, begründet eine oligarchisch-etatistische Ordnung. Diese steht für eine verstärkte Kontrolle des politischen Systems und der Zivilgesellschaft und hat in der Staatsbürokratie und der Oligarchie ihre zentralen Träger.« (Ebd.: 168f.)

Der wachsende externe Druck hat an den Grenzen des Landes »Farbrevolutionen« begünstigt, die mit der Forderung nach Demokratisierung auch eine westliche Orientierung verbinden. Dazu kamen innere Unruhen und Massenproteste (2011–2013), in denen sich die Unzufriedenen von breiten Bevölkerungsteilen mit der Rentenpolitik der Regierung, aber auch mit der Willkür von Polizei, Justiz und Geheimdiensten gegen oppositionelle Strömungen und Personen artikulierte. Der herrschende Machtblock reagierte auf diese Herausforderungen mit einer »Öffnung nach rechts«, die dann 2014 durch den antirussischen Umsturz in der Ukraine (»Majdan-Revolution«), die Annexion der Krim und die Unabhängigkeitserklärungen der Donbass-Republiken gefestigt wurde. »Am deutlichsten ist die Neuausrichtung der Außenpolitik zur Sicherung der imperialen Interessen Russlands, die mit einer schärferen nationalistischen, imperialen Rhetorik einhergeht […] Allerdings verspricht auch das national-konservative Modernisierungsprojekt«, das mit der Eröffnung des Angriffs auf die Ukraine – zusammen mit der Verschärfung der innenpolitischen Repressionsmaßnahmen in Russland – »keine Lösung der gesellschaftlichen Widersprüche Russlands (soziale Ungleichheit, regionale Entwicklungsunterschiede, separatistische Bestrebungen)« (ebd.: 170f.)

Der Krieg und die inneren Widersprüche können die Position Russlands unter den Großmächten weiter schwächen; das ist auch ein zentrales Motiv der US-amerikanischen Politik bei der Unterstützung der Ukraine. Der Aufstand der »Wagner-Truppe« und die Liquidierung ihres Anführers Prigoschin haben nicht nur die Widersprüche im herrschenden Machtblock, sondern auch Szenarien eines möglichen Militärputsches oder weiterer Militäreinsätze in Grenzregionen kenntlich werden lassen. Als vereinzelte Großmacht hat Russland wenige Freunde und Verbündete; seine wirtschaftliche Macht – im Hinblick auf die Lösung der großen Menschheitsprobleme im 21. Jahrhundert (Kampf gegen die Klima- und Umweltkrise, Kampf gegen Hunger und Armut in der Welt), im Bündnis der BRICS-Staaten (und des »Südens«) ist begrenzt. Auf diesen Feldern kann das Land im Vergleich zu China nur eine sekundäre Rolle spielen. Wenn die Kooperation mit China für Russland wirtschaftliche Vorteile bietet (z.B. die Abwehr der Sanktionen aus dem Westen), dann könnte auch der Einfluss Chinas und anderer BRICS-Staaten bei der friedlichen Lösung der Ukrainekrise sowie von Konflikten im Grenzbereich Russlands – vor allem auch bei der Verhinderung des Einsatzes von Atomwaffen – zunehmen.

Im März 2000 versammelten sich die Regierungschefs der Mitgliedstaaten der Europäischen Union (EU) zu einem Gipfeltreffen. Die »Erklärung von Lissabon« blickte auf ein Jahrzehnt erfolgreicher EU-Politik zurück. Im Jahrzehnt der großen Wendezeit war das Binnenmarktprogramm, die Osterweiterung der EU, die deutsche Einheit und die Einführung einer gemeinsamen Währung (»Euro«) bewältigt worden. Im Blick auf das kommende Jahrzehnt bzw. Jahrhundert begriff sich die EU – neben den USA, Russland und den aufstrebenden asiatischen Mächten – als »Global Player«. Dieser verfüge nicht nur über die »modernste« Wirtschaft, sondern konkurriere auch mit einem eigenen Gesellschaftsmodell (sozialstaatlich regulierter Kapitalismus) und mit einer auf Kriegsprävention ausgerichteten Außenpolitik mit den liberalen USA und ihrer Militärmacht auf der einen, Russland und dem kommunistischen China auf der anderen Seite. In der »Erklärung« von Lissabon hatte sich die EU »ein neues strategisches Ziel für das kommende Jahrzehnt gesetzt: das Ziel, die Union zum wettbewerbsfähigsten und dynamischsten wissensbasierten Wirtschaftsraum in der Welt zu machen – einem Wirtschaftsraum, der fähig ist, ein dauerhaftes Wirtschaftswachstum mit mehr und besseren Arbeitsplätzen und einem größeren sozialen Zusammenhalt zu erzielen. Zur Erreichung dieses Ziels bedarf es einer globalen Strategie, in deren Rahmen der Übergang zu einer wissensbasierten Wirtschaft und Gesellschaft durch bessere Politiken für die Informationsgesellschaft und für die Bereiche Forschung und Entwicklung sowie durch die Forcierung des Prozesses der Strukturreform im Hinblick auf Wettbewerbsfähigkeit und Innovation und durch die Vollendung des

Binnenmarktes vorzubereiten ist«. Dazu gehört, »das europäische Gesellschaftsmodell zu modernisieren, in die Menschen zu investieren und die soziale Ausgrenzung zu bekämpfen«. Für »anhaltend gute wirtschaftliche Perspektiven und günstige Wachstumsaussichten [ist] Sorge zu tragen, indem nach einem geeigneten makroökonomischen Policy-Mix verfahren wird«. Eine »Wachstumsrate von etwa 3% [sei] eine realistische Aussicht für die kommenden Jahre«.

Zehn Jahre später geriet die EU mit der »Eurokrise« in den Zusammenhang des Big Crash der Jahre 2008/09. Seitdem ist sie weiter gewachsen (in Richtung Südosteuropa). Im gleichen Maße wurden allerdings die Vorstellungen von der EU als einem kollektiv handelnden Akteur im Zusammenhang der Auseinandersetzungen um die Neuordnung der Weltwirtschaft und der Weltpolitik enttäuscht. Die EU-Institutionen (Kommission, Rat, Parlament) sind wie die Nationalstaaten in die Bewältigung der Poly-Krisen einbezogen. Dabei hat sich auch innerhalb der EU ein Prozess der Re-Nationalisierung und eine hierarchische Blockbildung (angeführt von Deutschland) vollzogen (Zentrum–Peripherie-Spaltung). Dies betrifft einerseits die Rolle der Nationalstaaten im System der EU. Andererseits hat sich bei großen Teilen der Bevölkerung in den Mitgliedstaaten eine eher negative Einstellung gegenüber der EU, der Osterweiterung und der Öffnung der Arbeitsmärkte, der Einführung des Euro usw. verstärkt.

Verschiedene Initiativen zur politischen Stärkung der EU – u.a. durch den Ausbau einer eigenen militärischen Komponente – wurden nach Lissabon in Angriff genommen. Im vergangenen Jahrzehnt haben die Rüstungsausgaben der Mitgliedstaaten vor allem im Osten deutlich zugenommen. Im Zentrum steht dabei immer die Schaffung von interventionsfähigen »Eingreiftruppen«[25] sowie die Zusammenarbeit im Bereich der Rüstungsindustrien. »Bereits vor dem russischen Angriff auf die Ukraine« wurde die drängende Frage »ins Zentrum gerückt, wie die Antworten der EU auf

[25] Im Mai 2021 riefen 14 EU-Verteidigungsminister den Hohen Vertreter erneut dazu auf, ein Konzept für eine schnelle Eingreiftruppe der EU zu erarbeiten. Dieses wurde im März 2022, auch im Angesicht des russischen Angriffs auf die Ukraine, im Rahmen des neuen Strategischen Kompasses der EU vorgestellt: So soll bis 2025 eine neue schnelle Eingreiftruppe (englisch: Rapid Deployment Capacity, RDC), bestehend aus bis zu 5.000 Soldaten und aufbauend auf den EU Battlegroups, gebildet werden. Sie soll zwölf Monate lang einsatzbereit sein, Land-, See- und Luft-Komponenten enthalten und im Notfall sofort für verschiedene Szenarien zur Verfügung stehen. Die erste Übung der Truppe fand im Herbst 2023 statt (Wikipedia); vgl. auch Serfati 2023.

sich immer weiter verschärfende Großmachtkonflikte aussehen wollen« (Wagner 2023: 62).

Die deutsche Bundesregierung unter Kanzler Scholz hat im Zeichen der »Zeitenwende« sowohl ein massives Aufrüstungsprogramm als auch den »Schulterschluss« mit den USA in der NATO beschlossen. Dabei soll aber auch die deutsche Führung in der EU über die wirtschaftliche Hegemonie hinaus ausgebaut werden. Scholz schlägt in diesem Zusammenhang eine Erweiterung der EU auf dem Balkan und im Kaukasus sowie eine Änderung der Abstimmungsverhältnisse im Rat vor (Abschied von der Einstimmigkeit). Das soll u.a. den Einsatz von Eingreiftruppen erleichtern. Gleichzeitig verkündet der Kanzler, Deutschland werde bald über die »größte konventionelle Armee in Europa verfügen«; sein schneidiger Verteidigungsminister Boris Pistorius (ebenfalls von der SPD) verkündet: »Deutschland ist die größte Volkswirtschaft in Europa, deswegen sollte es auch unser Ziel sein, die stärkste und am besten ausgestattete Armee in der EU zu haben« (zitiert nach Demirel 2023: 73). Solche Zielvorstellungen (die dazu noch mit massiven Einkäufen bei US-Rüstungsfirmen verbunden sind) stoßen nicht nur in Frankreich auf Kritik, sondern werden auch in Polen eher misstrauisch verfolgt.

Die Frage nach der »strategischen Autonomie der EU« im Kontext der neuen Konkurrenzverhältnisse zwischen den Weltmächten wird immer wieder vom französischen Präsidenten (in der Tradition des Gaullismus) gestellt (vgl. dazu Lafontaine 2022). Die deutschen Regierungen verfolgen hingegen eine »Doppelstrategie«, die einerseits auf den Ausbau der militärischen Potenziale der EU drängt, andererseits im Rahmen der NATO an dem atomaren Schutz der europäischen Sicherheit durch die USA festhält. Im Gefolge der Krisen hat jedoch die soziale und politische Spaltung in der EU eher zugenommen: die Herausbildung eines ökonomischen Führungskernes um Deutschland sowie verschiedene Fragmentierungen (Nord-Süd-Spaltung, West-Ost-Spaltung) – dazu die extrem rechten Regierungen in Polen und Ungarn, die Rechtsentwicklung in Italien, die Massenproteste gegen die Politik von Macron in Frankreich und der massive Widerstand von rechts gegen die sozialistisch geführte Regierung in Spanien.

Die Unterstützung der Ukraine gegen den russischen Angriff hat einerseits diese innere Krisenstruktur der EU überdeckt; auf der anderen Seite spielt dabei die NATO (damit die US-Führung) für den Westen die entscheidende Rolle. Von der EU als einem relevanten Global Player ist im neuen Zeitalter der imperialen Rivalität kaum noch die Rede; die deutsche

Präsidentin der EU-Kommission Ursula von der Leyen – einst deutsche Verteidigungsministerin – ist ein treue Transatlantikerin, die allerdings in Festreden gerne von einer »Weltmacht EU« in diesem neuen Zeitalter der globalen Geopolitik schwärmt. Deutschland als ökonomisches Zentrum der EU hat sich mit der »Zeitenwende« über die NATO der Globalpolitik der USA untergeordnet.

Wenn sich allerdings bei den Präsidentenwahlen in den USA im Jahre 2024 mit Trump oder einem anderen Kandidaten der Republikaner eine eher protektionistisch-nationalistische Strategie durchsetzen sollte, könnte sich diese Abwendung von einer eigenständigen Rolle des vereinten Europa im Zeitalter der globalen wirtschaftlichen und politischen Neuordnung schnell als Illusion erweisen. Die großen Ziele von Lissabon werden heute kaum noch erwähnt. Die FAZ stellt am 12. September 2023 fest: »Die ganze EU ist krank«. Wenn die rechtsextreme AfD den Austritt Deutschlands aus der EU fordert, nimmt die Zahl ihrer Sympathisanten zu.

In der großen Auseinandersetzung um die Gestaltung der Weltordnung im 21. Jahrhundert verbinden sich also äußerst widersprüchliche Macht- und Interessenkonstellationen. Auf dem Weltmarkt konkurrieren kapitalistische Unternehmen, Finanzinvestoren und Regierungen von Staaten. In diesen bestehen jeweils unterschiedliche, ja gegensätzliche politische Systeme und Systeme der Regulation der Beziehungen von Staat, Ökonomie und Gesellschaft. Diese wiederum determinieren auch die Inhalte der politischen Auseinandersetzungen auf der globalen Ebene. Im Kern geht es dabei um die Beziehung zwischen Staat und Wirtschaft – um das Ausmaß und die Intensität der politischen Regulation des Kapitalismus – verbunden mit dem Ziel, gesellschaftliche Probleme (z.B. soziale und regionale Ungleichheit, Armut, aber auch demokratische Partizipation) zu lösen. Auf der einen Seite dominiert der Interessen- und Machtkonflikt zwischen den USA (und dem der USA untergeordneten »Westen«) und dem Aufsteiger »China« und dessen Verbündeten aus dem globalen »Süden«. Diese Hauptlinie des globalen Konflikts beinhaltet sowohl wirtschaftliche und politisch-militärische Interessenskonflikte, die mit der Rivalität imperialistischer Staaten (mit dominanter kapitalistischer Produktionsweise) in der Beherrschung der Zukunftstechnologien, der Finanzmärkte und der Kontrolle von Wirtschaftsräumen und -wegen verbunden sind. Dabei bestehen stets auch Interessenkonflikte zwischen transnational operierenden Kapitalfraktionen und einer Politik des Kalten Krieges, die mit Sanktionen und Wirtschaftskrieg operiert.

Auf der anderen Seite impliziert diese globale Konfliktkonstellation den Interessengegensatz zwischen dem »reichen Norden« und dem »armen »Süden«. Dieser will die eigene wirtschaftliche Entwicklung, den Kampf gegen die Armut und die Klimakrise sowie die politische Zusammenarbeit im Block der Staaten des Südens – gestützt von der Macht Chinas – mit der Ablösung der Hegemonie des Westens unter der Führung der USA (die eine lange Tradition des Kolonialismus und Neokolonialismus umschließt) verbinden. Diese Konfrontationslinie wird durch den Appell an die antiimperialistischen Ziele und Interessen der Menschen und der Regierungen in der »armen Welt« gestärkt. Daneben bestehen aber auch in den westlichen Bündnissystemen Interessenskonflikte fort: die zwischenimperialistischen Konflikte zwischen den entwickelten kapitalistischen Staaten, vor allem zwischen der EU/Deutschland und den USA, und der Interessengegensatz zwischen Kapital und Arbeit in den entwickelten kapitalistischen Staaten selbst, der im Zuge der Zuspitzung internationaler Konflikte und der Hochrüstungspolitik, aber auch der Poly-Krise immer mehr Einfluss auf die innenpolitischen Auseinandersetzungen und Kräfteverhältnisse gewinnt.

Die »Kunst der Politik« – vor allem für die politische Linke – besteht darin, dieses komplexe Geflecht von Interessen und Machtverhältnissen in der Perspektive einer auf den Nationalstaat bezogenen Strategie bzw. Handlungsorientierung auf den Begriff zu bringen. Sie muss die antiimperialistischen und klassenpolitischen Dimensionen der Kämpfe um die globale Neuordnung und die Vermittlung zwischen den Menschheitsaufgaben (Überleben des Planeten, Kampf gegen die Klimakrise, Verhinderung der atomaren Katastrophe), der Positionierung in den internationalen Konflikten und den klassenpolitischen Aufgaben »vor Ort« ins Zentrum rücken.

Literatur

Achcar, Gilbert (2023): The New Cold War. The United States, Russia and China from Kosovo to Ukraine, London.

Albright, Madeleine K. (2005): Madam Secretary. München.

Arbeitsgruppe Alternative Wirtschaftspolitik (2023): Memorandum 2023, Köln.

Arrighi, Giovanni (1994): The Long Twentieth Century. Money, Power, and the Origins of Our Times, London/New York.

Arrighi, Giovanni (2008): Adam Smith in Beijing. Die Genealogie des 21. Jahrhunderts, (US-Ausgabe: London/New York 2007).

Arrighi, Giovanni/Silver, Beverley (1999): Chaos and Governance in the Modern World System, Minneapolis/London.

Autorenkollektiv (1960): Geschichte der Kommunistischen Partei der Sowjetunion, Berlin.

Baran, Paul A./Sweezy, Paul M. (1966): Monopoly Capital. An Essay on the American Economic and Social Order, New York/London 1966.

Becker, Jonas (2022): Zum außenpolitischen Agieren der Volksrepublik China ein halbes Jahr nach Beginn des Ukrainekriegs, in: isw-report Nr. 130, München, S. 34–38.

Beijing Cultural Review (Redaktion) (2021): Sozialismus 3.0. Die Realität und die Zukunft des chinesischen Sozialismus, in: Yang Ping/Jan Turowski (Hrsg.): Sozialismusdebatten chinesischer Prägung, Hamburg, S. 37–62.

Bello, Walden (2004): Deglobalization. Ideas for a New World Economy, London (deutsche Ausgabe: De-Globalisierung, Hamburg 2005).

Benjamin, Medea/Davies, Nicolas J.S. (2022): War in Ukraine. Making Sense of a Sensless Conflict, New York/London.

Bischoff, Joachim (2022): Die Zeichen stehen auf Rezession. Talfahrt der Globalökonomie. In: Sozialismus.de, Heft 11-2022, S. 25–30.

Brie, Michael (2023): Chinas Sozialismus neu entdecken, Hamburg.

Brinkbäumer, Klaus/Lamby, Stephan (2020): Im Wahn. Die amerikanische Katastrophe, München.

Brzezinski, Zbigniew (1997): The Grand Chessboard. American Primacy and it's Geostrategic Imperatives. New York.

Case, Anne/Deaton, Angus (2020): Deaths of Despair and the future of Capitalism, Princeton & Oxford.

Dahrendorf, Ralf (1965): Gesellschaft und Demokratie in Deutschland, München.

Demirel, Özlem Alev (2023): Strategische Autonomie und europäischer Rüstungskomplex, in: Z. Zeitschrift marxistische Erneuerung, Nr. 135, September, S. 67–76.

Deppe, Frank (1991): Jenseits der Systemkonkurrenz. Überlegungen zur neuen Weltordnung, Marburg.

Deppe, Frank (2013): Autoritärer Kapitalismus. Demokratie auf dem Prüfstand, Hamburg.

Deppe, Frank (2013): China – die Weltmacht des 21. Jahrhunderts, in: Ders.: Autoritärer Kapitalismus. Demokratie auf dem Prüfstand, Hamburg, S. 212–244.

Deppe, Frank (2014): Imperialer Realismus. Deutsche Außenpolitik: Führungsmacht in »neuer Verantwortung«. Hamburg.

Deppe, Frank (2021): The Rebirth of Nationalism and the Crisis of the European Union, in: Greg Albo/Stephen Maher/Alan Zuege (Eds.), State Transformations. Classes, Strategy, Socialism, Leiden/Boston, S. 165–184.

Deppe, Frank (2022): Towards the End of Working-class Socialism? In: Manuela Ceretta/Gianfranco Ragona (Eds.), »Due Secoli (e più) dalla parte del Torto«. Studi e Testimonianze in: Ricordo di Gian Mario Bravo (1934–2020), Roma, S. 97–108.

Deppe, Frank/Heidbrink, Stephan/Salomon, David/Schmalz, Stefan/Schoppengerd, Stefan/Solty, Ingar (2004): Der neue Imperialismus, Heilbronn.

Deppe, Frank/Salomon, David/Solty, Ingar (2011): Imperialismus, Köln.

D'Eramo, Marco (2022): Sinking Germany, New Left Review, Sidecar, 19 July.

Dicken, Peter (2015): Global Shift. Mapping the Changing Contours of the World Economy, 7th Edition, Los Angeles/London.

Dörre, Klaus (2023): Ökosozialismus statt Barbarei. Zur Bedeutung der Eigentumsfrage für eine Nachhaltigkeitsrevolution. In: Lucht, Kim/Deppe, Frank/Dörre, Klaus (Hrsg.), Sozialismus im 21. Jahrhundert? Hamburg.

Fraser, Nancy (2023): Der Allesfresser. Wie der Kapitalismus seine eigenen Grundlagen verschlingt, Berlin.

Friedman, George (2015): Flash Points. Pulverfass Europa. Krisenherde, die den Kontinent bedrohen. Kulmbach.

Galeano, Eduardo (1972): Die offenen Adern Lateinamerikas. Die Geschichte eines Kontinents. Wuppertal.

Gill, Stephen (2003): Power and Resistance in the New World Order, London/New York.

Gilpin, Robert (1987): The Political Economy of International Relations, Princeton, New Jersey.

Gorski, Phil S./Perry, Samuel L. (2022): The Flag and the Cross. White Christian Nationalism and the Threat to American Democracy, Oxford.

Greiner, Bernd (2021): Made in Washington. Was die USA seit 1945 in der Welt angerichtet haben. München.

Guerot, Ulrike/Ritz, Hauke (2022): Endspiel Europa. Warum das politische Projekt Europa gescheitert ist – und wie wir wieder davon träumen können. Frankfurt a.M.

Hardt, Michael/Negri, Antonio (2003): Emire. Die neue Weltordnung, Frankfurt a.M./New York.

Harvey, David (2003). The New Imperialism, Oxford (deutsche Ausgabe: Der neue Imperialismus, Hamburg 2004).

Harvey, David (2005): Brief History of Neoliberalism, Oxford (deutsche Ausgabe: Kleine Geschichte des Neoliberalismus, Zürich 2007).

Heinrich-Böll-Stiftung (2021): Transatlantisch? Traut Euch! Aufruf: Für eine Neue

Übereinkunft zwischen Deutschland und Amerika; anewagreement.org/.
Hermesmeier, Lukas (2022): Uprising. Amerikas Neue Linke, Stuttgart.
Higgs, Robert (1990): Arms, Politics and the Economy, Oakland (Ca).
Higgs, Robert (2006): Depression, War and Cold War: Studies in Political Economy, New York.
Hobsbawm, Eric (1998): Das Zeitalter der Extreme. Weltgeschichte des 20. Jahrhunderts, München.
Hobsbawm, Eric u.a. (1998): Das Manifest – heute. 150 Jahre Kapitalismuskritik, Hamburg.
Hochschild, Arlie R. (2016): Strangers in their own Land. Anger and Mourning on the American right, New York/London.
Ho-fung Hung (2022): Clash of Empires. From »Chimerica« to the »New Cold War«, Cambridge.
Huntington, Samuel (1996): The Clash of Civilizations and the Remaking of World Order, New York.
Huster, Ernst-Ulrich/Kraiker, Gerhard/Scherer, Burkhard/Schlotmann, Friedrich-Karl/Welteke, Marianne (1972): Determinanten der westdeutschen Restauration 1945-1949, Frankfurt a.M.
infratest dimap (2022): ARD-DeutschlandTREND Oktober 2022; www.infratest-dimap.de/umfragen-analysen/bundesweit/ard-deutschlandtrend/2022/oktober/ (2.11.2023).
Jacques, Martin (2009): When China Rules the World. The Rise of the Middle Kingdom and the End of the Western World, London.
Jaitner, Felix (2023): Russlands Kapitalismus. Die Zukunft des »System Putin«, Hamburg.
Judt, Tony (2010): Der Kalte Krieg im Rückblick, in: Ders.: Das vergessene 20. Jahrhundert, München, S. 362ff.
Kagan, Robert (2003): Paradise and Power. America and Europe in the New World Order. London.
Kagan, Robert (2018): The Jungle Grows Back. America and Our Imperiled World, New York.
Kaldor, Mary (1992): Der imaginäre Krieg. Eine Geschichte des Ost-West-Konfliktes, Hamburg/Berlin.
Kennedy, Paul (1989): Aufstieg und Fall der großen Mächte. Ökonomischer Wandel und militärischer Konflikt von 1500 bis 2000, Frankfurt a.M.
Kennedy, Paul (2007): Wiedervorlage: Amerika im Niedergang, in: Blätter für deutsche und internationale Politik, Heft 8.
Keynes, John Maynard (1919): The Economic Consequences of the Peace. London (deutsch »Die wirtschaftlichen Folgen des Friedensvertrages«, München 1920; gekürzt als »Krieg und Frieden. Die wirtschaftlichen Folgen des Vertrages von Versailles« neu erschienen Berlin 2006 und 2014).
Kissinger, Henry (2011): China. Zwischen Tradition und Herausforderung, München.

Koenen, Gerd (2001): Unser rotes Jahrzehnt, Unsere kleine deutsche Kulturrevolution, 1967–1977, Köln.
Koppel, Helga (1976) P.C.I. Die Entwicklung der italienischen KP zur Massenpartei, Westberlin.
Krauthammer, Charles (1991): The Unipolar Moment, in: Foreign Affairs, Jg. 70, No. 1.
Kronauer, Jörg (2023): Aufmarsch gegen China, in: Z. Zeitschrift marxistische Erneuerung, Nr. 134, Juni, S. 38–46.
Kulow, Karin (2022): Die geopolitische Konfrontation zwischen China und dem Bündnis des Westens, in: isw, Report Nr. 130, München, S. 3–13.
Lafontaine, Oskar (2022): Ami, it's Time to Go. Plädoyer für die Selbstbehauptung Europas, Frankfurt a.M.
Leonard, Mark (2009): Was denkt China? München.
Lüders, Michael (2021): Die scheinheilige Supermacht. Warum wir aus dem Schatten der USA heraustreten müssen, München.
Luxemburg, Rosa (1913): Die Akkumulation des Kapitals. Ein Beitrag zur ökonomischen Erklärung des Imperialismus, Berlin.
Maihold, Günther/Müller, Melanie (2023): Eine neue Entwicklungsphase der BRICS. Erweiterung und neue Identität, SWP-Aktuell vom 17.8.
Masala, Carlo (2022): Weltunordnung. Die globalen Krisen und die Illusionen des Westens, München.
Mearsheimer, John (1990): Back to the Future: Instability in Europe after the Cold War. In: International Security, Vol. 15, Nr. 1, 1990. S. 5–56.
Mearsheimer, John (2001): The Tragedy of Great Power Politics, New York/London.
Menzel, Ulrich (2015): Die Ordnung der Welt. Imperium oder Hegemonie in der Hierarchie der Staatenwelt, Berlin.
Michael Hardt, Michael/Negri, Antonio (2002): Empire, Frankfurt a.M.
Mills, C.W. (2019): Die Machtelite. Frankfurt a.M. (Neuausgabe, herausgegeben von Björn Wendt u.a.; zuerst 1956 erschienen)
Müller, Wolfgang (2021): Die Rätsel Chinas – Wiederaufstieg einer Weltmacht, Hamburg.
Müller, Wolfgang (2023): China: neuer Hauptfeind des Westens? Hamburg.
Panitch, Leo/Gindin, Sam (2013): The Making of Global Capitalism. The Political Economy of American Empire, London.
Raphael, Lutz (2019): Jenseits von Kohle und Stahl. Eine Gesellschaftsgeschichte Westeuropas nach dem Boom, Berlin.
Sablowski, Thomas (2023): Von der amerikanisch-chinesischen Rivalität zur Deglobalisierung? In: Z. Zeitschrift marxistische Erneuerung, Nr. 134, Juni, S. 65–78.
Sanders, Bernie (2016): Unsere Revolution. Wir brauchen eine gerechte Gesellschaft, Berlin.
Scherrer, Christoph (2021): America Second? Die USA, China und der Weltmarkt, Berlin.
Schmalz, Stefan (2022): Soziologie der Deglobalisierung, in: Berliner Journal für

Soziologie, 32, September, S. 394–361.
Schmalz, Stefan/Gräf, Helena/Köncke, Philipp/Schneidemesser, Lea (2022): Umkämpfte Globalisierung. Amerikanische und europäische Reaktionen auf Chinas Aufstieg im Hochtechnologiebereich, in: Berliner Journal für Soziologie, 32(3), S. 427–454.
Schmitt, Carl (1923): Die geistesgeschichtliche Lage des heutigen Parlamentarismus, Berlin.
Schmitt, Carl (1932): Der Begriff des Politischen. Berlin (Ausgabe von 1963).
Schneider, Marcus (2023): Denkzettel für den Westen, in: IPG-Journal vom 28.8.; www.ipg-journal.de/regionen/global/artikel/denkzettel-fuer-den-westen-6945/
Scholz, Olaf (2022) Rede an der Karls-Universität am 29.8. in Prag; www.bundesregierung.de/breg-de/aktuelles/rede-von-bundeskanzler-scholz-an-der-karls-universitaet-am-29-august-2022-in-prag-2079534 (2.11.2023).
Schuhler, Conrad (2023): Arme gegenreiche Welt, isw-report Nr. 135, München.
Serfati, Claude (2023): Der Krieg in der Ukraine und die Militarisierung der EU, in: Z. Zeitschrift Marxistische Erneuerung, Nr. 135, September, S. 19-36.
Shakespeare, William (1601): Hamlet. Übersetzt von August Wilhelm von Schlegel
Solty, Ingar (2023a): »American Decline« oder neuer Frühling US-amerikanischer Globalmacht, in: Z. Zeitschrift marxistische Erneuerung, Nr. 134, Juni, S. 47–58.
Solty, Ingar (2023b): Die neue Blockkonfrontation. Hochtechnologie. (De)Globalisierung. Geopolitik. isw-report Nr. 133/4, München, S. 25–32.
Steinmeier, Frank-Walter (2022): Alles stärken, was uns verbindet. Rede vom 28.10.; www.bundespraesident.de/SharedDocs/Reden/DE/Frank-Walter-Steinmeier/Reden/2022/10/221028-Alles-staerken-was-uns-verbindet.html (2.11.2023).
Streeck, Wolfgang (2013): Gekaufte Zeit. Die vertagte Krise des demokratischen Kapitalismus, Berlin.
Streeck, Wolfgang (2021): Zwischen Globalisierung und Demokratie. Politische Ökonomie des ausgehenden Neoliberalismus, Berlin.
Therborn, Göran (2023): Die Linke im 21. Jahrhundert, Hamburg.
Togliatti, Palmiro (1977): Ausgewählte Reden und Aufsätze, Frankfurt a.M.
Tooze, Adam (2018): Crashed: Wie zehn Jahre Finanzkrise die Welt verändert haben, München.
Tooze, Adam (2021): Welt im Lockdown. Die globale Krise und ihre Folgen, München.
Urry, John (2016): What is the Future? Cambridge.
Vollmer, Antje (2022): Die Vorgeschichte des Ukrainekrieges von Gorbatschow her erzählen. In: Das Argument 340, Heft 1-2, S. 2–8.
von Fritsch, Rüdiger (2022): Zeitenwende. Putins Krieg und die Folgen. Berlin.
Wagner, Jürgen (2023): USA-EU: Vasall, Partner, Gegner?, in: Z. Zeitschrift marxistische Erneuerung, Nr. 135, September, S. 58–66.
Wallerstein, Immanuel (2014): Die Strukturelle Krise oder warum der Kaptialismus sich nicht mehr rentieren könnte, in: Ders. u.a.: Stirbt der Kapitalismus? Fünf Szenarien für das 21. Jahrhundert, Frankfurt a.M./New York.

Watkins, Susan (2023): Fünf Kriege in einem. Der Kampf um die Ukraine, in: Das Argument, Nr. 340, Mai, S. 22–35.
Wemheuer, Felix (2022): Chinas große Umwälzung. Soziale Konflikte und Aufstieg im Weltsystem, Köln.
Zhao Tingyang (2020): Alles unter dem Himmel. Vergangenheit und Zukunft der Weltordnung, Berlin.

VSA: Der Krieg und die Linken

Peter Wahl
Der Krieg und die Linken
Bellizistische Narrative, Kriegsschuld-Debatten und Kompromiss-Frieden
Eine Flugschrift
100 Seiten | € 10.00
ISBN 978-3-96488-203-5

Der Ukraine-Krieg hat die gesellschaftliche Linke tief gespalten. Inzwischen hat der neue Krieg im Nahen Osten weitere Spaltungslinien hervorgerufen, z.T. quer zu jenen beim Ukraine-Krieg. Was sind die zentralen Kontroversen? Welche Argumentationsmuster stehen dahinter? Gibt es gemeinsame Perspektiven für die Nachkriegszeit?

Prospekte anfordern!

VSA: Verlag
St. Georgs Kirchhof 6
20099 Hamburg
Tel. 040/28 09 52 77-0
Fax 040/28 09 52 77-50
Mail. info@vsa-verlag.de

VSA:

Walter Baier/Peter Brandt/Lühr Henken/
Uwe Hiksch/Barbara Majd-Amin/
Michael Müller/Peter Wahl u.a.
Krieg bis zur Erschöpfung?
Gegen Aufrüstung und Militarisierung
160 Seiten | € 14.80
ISBN 978-3-96488-167-0

Friedliche Entwicklung unterstellt die Koexistenz unterschiedlicher Gesellschaftssysteme. Die Entsorgung der Entspannungs- und Friedenspolitik im Kontext der »Zeitenwende« ist eine politische Sackgasse. In diesem Buch geht es um unterschiedliche Plädoyers für eine gemeinsame Sicherheit im 21. Jahrhundert. Die Alternative zur politisch-militärischen Blockbildung heißt: Neubegründung der Entspannungspolitik. Nur bei Gewährleistung gemeinsamer Sicherheit können die globalen Probleme des Klimawandels und der ökologischen Transformation bewältigt werden. Die mit der »Zeitenwende« auf den Weg gebrachte Aufrüstung steht dem entgegen.

www.vsa-verlag.de